税法学巻頭言集

中川一郎

清文社

税法学巻頭言集

中 川 一 郎

序

昭和二六年（一九五一年）一月、私が月刊誌「税法学」を創刊して以来、既に一六年九か月を経過した。創刊の意図は、誕生したばかりのわが国の税法学を育成しようとすることであつた。ドイツ税法学は一九二二年（大正一一年）創刊の月刊誌 Steuer und Wirtschaft（租税と経済）によつて発展したというも過言ではなく、また民主主義に立脚したスイス税法学を確立したエルンスト・ブルーメンシュタイン教授は、一九二〇年（大正一〇年）に季刊誌 Vierteljahrschrift für schweizerisches Abgaberecht（スイス税法季刊誌）を創刊し、一九三二年（昭和七年）よりこれを月刊誌 Archiv für schweizerisches Abgaberecht（スイス税法雑誌）に切りかえ、終生その編集発行にあたつたこと、この雑誌がスイス税法学の発展に大きな貢献をしたことを参考にしたことはもとよりである。

私は、この「税法学」の巻頭言を編集者として創刊号より引き続き執筆してきた。先月「税法学」の二〇〇号記念号を発行したが、これを記念する意味において、創刊号から二〇〇号までの巻頭言を収録した本書を公刊する。書名は内容どおりがよいと考え、あえて「税法学巻頭言集」とした。

本書の刊行は、私自身が巻頭言の全部を常に座右に置けること、再読の機会に頭の整理ができること、一六年余の間に私がどのように変わつたかを知りたかつたことにもよる。同時に税法に関心をもつておられる諸賢に、ぜひ私の巻頭言をかためて再読していただきたいという意欲もあつたのである。せめて本書が税務行政民主化のムードづくりに役立てば幸いである。

雑誌の巻頭言であるから、その当時の税法上の諸問題についての要望・要請・提唱ないし批判に関する随筆である。自分ながら当時既にそのような提唱をしていたのかと思うものもあり昔から相も変わらず執ように主張してきたものであると考えさせられるものもある。今も変わらない主張は、(1)租税の法治国的形成、換言すれば形式的にはもとより実質的にも租税法律主義を否定するような通達行政の絶滅、(2)国会大蔵委員会における税法案の逐条審査の実行、(3)他の法律なみの税法の簡易平明化、(4)租税特別措置法の廃止、(5)税法草案の早期公表、(6)税理士・税理士会・日税連の税務官庁の監督よりの解放、である。

本書においては、ミス・プリントの訂正および漢字を平仮名にしたもの以外は、原文をあえて修正しなかつた。もつとも検索ならびに拾い読みの便を考え、各号の巻頭言に番号、見出し、および各号発行年月を付した。

これからも私は巻頭言の執筆を続けて行くが、一八一号からは巻頭言の分量が倍増したから次は税法学三〇〇号記念号発行直後に、二〇一号から三〇〇号までを収録した巻頭言集を公刊する予定である。

一九六七年九月一八日　中秋の明月を東山山上に仰ぎて

日本税法学会常務理事

中川一郎

目次

一　創刊のことば

〔昭和二六年（一九五一年）一月　第一号〕

税法は明治以来の立法でありながら、ほとんど法学者によつて研究の対象とされなかつた。財政学者や会計学者がそれぞれ専門の立場から税法を研究しても、法学者が問題にもしなかつたのは、税法が単なる収税官吏のための税務行政運営上の行政法規にすぎず、司法の領域に入りこむことがなかつたからである。しかるに新憲法の実施に伴い行政裁判所が廃止され、行政処分の取消・変更の訴訟も従来の普通裁判所の管轄に属することとなり、他方賦課課税制より申告納税制への転換に伴い、課税標準を中心として、更正決定処分に対する訴訟が多くなり、また税法違反に対する罰則強化は、統制違反被告事件よりその王座を奪うに至つた。かくて今や税法は単なる行政法規としてでなく、司法の領域において裁判規範としての司法法規的性格をそなえるに至つた。かくて税法はその法学的研究を必要とするに至り、ここに税法学の誕生が初まつた。

本誌創刊の意図は、全くこの新しい税法学をすくすくと発展せしめんとするにある。税法学上のあらゆる問題が本誌上においてあらゆる法学者により論議されれば、やがては税法学体系確立の途を辿ることになろう。各大学法学部、商経学部に行政法学と独立した税法学講座が設けられ、更には司法試験及び公認会計士試験科目に「税法学」が新たに加えられることにもなれば、税法に対する国民の関心はますます増大するであろう。そのときに初めて税務行政民主化の素地は醸成され、徴税と納税とは円滑に行なわれる。本誌がかかる使命達成にいささかたりとも貢献するを得ば幸いである。願わくば大方諸彦の絶大なる御支援と御協力をお願いする次第である。

二　税制に対する法律科学による基礎付け

〔昭和二六年（一九五一年）二月　第二号〕

本誌創刊に対する法学界・法曹界をはじめ、税務行政官庁の賛意と協力の申出は、全く予期以上であり、今更ながら税法学確立の気運が潜在的に横溢していたことの認識を新たにした。

ドイツ税法学に立遅れることまさに四半世紀、法律科学的批判を受けなかつた日本税制は、漸くアメリカの勧告に基づき現代的なものになりつつある。しかしながらそれは未だ法律科学的批判を経ていない。かかる税法により国家、公共団体は課税徴収しているのであり、国民は納税義務を強制されているのである。そして徒らに税務行政の改善、納税思想の普及、更には「納得の行く納税」等が叫ばれている。およそ科学によつて基礎付けられていない法制度は非文化的制度である。税法学の任務は、この非文化的な税法制度に法律科学的批判を加え、その科学的基礎付けをなし、その他の領域における法制度と同じく文化的制度たらしめることにある。かかる段階に立至つてこそ税務行政は円滑に行なわれるのである。誠に税法学の任務は、実際的であり、しかも急務である。

今次国会において又もや単なる税率変更に非ざる税法の改正が行なわれようとしていることは時

代に即応する法の発展とのみは考えられない。それは、法律科学によつて基礎付けられていないことによるのである。やがては税法学専門学者ができるとしても、暫定的にはこれらは一切の法学者の協同作業に俟たなければならぬ。赤ン坊たる日本税法学は、親兄弟たる他の領域の法律科学者により成年者になるまで育ててもらわねばならぬ。しかもわが法学界の現在の気運は驚くべき速度をもつてこれを完成するであろうことを確信するものである。

三　国税税率法の制定と税法の恒久化

〔昭和二六年（一九五一年）三月　**第三号**〕

年中行事の一つたる税法改正案が、目下国会において審議されている。その審議過程をみていると、相変らず実質的な立法当局は、大蔵省主税局及び地方財政委員会であることを思わしめる。

毎年税率を変更することはやむを得ないが、諸税の税率をことごとく規定する単行法を制定しておくならば、仮称「国税税率法」の改正だけでよい筈である。そうした段階に立至ることを希望する。今日の如く、毎年税法が実体法、手続法の全領域にわたり改正されるのでは、収税官吏自身よくこれに追随して行けないであろう。二次にわたる勧告により税制の基本方針も与えられ、決定した筈である。今こそ恒久的税法制定に着手すべきであろう。

恒久法の制定には税法学が貢献しなければならず、又恒久法の制定により税法学は発展するのである。税法学の現状いかんにかかわらず、それに課せられている課題は誠に急務である。国税法草案を充分研究の上起草することは、税法学を専攻する者に課せられた共同事業であろう。その母胎として日本税法学会の結成を提唱したい。

〔昭和二六年（一九五一年）四月　第四号〕

四　税法学講座の開講

ともかく今月から各大学法学部において税法学講座が開講された。中央大学における忠佐市氏の講義以外は、未だ担当教授のテキストがないことであるから、その内容をうかがい得ない。いずれにしても限られた短時間内の講義であるから、原論又は総論に中心がおかれるであろう。それはもとより現行税法を離れてはなされないが、その詳細な解釈ないしは解説であろう筈がない。これに対して予測し得る批評は、大学における講義ひいては研究の非実際的・非実用的なことの指摘であろう。殊にそれが税務行政当局や、法曹家・経理実務家によつてなされるのでは、せつかくわが国に誕生したばかりの税法学の発展どころか、その夭折を待つことになる。たとえ当分は非実際的であるとしても〔活〕かすに日時をもつてし、その発展のためにあらゆる援助と協力を払うべきである。やがて非実際的と考えられる税法学の体系・構造論が、現行税法自身を新たな方向へ発展せしめることになるやもはかり知れない。

同時に税法学者自身も現行税法より遊離せず、あくまでポジチビストとして研究を進めるのでなければならない。膨大な法源としかもその改変は、講義にも研究にも大きな困難を与えるであろうが、それはすでに何人にも予定されていることであり、よくこれを克服するのでなければならぬ。同時にこの領域における判例の増大を期待し得ない現状においては、体系、原理においてのみならず、個々の問題についても、米英だけでなく、ワイマール憲法下におけるドイツ税法学をも参考とし、その研究に力を注がねばならぬであろう。

税法学が開講されるにあたり、各界の協力、援助を希望するとともに、税法学者の着実な研究を期待してやまない。

（〔 〕は編集部補訂）

〔昭和二六年（一九五一年）五月　**第五号**〕

五　最低生活費と必要経費

税法の解釈学だけが税法学ではなく、税法の立法学も税法学である。ただ、それは財政学ではないから、歳入・歳出それ自体をテーマとすることはできない。それらは所与のものとして、その枠内での立法論である。その場合にも、租税収入の各個別税収入への割当は税法学の課題ではない。割当てられた税収入を確保するために、政策的にはもとより純理論的にも無理があるか、あるいは不合理な場合には、税法学はかかる不合理性を究明し、合理的なものを求めるであろう。その際税収入の確保は至上命令とならないから、財政学は他に合理的税収入を求めなければならないであろう。

かかる観点に立つとき、所得税法における所得計算に際し、収入金額より控除される必要経費のうちに、何故に労働力の維持に必要な費用、すなわち最低生活費が計上されないのだろうか疑問なきを得ない。基礎控除や扶養控除はその金額より考えればかかるものであると断じ得ない。この問題は国民の最低生活の保障とも関連して大きな課題となる。基礎控除三万円、扶養控除一五、〇〇〇円の合計額の月割は、三、七五〇円である。勤労控除一割五分を加算すれば、月割四、四一〇円強となる。これでは夫婦の生活はなし得ない。最低生活費を経費として控除してこそ、納付及び徴収共にしやすき租税になるのではないか。それのみでなく、基礎控除、扶養控除および勤労控除がその金額より考えていかなる意味を有するのか疑わざるを得ない。また、財産税や富裕税の如き資産課税の法的合理性は果して充分その理論構成をなし得るであろうか。何故に間接税軽減ないし撤廃の方向を現在辿りつつあるのか。それだけ国民生活は楽になるのか。かえつて所得税の基礎控除額の合理的引上げこそ、国民生活を保障するものではないか。税法学も税制改革に関与しなければならない。税制改革に対する税法学的論説の出現を期待してやまない。

六　税法の平明化

〔昭和二六年（一九五一年）六月　第六号〕

国民のあらゆる経済生活に密接に関連しながら、税法ほど国民にほとんど理解されないものは珍しい。その理由は、決して国民が税法に無関心であるためではなく、関心をもつてみても、一体何が規定されているのか読んでもわからないことにある。専門家でも、かえつて外国税法の方が読んで理解できる現状である。税法は、他の法とは異なり、その規定するところが極めて専門技術的であるから、法文の難解なことはやむを得ないともいわれるが、民商法にしても、訴訟法にしても、専門教育を受けた者であれば、一応表面的には理解できるにかかわらず、税法だけが現状の如くであつてよいだろうか。一体税務職員中に次々改正される税法の法文を見て一応わかりやすく説明できる者が何人いるであろうか。これでは納税者たる国民のみならず、税法に従い税務行政を行なうべき税務職員も、税法をうとんずるのはやむを得ない。談合、和解による税務行政が決して民主的な行政ではない。法治国家のもとにおいては、あくまで法に従つた税務行政が行なわれねばならず、法を無視したところに民主的行政は考えられない。税務職員のための税法ではなく、国民のための税法として税務行政を行なうところに民主化がある。

大陸法に加うるにアメリカ法を最近継受したわが税法は、未だ消化吸収の域に至らず、単に鵜呑みに過ぎないのであるが、それにしても、その内容をわかりやすいものにすることこそ必要である。外国法令以上に理解困難な日本税務法規は、少なからず税法学の発展にもハンディキャップを与えるものである。

衆参両院法制局ならびに大蔵当局に猛省を促すと同時に、われわれ税法学徒も当面の課題とすべきであろう。

七　税理士法の施行と税理士の職責

〔昭和二六年（一九五一年）七月　第七号〕

税理士法が一五日より施行された。各地において税務代理士の認定講習会が開かれている。立案者の意図はともかくとして、それは新法が税理士に要請する職責を全からしめるがためのものでなければならぬ。僅か三〇時間の税法講習に意義づけができるとすれば、税法に関する三〇時間の知識を獲得することではなく、この三〇時間を通して新しく規定された職責をよく認識することに講習の意義があるといわねばならぬ。

税理士の職責は、「租税に関する法令に規定された納税義務を適正に実現し、納税に関する道義を高める」にある。しかも「中正な立場において、納税義務者の信頼にこたえ」て、この職責を果さなければならぬ。従って今日しばしば耳にする調停、和解類似の租税事件の解決に、税理士は関与すべきではなく、あくまで租税法規の適正な具現化に力をいたすべきである。税理士は、単に納税義務者の利益擁護にのみ専念してはならぬ。他面、収税官庁の代弁者となり、無批判・盲目的に通達行政に追随することも慎まねばならぬ。収税・納税という租税法律関係の両当事者の間に介入し、租税法規の中正にして適正な実現に努力し、租税法規秩序の維持に当るところにこそ、税理士の新しい時代的使命がある。また、彼等の間からこそ、日常の業務を通して現行租税法規に対する立法論がうまれなければならぬ。

税務代書人的存在より税務指導者的存在への法的使命の向上を、単に法文上のものに終らしめることなく、税理士会指導のもと、各自がよくその使命達成に努力するところにこそ、納税の明朗な将来が約束されるであろう。

八　民間に開放される税法専門教育施設設置の要望

〔昭和二六年(一九五一年)八月　第八号〕

いつも現行のときは、批判をも許さぬばかりに権威をもつてわれわれにおおいかぶさつてくるのが行政制度である。しかもこの制度ほど寿命の短いものはない。それは今、中央において審議されている行政機構改革案のみをさすのではない。税制の領域のみに限定しても、税務行政機構のみならず、徴税制・納税制のすべてがそうである。ほんの一年ばかり、これこそ恒久的税制の如く、かなり厳格に適用されたかと思うと、間もなくそれは租税立法史に編入され、旧制の不当性が収税官庁によつても唱えられる。そこに納税者としては割り切れないものが潜むであろう。租税政策としては最も拙劣な方法である。経済的諸関係や諸事情の変転に伴いやむを得ざる税制改革とのみはいえまい。なるべく早い機会に恒久的租税立法の制定を希望する。税率、控除金額、免税金額等の改正は、毎年行なわれてもやむを得ないが、場当り的な、思いつき同然の税制改革は、この際見合わすべきである。

行政機構改革により公務員の定員は相当大幅に減員されるようであるが、収税官吏については考慮しなければならぬ。課税標準の調査を科学的に綿密に行なうには、現在の員数をもつてしても充分とはいえない。ただ、員数の不足は一人一人の収税官吏の教養と知性の向上により充分補い得ることを知ると同時に、これがための対策を講じ実践するのでなければならぬ。現状は特別職に価しないものが多い。これらの点を考えれば、収税官吏の養成、再教育機関としてのみならず、公認会計士や税理士、更には各事業場の経理担当者にも開放される専門教育施設の設置が望ましい。

九　日本税法学会創立の気運と税法学の独自性

〔昭和二六年（一九五一年）九月　**第九号**〕

学界、法曹界、税務界の間に「日本税法学会」創立の気運が熟してきた。財政学や会計学については、つとにそれぞれ学会が結成され、着々と研究の効果を挙げているにかかわらず、税法学については、その誕生日なお浅きため、学会の存在しなかつたことは、もとより当然である。むしろ今、学会結成の気運が熟してきたことが、余りにも早いといい得るであろう。それほど、税法学の確立発展が要請されていると考えてよい。

この際考えなければならぬことは、税法学に対して何が期待されているかということである。それは、税法の法学的研究であつて、いわゆる税務会計の研究でないことは明らかである。従つて税務会計学における原理原則を法的に翻訳することではない。税務会計学はもとより補助科学ではあるが、その原理原則が税法学を拘束するものではない。税法学は法学であり、それは規範科学であるから、法規範を度外視しての理論は、もとより税法学理論ではない。このことは極めて明白なことでありながら、実際には、ともすれば忘却されることである。

税法学においては、課税標準に関する法学的研究が中心課題であり、それは行政法理論をもつてしては、全然解明し得ない。また私法理論のみをもつてするも、これを把握し得ないところに税法学の独自性の主張がある。誕生せんとする税法学会もこの線に沿い堅実な歩みを迂らんことが望ましい。

一〇　税務慣行・取扱いの合理性の検討

〔昭和二六年（一九五一年）一〇月　第一〇号〕

税法上の慣行とか取扱いとかいうものは、たとえそれが成文化され、基本通達の如く公表されても、ただそれだけで法規範性・合理性を取得するものではない。成文法たる租税に関する法律・政令・省令・告示も法規範性は有するが、合理性を無条件に取得するものではない。これらの合理性は、税法学理論によつてのみ論証されるにもかかわらず、無批判的に事実が理論を排除するかの如き妄言がしばしば吐かれる。しかもそれは収税官吏のみによつてではなく、納税義務者によつてもなされる。なるほどわが国には従来真の税法学は存在しなかつた。それは発足したばかりである。しかし、新しい学問が何故新しいというだけで、空理空論として排撃されねばならないのか。この国では、租税法は、そして税務行政は、いつまでも合理性を取得しなくてもよいのか。現実に行なわれていることが合理性の論証たり得るのであろうか。

この国の租税法は当初から一度も税法学による検討を受けたことがない。従つて税務行政も単に伝統的な慣行や取扱いによつて運営されてきたにすぎない。今やそれは一大変革を起こさんとしている。すなわち、税務当局たる国税庁は卒先して謙虚に税法学を受けいれ、伝統的な取扱いを反省せんと努力している。願わくばそれが税務行政の第一線にも浸透せんことを。他面、納税義務者、更には税務界も租税事件の解決を徒らに哀訴嘆願によることなく、税法学理論に求めんことを望んでやまない。もつともいまわしきは租税事件における妥協である。政治的解決といわれ、納得納税といわれるものである。わが国の税務界もかかる非文化的暗黒時代より文化的黎明時代に転換しなければならぬ。漸く日本税法学会は誕生せんとしつつある。それに負荷された歴史的使命は大なりといわなければならない。

二　日本税法学会の結成とその使命

〔昭和二六年（一九五一年）一一月　第一一号〕

法学者のみならず、各界より広く同学の士相集り、ここに「日本税法学会」が結成された。実務家を多数会員としている点において他の法学会にその例を見ない異色ある存在である。この特色が、本学会を発展せしめる動因ともなり、また反対に、学会としては名称のみに終らしめることにもなろう。会員の協力もさることながら、一にかかつて運営の任に当る役員の手腕によるであろう。既成の他の法学と異なり、未だ体系も理論も樹立されていない税法学、更にはその実学的色彩の濃厚な点より考え、実務家の参加はこれを歓迎したい。

租税に関する団体は今日極めて多い。それらは多く行政官庁等の外廓団体であり、あるいは政治的、ないし行政的目的を有するものである。本学会は、名称どおり純粋に税法学の研究のみを目的とする団体であり、いかなる御用機関でもない。それは一面財政的基礎の貧困を物語るものであるが、これはすべての学会に共通するところであり、税法学研究の必要性を解する人々の後援を俟つほかはない。しかしながら、他面本学会は、他の学会と同じく学問の自由に対し何等拘束を受けない。政府、政党の税制政革案や、経済団体の税法改正建議案、更には租税行政自体についても、理論的にこれを批判し得る。実はこの法学理論による検討を未だ一度も受けたことのないわが税法ならびに税務行政について、新しく法学理論により批判検討を加え、これらを合理的なものたらしめる必要性こそがわが国にも税法学を誕生せしめ、日本税法学会の結成をみた所以である。合理的な税法の誕生！　それはあらゆる利害得失を超越して全国民の熱望してやまないところであり、これが実現のための理論的研究こそ、本学会の担当すべき使命であろう。

二　国会に対する税法の簡素平明化の要望

〔昭和二六年（一九五一年）一二月　第一二号〕

休会明けの国会においては、恒例により各税法改正案が審議されるのであるが、この機会に国会に対し要望したいことがある。それは極めて常識的なことであるが、税法の法文をわかり易いものにすることと、今一つは国税および地方税を通じ税務行政を簡素化ならしめることである。

税法が単なる収税官庁の執務基準ではなく、一般国民を名宛人とする租税という財産の無償給付に関するものである以上、その法文は当然一般国民に理解し易いものでなければならない。しかも国民代表としての国会議員こそは、これを実現すべき義務がある。毎回の国会において、あの難解な改正税法案を真に理解して可決されるのであるか疑わざるを得ない。専門の学識経験ある者でなければ理解し得ないような現行税法を無批判的に施行するところに、時代に逆行するものが潜んでいる。

次は、国税と地方税が税務行政の上において完全に分離していることより、課税標準の同じ調査が異なる機関によつて重複してなされる無駄と煩しさである。税務署、都道府県及び市町村が、同じ所得の調査をなす必要は、行政機構にのみ基因するものである。しかもこれによつていかに人間と時間と物資が空費されるか、こんなことも今一度国会議員は根本的に反省し、一刻も早く善処すべきである。員数が行政機構を作るのではなく、行政機構が員数を必要とするのである。しかも行政機構は、行政運営の必要上作られるべきものであることも明白である。

一三　税法の法学的究明の必要性の認識

（昭和二七年（一九五二年）一月　第一三号）

ともかく税法を法学的に究明しなければならないということと、税法も法学者にとつて研究の対象として必要であるということとが、この一年の間に認識された。それは税法学誕生第一年としては何よりの収穫であつた。すべての学問がその発足後経験したことが、そのままこの新しい税法学にも当てはまる。税法学に隣接する財政学、会計学との関係や、同じ法律学の領域内における民商法学、訴訟法学、憲法学、行政法学との関係が検討されていることもその一つである。各税法についての判例法の研究がなされているのも、基本的税法概念を私が探求せんとするのもその一つである。直ちに税法学体系ができたり、税法原理や原則が樹立されるものではない。それは長年月にわたる研究の成果として確立されるものである。しかし、そのためには徐々に、しかも多数の同学者により研究の中間発表がなされなければならない。それが同学者により批判され、検討されて、より以上のものが創造されて行くのである。われわれ同学者は、かかる中間発表をなし、あるいはまた、これを批判するのに、慎重を期さなければならないこともとよりであるが、同時に勇気を必要とする。他面、批判をなし、また批判を受けいれるについて謙譲でなければならない。この勇気と謙譲とが、更に第二年において、税法学を予期以上に発展せしめるであろう。日本税法学会こそは、この税法学発展確立の温床として、まずその実質的内容を固めると同時に、ますます広範囲に同学者を求めなければならない。

一四　アメリカ税法規集・税法図書の入手困難

〔昭和二七年（一九五二年）二月　第一四号〕

あらゆる学問について同じであるが、わけても新興税法学の発展にとつては、まず外国文献の入手が何よりも重要である。アメリカやドイツ法を継受しているからというだけではなく、たとえ税制を異にしていようとも、理論的に参考とすべきものは必ず外国文献にこれを見出し得る筈である。辛うじて西ドイツの最近の租税法規集やコンメンタール、雑誌はこれを入手し得るのであるが、アメリカのものについては、入手が非常に難しい。租税法規集さえもが、大学にも備付けられていない始末である。わずかに税務行政当局がアメリカへ出張の折、数冊携えてくる程度である。五二年型の自動車でさえ、巷に多く見受ける今日、どうしてアメリカ税法学の文献を入手し得ないのか不思議である。

外国書を取り扱う店頭には、かなり米書を見受けるのであるが、税法学に関する図書がどうして数冊でも紛れこんでいないのか。たまに Tax law とか、Taxation という文字を見て内容を通読すると、ほとんど財政学の文献か、至極簡単な税法解説書の類である。何故現在アメリカで発行されている税法学図書、ことに税法規集さえもが、わが国では稀観本となつているのか理解し得ない。それとも何かわれわれが読むと差しさわりがあるのであろうか。

日本学術会議や文部省、あるいは大蔵省主税局がこれらの点について積極的に後援されんことをお願いする。こうしたことが、後日物笑いに一日も早くならんことを祈つてやまない。

一五　税法学の確立に対する税務実務家の協力の必要性

〔昭和二七年（一九五二年）三月　第一五号〕

法律学のすべてがそうであるが、わけても税法学においては、実務家の協力を絶対に必要とする。税務行政や税務会計に携わる実務家を初め、会社の主計担当者、更には租税事件を担当する法曹家達の間から、実は税法学の確立が要請されるのであり、これら実務家の誰しもが日常携わる具体的な事件や実務を通じて幾多の疑問を提供することが、税法学確立に対する何よりの協力である。司法官は判決を、税務行政官庁は通達をもつて、かかる問題に対する結論を与えている。法源性の問題は暫く措くとして、これらは税法学者にこの上もない資料である。また、実務家が自己の担当する事件を通しての疑問点は、そのままが新しい資料となる。思索に時間のないこれら実務家に対しかかる問題の解決を、更には法理論的研究を求めることはそれ自体無理なことである。むしろかかる法理論的研究はこれに専念する学者に任されるのが至当である。決して実務家が税法理論の研究をなすべきではないというのではないが、法理論的研究をなさなくても、問題の提起こそが実務家の税法学確立に対する貴き貢献であることを強調し、同時に実務家がかかる問題の定立に対したためらわないことを要望したい。疑問を提出し、これを手際よく理論的にまとめ一応の解決をなさなければ発表し得ないというような気風を絶滅してほしいのである。

他面、実務家に課せられた大きな使命がある。それは学者の樹立する税法理論に対する批判である。この批判はもとより理論的のものであることを要しない。実務処理の実際上の観点よりする批判こそが望ましいのである。学者たちは良心ある限り、これらの批判により反省を繰返し、自己の学説を進歩させるであろう。そこにこそ税法学の発展があり、実務家の貢献こそが注目されなければならない。わが日本税法学会は決して学者だけの学会ではないこと、実務家の多数を会員としていることも大いに意義があるのである。

一六　外国税法研究の提唱

〔昭和二七年（一九五二年）四月　第一六号〕

独立を機会に、わが国においても外国税法の研究を活溌に行なうことを提唱したい。わが国の税法だけが、諸外国の税法とかけ離れたものであることはなく、またかかる特殊なものでなければならない理由も存しない。取りあえず諸外国の税法規の法文だけでも入手してこれを翻訳すべきである。改正税法や新税法の立案、税務行政機構の改革、税法規の解釈等には、必らずこれら外国税法を参考となすべきである。しかるにかかる外国税法規集が大学にはもちろんのこと、大蔵省にも完備していないことは不可解でもあり、誠に遺憾なことである。このような現状では、税法学を発展せしめることもできない。また、税法に対する合理的な立法も期待し得ない。外国の判例・学説もさることながら、せめて税法規だけでも容易に調査できるようになりたいものである。

税法のわが国情に即した改正の意図がほのめかされている。真に恒久的な税法を求めんとするのであれば、今直ちに各国の税法規集を取り寄せ、これが研究に着手すべきである。幸いにして、大使、公使、領事が各国に派遣されることになつたのであるから、大蔵・文部当局はこれらと連絡をとり、速急に実現されんことを切望する。租税について関心をもたない者は殆んどないのにかかわらず、従来外国の法令が顧みられなかつたのは、実は税法学が確立されていなかつたからである。日本税法学会の成立した今日、この点についてわれわれの使命は重大であるといわねばならない。

一七　最高裁判所を終審とする租税裁判所の設置〔昭和二七年（一九五二年）五月　第一七号〕

新憲法七六条二項が、特別裁判所の設置を禁じ、更に行政機関は、終審として裁判を行なうことができない、と規定したことは、わが国における税法学の理論を展開する上において、不動の大前提である。かつてのシャウプ勧告において述べられている租税裁判所も、もとより新憲法にいう特別裁判所を意味するものではない。特別裁判所が、最高裁判所を頂点とする司法権の系列外にあつて、特別な身分を有する者、または特別な種類の事件に対し裁判権を行なう裁判所を意味することについては異論がない。従つて将来仮に租税裁判所が設置されたとしても、それが最高裁判所の下級裁判所として存在する限り、決して違憲ではない。ただ、最高裁判所とは別異な系列のもとに、最高租税裁判所を終審とするような租税裁判所が設置されるならば、明らかにそれは違憲である。従つてもし租税裁判所が設置されたとしても、それは旧憲法下における行政裁判所とは、本質的に異なるものである。現在の下級裁判所が租税事件の担当に関する限り分離するに過ぎないのであつて、決して最高裁判所の系列から独立するものではない。

かくの如く行政事件たる租税事件についても、行政権から独立した司法権のもとにおいて税法の適用を判断せしめるところに、新憲法下における税法学の意義があり、また、かかる憲法構造が税法学をわが国に誕生せしめたのであるといつても過言ではない。かつての行政裁判所時代の裁判例を参考資料とすることはよいが、本質的な相異、ことに当事者平等主義のもとに裁判がなされるのであることを看過してはならない。実はこの点にこそ税法学が法律学として成立する所以があるのではないか。

一八　「租税収入確保」のために租税法律主義を犠牲にする税法解釈の排撃

〔昭和二七年（一九五二年）六月　第一八号〕

税法の法学的な考察が、税法の会計学的な考察と並んで次第に認められるようになつてきた。それは税法学存立の必然性と必要性の社会的確認への途である。

税法学確立の必然性と必要性とは、民主主義的な新憲法を頂点とするわが国の新しい法構造の破壊活動を防止しようとする国民の総意がこれを裏付ける。憲法の規定する「租税法律主義」の貫徹こそは、税法学の重大使命でなければならない。租税法律主義は、税法の解釈にあたり、ドイツ租税調整法一条二項に規定する如き、「国民思想、税法の目的およびその経済的意義、ならびに諸事情の変転を配慮しなければならない。」というような法解釈の方法を無視するものでも、排撃するものでもない。否、ドイツ租税判例法の発展上確立された信義誠実の原則をさえも採用しようとするものである。しかし、ここに注目しなければならないことは、「租税収入の確保」という文言を掲げ、これを一切の税法の立法目的とし、租税法規の恣意的な解釈の正当性契機を求めて、この一般条項へ逃避することの絶対許されないことである。税法の目的とか、税法の経済的意義を考慮するということは、法律の使用する文言にいかなる法的意味を与えるかという法的意味捜索の問題であつて、税法の解釈に名をかり、その域を逸脱するようなことは、租税法律主義がこれを許さない。税法の解釈は、決して経済的意味や会計学的意味ではなく、あくまで法的意味を捜索するのであること当然であるにもかかわらず、それが極めて放恣的に取り扱われていることは注目しなければならない。

「租税収入の確保」が国家存立のために必要であることは明白であるが、そのために税法解釈を歪曲してこれを達成することは許されない。「租税収入の確保」を至上命令とし、租税法律主義を犠牲にする如き論説は、独裁主義への復帰の温床となるであろう。税法学はかかる現行税法構造の破壊活動に対し、たとえそれが無意識的なものであるとしても、防衛をその使命とするものである。

一九　国税庁の存廃をめぐる税務行政機構の改革と税務大学設置の要望

〔昭和二七年（一九五二年）七月　第一九号〕

国税庁廃止に関する大蔵省設置法中改正法案が、参議院において修正を受け、国税庁存続の議決がなされた。これに対し衆議院においては、与党側がこれに反対しており、国税庁の存廃は目下のところ予断を許さない。充分研究をした結果、国税庁の廃止が望ましく、しかも今後は三年前の如くかかる官庁を新設しないのであるならば、修正案に対する反対も妥当である。もし行政機構改革という公約を果すための選挙対策に過ぎないのであるならば、漸く整備された税務行政組織を乱すに終るのである。税法自体の改正が恒久法化への途であるならば望ましいが、暫定的な、しかも公約の減税を糊塗するような改正であるならば、特別措置法をもつて充分である如く、税務行政機構の改革も充分調査研究を完了するまではなすべきではない。党利党略を離れた税制および税務行政機構の改革こそ一国民としても望ましいところである。

機構よりも重要なのは人の問題である。人格的にも、学識上も極めて優れた中堅税務官吏を私は沢山知つている。しかし、反面この人が課税標準の調査をなすのであるかと考えさせられるような向きも決して稀ではない。定員制、予算！　そこに無理があるのではないか。少数精鋭主義で、しかも待遇を良くするならば、必ずや現在以上の成績をあげ、しかも予算も少くて済むことと思う。機構がいかに理想的なものになつても、人の質が変わらない限り、人が機構に駆使されることになる。また、員数の多いことは、員数が事務をつくり、員数が員数を要求することになる。人の質の向上は、教育に待つほかはない。それには当世流行の形式的な短期間の講習では用をなさない。単なる名称の問題にすぎないようであるが、税務講習所も名実ともに学校に改変し、税務専門の短期大学、大学および大学院を開設し、事務官には少なくとも短期大学以上の卒業生を任用するならば、理想的な税務行政になるであろうと夢見ている。

二〇　税法と企業会計原則の調整に関する意見書の公表に関連して

〔昭和二七年（一九五二年）八月　第二〇号〕

税法と企業会計原則の調整に関する意見書が、最近会計雑誌を賑わしている。税法がいかように改正されるべきやという立法論としては、意見書の内容の当否は別問題として興味がある。しかし、税法学にとつては差し当つて縁が薄いといわなければならない。けだし、税法解釈学が未だ確立されていない今日、租税立法学を考えることは、税法学としては常識の域を脱しない。税法改正案、あるいは改正草案となれば、解釈法学の見地より、断片的であるにしても、批判検討もなし得るであろうし、またなさなければならない。

それにしてもまず税法解釈学の確立こそが急務である。税法上の法概念が決定せず、税法上の法理論が樹立されていない今日、未だ税法改正のあらゆる胎動に対してわれわれは税法学上の批判をなし得る資格がない。概念も理論も発見されないのにいかなる尺度をもつて評価しようとするのであるか。しかし、このことは右の意見書に対する批判が全然許されないことを意味するものではない。もとより税法学を離れて、会計学者は会計学上の批判をなすであろうし、また課税当局は課税政策的見地よりの批判を、更に納税者は納税者の立場からこれに対する批判を加えるであろう。否、税法学者も税法学を離れて批判をなすであろう。そしてそれらは将来の税法改正の一契機となるかもわからない。われわれはかかる過程に眼をおおう者ではないが、真実のところ対象それ自身が未だわれわれの注目すべきものにはなつていないのである。

税法学は、現行税法秩序を維持すべく、全法構造のもとにおいて、整然たる法論理の上に税法解釈を学的体系に樹立することにある。原理原則も必ず確立されなければならないが、それは会計学や財政学上の原理原則そのものではないことを知らなければならない。税法の解釈について今一度、税法学上の法解釈が何であるかを考えて見る必要があるのではないか。

二一　租税法規の適用における「疑わしきは課税せず」の原則

〔昭和二七年（一九五二年）九月　第二一号〕

巷に充ち溢れている減税の公約や、歳出予算の削減にも、一国民としては関心を有するが、税法学徒としては、これらに対する批判よりも租税法規の適用解釈にこそ重大関心をもつものである。租税法規の解釈にあたつては、努めて減税になるような恣意的解釈とか、また租税収入を確保するがための歪曲された解釈はともに許されない。個々の納税義務者に租税法規を適用するには、租税収入の確保が決して基準となるのではない。租税収入の目標額を中心として租税法規の適用が斟酌されるようなことは絶対に許されない。租税法規の規定する通りに、目標額の達成とは全く無関係に、これが個々の納税義務者に適用され、課税されるのでなければならない。もし目標額達成のために現行法規の拡張解釈をなす必要があるならば、必ず租税法規の改正手続を経なければならないのであつて、一片の解釈や行政措置によりその目的を達するようでは、法治国家は名のみとなる。それでは減税の公約が立法の上に具現しても、何の実効もないことになる。

租税法規の適用に関してもつとも重要なことは、憲法の厳に規定する租税法律主義の上に立つ「疑わしきは課税せず」の原則を一貫することである。それはあたかも刑事事件における「疑わしきは罰せず」に照応するものである。この原則を貫く結果、歳入予算案に計上されている租税収入額を確保し得なかつたとしても、税務行政官庁はこれに対し何等の責任を負うものではない。恐らく予算の見積額に誤りなければ、租税法規を適用して目標額を達成し得ないというようなことはない。要は租税法規の適用の結果を租税収入目標額と人為的に合致せしめるが如きは許されないのである。

二三　税法改正に関する各省案提出の必要性　〔昭和二七年（一九五二年）一〇月　第二二号〕

新聞の伝えるところでは、通産省は近く省議にはかつた上、税法改正に関し大蔵省と折衝するとのことである。それは、企業の自立体制の強化と合理化の促進、輸出振興、地下資源の有効利用を趣旨とするものである。通産省案の内容よりも、通産省が企業経営上税法の重要性を認識し、税法を所管外事項とせず、その改正に乗り出すという態度自体に敬意を表したい。とかく行政官庁には従前より悪弊としてセクショナリズムが行なわれ、権限外事項には関連性があつても考えようともせず、反面権限事項については他の意見を排撃するという傾向がある。その一つの現われが、課税徴収のためには、企業が廃滅し、国民窮乏に陥るとも、といつた放言となるのであり、かかる考え方は程度の差こそあれ、今日の税務行政官吏にも潜在している。いかに民主主義の時代とはいっても、国家社会全体の場においての企業であり、課税徴収でなければならないこともとより当然である。全体の場を見ず、手近な自己のみを見、これのみを活かそうとするところに、法ならびに行政の妥当性欠如が淵源する。裁判所、国会、行政各官庁、これらのすべてが一体とならなければ、そして国民がこれを支持しなければ、国家活動さえもが停止するのである。

過般の選挙においても税法をとりあげなかつた立候補者は皆無であつたが、それは今日租税が国民の一大関心事たることの証左である。しからばこの際大蔵省も胸襟を開いて各界の意見よりも、取りあえず各省の意見を聴き、徒らに「租税収入の確保」という一言のもとにこれらを排撃すべきではない。また、各省は、租税問題を他人事の如く考えず、所管事項に関連のある税制については、通産省の如く大いに研究をし、企業経営および民生と税制との調整に努力をいたすべきである。

二三　税法概念と税法原則の確立

〔昭和二七年（一九五二年）一一月　第二三号〕

本学会が創立されて満一年を迎えた。三回の大会開催と毎月本誌を発行する以外には、目立つた事業もできなかつた。しかし、この一年間に隠れた事業があつた。それは、租税学や、税務会計学とは異なり、法律学の領域において、しかも行政法学とは独立して、税法学の存在が一般に確認されたことである。税法の研究が必要であるという程度から、税法学存在の確認への発展は、正に質的転換といわなければならない。そして第一年目としては、一応これで甘んじなければならない。

第二年目を迎えるに当つて、いよいよ日本税法学に輪廓と内容を与えなければならないと考える。体系自体は新規を好まぬ限り、税法自体がこれを備えており、外国文献によるも大差はない。かかる体系の樹立よりも必要なことは、基本的税法概念の確立と原則の樹立とである。法概念としては、所得概念が最も重要である。それを経済学的に、あるいは会計学的ないしは租税学的に把握するのではなく、税法学的に把握することである。他の領域における概念をそのまま継受したのでは法概念とはならない。所得のみならず、他のすべての税法概念が然りであり、未だ一つとして確立されていないというも過言ではない。

原則の樹立も多々あるであろう。しかし、わが国において従来提唱されている税法原則は殆んど会計原則である。真の税法原則の重要なものとして私は「信義誠実の原則」を把握する。それはドイツにおいては、すでに一九三〇年代に確立されているのであるが、わが国においては未だに紹介さえもなされていない。この原則がいかに税法の適用解釈に影響を与えるか、ここに私は税法学の差し当つての大きな使命を見出し得ると考える。

税法の条文の解説ではなく、かかる税法概念と税法原則の確立とによつて、税法学の輪廓と内容とは次第に鮮明になつてくるであろう。

二四　信義誠実の原則

〔昭和二七年（一九五二年）一二月　第二四号〕

税法の簡素化はかつて提唱したところであるが、現実にはますます複雑化するであろう。その複雑難解なことは、民事法規、刑事法規にも決して劣るものではない。正に国税法典と称しても過言ではない現状である。しかし、いかに詳細に規定しても、将来生起するであろうあらゆる場合を網羅することはできない。かかる完全な法規欠缺の場合でなくても、規定の適用について疑義ある場合は頗る多い。これらの場合にいかに法的解決をなすかが税法学の課題である。

かかる領域に対し常に頭をもたげてくるのが、信義誠実の原則である。この原則は、租税回避を防止するために利用もされる。また、不当な課税から納税者を擁護することにもなる。それは具体的な事件によつて異なる。この原則の適用は、法的正当性の発見にある。従つてそれは租税法律主義の実質的な否定に悪用されることが許されないことは、今日「公共の福祉」をもつて一切の法解釈論を抑圧せんとする独裁的態度が許されないのと同じである。また、それは巧妙な租税回避にも利用し得ないこと当然である。

信義誠実の原則は、元来私法の領域において当事者の信頼関係を基盤として発達したものであるが、国家と国民との間は、当事者間におけるよりも一層信頼関係を基礎とするものであるから、税法の領域において信義誠実の原則が適用されることは当然なところである。それがいかように適用されるか、換言すればそれがいかに具現化するかが、税法学にとつては大きな課題である。殊に従来これを知らないわが国においては、一刻も早くこれを究明することが、租税収入の確保にも貢献し、また反面税務行政処分の妥当化を保障し得ることにもなるであろう。租税法規の解説が税法学ではなく、かかる信義誠実の原則の究明こそは、税法学に課せられた大きな課題であることを自覚し、来るべき年に必ずこの課題を相共に解決せんことを期して一九五二年を送ろう。

二五　税務行政官庁と納税義務者の非合理的折衝の排除

〔昭和二八年(一九五三年)一月　第二五号〕

シャウプ勧告を契機として税制の民主化が叫ばれて以来満三年、申告納税制を採用して以来満五年、税法自体のこの線に沿つた数次にわたる大改革にもかかわらず、依然として税務の領域においては民主化は実現されていない。もとよりそれは国民の担税能力を問題としているのではない。民主化を阻むものは、税務行政官庁および納税義務者の双方にある。しかもそれは、課税権者と納税義務者との間に長年にわたり醸成された非合理的な思想が民主化を阻んでいるのである。とにかく租税収入の目標額を達成すればよい、理屈よりも税金が安くなればよい、こうしてあたかも商取引同様に双方の掛引きが行なわれる限り、いかに税法が改正されても、なんら状況を是正するものではない。非合理性が横行する限り、殊にそれが公権力と結托する限り、永久に民主化を望み得ない。非合理性を排除し、合理性のみを承認するのでなければ、租税法規自体の民主化とは別に、非民主的な税制が慣行となるのである。

税法学は、あくまでかかる非合理性を排除し、合理性を確立することをその使命とする。しかもそれはかかる結果を発生せしめればよいのであつて、自己の功績を数え上げ、誇示する必要はない。われわれは何ものとも闘争しようとするのではない。自ら合理的なものを追求してこれを発見し、非合理性が誇らしげに横行する社会に対して、これを提示しようとするのである。これは、アメリカにおいてもドイツにおいてもつとに行なわれ実効を奏しているのである。われわれもこの国において同じ道を歩み、租税法規だけではなく、その運用の民主化を実現しようとするのである。一切を「租税収入の確保」という御題目により沈黙せしめ、税法が基盤とする信頼関係を裏切らんとするが如き独裁的な容態に対しては、われわれはあくまで学問的にのみ抗争し、これを是正せんとするのである。

二六　租税法規の正しい解釈・適用による具体的妥当性

〔昭和二八年（一九五三年）二月　第二六号〕

恒例の税法改正のシーズンとなり、主税局税制課や国税庁を中心としての各業種代表の税制改革懇談会や座談会が、主として東京においてであるが、瀕繁に催されていることは、税法の民主化の点で誠に喜ぶべきことである。税務行政官庁、特に税法立案を担当する者が、あらゆる業種の実態に通暁しているとは考えられないから、こうした会合により企業経営の実態の一端を知るだけでも、意義のあることである。また、業者側もかかる会合により税務行政当局の見解の片鱗を親しく言葉により伺い知ることができ、税務行政の民主化に役立つところ極めて大であろう。恐らく税法改正の気運がこれらの会合により醸成され、やがて業者側の陳情どおりでないとしても、その線に沿つて政正が行なわれるであろう。かくの如く税法改正に実業界の意見がもられることは望ましいが、党利党略による改正は、厳重にわれわれが監視しなければならない。

税法の改正もとより必要であるが、それにも増して重要なことは、税法により税務行政がなされること、および納税義務者も税法を無視しないことである。徴税はその難易によりこれを決すべきではなく、あくまで税法によつてこれを決しなければならない。徴税の困難な納税義務者からは、税法上当然に更正または決定をなすべきにかかわらず、実効なしとの理由のもとにこれをなさず、徴税し得ると考えられる向きに対しては、認定によつて更正または決定をなすが如きは、断じて許すことを得ない。課税は常に税法に従つてなされなければならないこと明白である。しかるに実際上は、税法よりも取扱通達等が重要であつたり、または特定の納税義務者に対し特別の考慮がなされたり、あるいはそれが強要されたりするようでは、法治国家における税務行政であるとはいえない。必要あるならば、取扱通達等を税法規において規定し、税務行政官庁のみならず、国民もこの税法規を遵守しなければ、いかに税法規の改正を行なつても、税務行政とは遊離して法文のみが是正されるにとどまるのである。もつとも必要なのは、税法規を正しく解釈適用して具体的妥当性を得ることにある。これでこそ初めていわゆる納得納税になるのではないか。

二七　突然の国会解散と臨時特例法有効期限の延長

〔昭和二八年(一九五三年)三月　第二七号〕

恒例の三月三一日付の税法改正は、八月まで持越されることになつた。これに伴い一月から三月までの臨時特例法の有効期限が延長されることになつた。一年の大半を臨時特例法ですますわけである。漸く臨時特例法が失効し、その内容をもとりいれた税法が改正された頃には、明年一月から三月までの臨時特例法が立案され、やがてそれが施行されるということになる。これでは年中、特例法が施行され、本法自体はこの特例法に抵触する限り施行されないという変態的な現象を生ずるのである。税務当局はもちろんのこと、納税義務者たる国民一般も、現行法の内容を知るために苦労をしなければならない。われわれ税法学徒も税法体系の無秩序性を眼前に見せつけられ不快の念に駆られるばかりでなく、大した理由もなしに国民生活に重大影響を与える税法改正が、立案当局者なり税法識者の意図とは無関係に見送られるということになる。

こうした変態的現象、それがやむにやまれぬ事情に由来するものであるのならばともかく、今回の事態は全くこれと異なる。突然の国会解散により税法改正法案は、他の幾多の法案とともに廃案となつたのである。今更繰返す要もないが、わずか六カ月にして国会が解散され、国民生活に重大な関係を有する税法改正案が審議未了となつたのである。審議の慎重を期するため会期不足となつたとか、改正法案をめぐつて与野党の意見対立し、遂に国会解散となつたというのであれば、国民も立案当局もまだ納得できるであろう。しかるに当初よりの与党内における内紛が遂に国会解散に導いたのである。五月には新国会が成立するのであるが、そこでも各政党の占める議席数はますます接近するばかりで、恐らく税法改正案の審議の如きは末梢の問題となるであろう。正に国会無能の時代である。しかもそれは政党の責任ではない。選挙権を有する国民の責任である。こう考えてくると、税務行政を批判する前に、国民は各自の選挙権を悔なきよう行使することが先決問題であることを、今更の如く知るのである。

二八　税務行政の領域における税務職員と納税者との信義誠実

〔昭和二八年(一九五三年)四月　第二八号〕

「税務署の一八〇度転換」「納税者の立場で」という大きい見出しで、税のしるべは、去る一四日来の国税局長会議における国税庁長官訓示要旨として、「親しみ易い税務署」「気軽に相談に行ける税務署」「信頼される税務署」を理想として税務職員の事務の進め方や、執務態度を徹底的に民主化し、納税者の立場になつて物を考える習慣をつけることが肝要である、と伝えている。これで漸く税務行政もあるべき姿をとるように思われる。

税務署に、「親しみ易い」とか、「気軽に相談に行ける」とか、「信頼される」とかのいずれを冠してみても同じことであり、要は税務行政官庁自体がまず国民の信頼にこたえなければならないことである。政府と国民、従つて税務行政官庁と納税義務者との間は、元来信頼関係をもつてつながれている。国家と国民とがその利益相反し対立関係にあるものとは考えられない。いかなる巧妙な方法をもつて国民から、より多額を徴収するかが税務行政官庁の使命ではなく、また合法性を仮装して実質的に脱税せんとするのが、国民の本能でもない。国民の認めた国家の必要とする租税歳入額を確保するために、国民自身が間接に定めた租税法により徴収するのが税務行政官庁の使命であり、また租税法の命ずる如く納税するのが国民の義務である。租税法により納税し、徴収する場合、国民も国家も互に信頼関係を裏切るような不信行為は許されない。租税法を棚上げし、前年実績額の何割増をもつて課税せんとするが如き、また課税標準の算定に関する資料をも提出せず、もつぱら泣きおとしや、顔で減額せしめんとするが如きは、いずれも不信行為の最たるものである。司法の段階のみならず、すでに税務行政の領域において「信義誠実の原則」が、租税法における最高原則として適用されねばならないのである。税務職員が納税者の立場になつて物を考えなければならないと同時に、納税者も税務職員の立場になつて物を考えなければならないのである。税務職員と納税者を結合するもの、それは「信義誠実」であり、この「信義誠実」を保持して行くところにこそ、国民の自由権の保障と租税収入確保の調和があるのである。「疑わしきは課税せず」が租税法律主義より生ずる鉄則として守られなければならないと同時に、納税義務厳守の協力体制が整えられなければならない。

二九　青色申告者に法定簡易簿記の実施

〔昭和二八年（一九五三年）五月　第二九号〕

昭和二五年制定された当初、青色申告制度は、税務官署ならびに外廓団体によつて奨励されたにもかかわらず、すくなくとも個人については不成功に終つた。しかも青色申告者の記帳のうちには、頗るいかがわしいものがあり、更には全然記帳をなさない向きもあつて、承認の取消も数多く行なわれた。かかる実情に鑑み、青色申告制度は一時継子扱いをされ、等閑視された嫌いもないではなかつた。しかるに今回、五月六日の省令、告示をもつて、青色申告者に簡易簿記を認めることになり、再び青色申告制度が奨励されることになつた。事業所得者等のすべてに複式簿記を求めることが困難な実状のもとにおいて、法定の記帳をなす者のみに青色申告の承認を限定することは、この制度の利用者が次第に極限されてくること当然である。それは必然的に税務官署においても、かかる限られた少数の青色申告者を税務取扱上わずらわしく考え、うとんずることにもなるであろう。かかる際、国税庁が一歩譲歩して簡易簿記でも足りることにしたのは、しかも従来の常套手段を排し、通達をもつてせず、省令、告示をもつてこれを規定したことは、確かに適宜の措置であると推賞したい。来るべき税法改正にあたつては、更に青色申告者に新しい税務上の特典を与えんとするとかのことであるが、それが実現されれば、青色申告制、従つて記帳制はいよいよ普及することになるであろう。青色申告制、従つて税務上の特典によつてでも記帳制が普及されるならば、納税者はもとより、税務官署にとつても非合理的な認定課税の大半を避けることができるであろう。簡易簿記をすべての事業所得者に税法上強制する準備的段階として、今回の措置の成果に対し重大関心をいだかざるを得ない。

三〇　税制審議会に対する外国税法研究の計画的促進奨励の要望

〔昭和二八年(一九五三年)六月　第三〇号〕

現内閣は、税制審議会を設け、税法を根本的に検討し、改正しようとしている。これによつて減税という公約を果そうとする。もとよりその志向はこれを喜ぶべきであるが、過去の実績に徴し、これに関連して一言したいことがある。それは、国会の解散や内閣の更迭と運命を共にしない常設的な審議会を設けることである。審議会の構成員は、他の例もあることであるから、自ら決定されるのであるが、何はともあれ、一方的に偏しないものであることを希望する。もとより審議会の構成員のみでは、充分な研究をなすことはできないから、当然に各種の機関や専攻者に調査研究を委嘱しなければならないであろう。しかるに周知の如くわが国税法学界の現状は、外国の税法を目下研究中なのであり、他の法学に遅れること甚しいものがある。従つてかかる情勢のもとにおいて外国税法の研究を中止して、税法改正を審議することは、無暴であるといわなければならない。われわれはもとより外国税法をそのまま継受し、または模倣しようというのではない。現に施行されている外国税法をその根源にまで遡つて研究し、税法原理や原則を究め、更に諸種の制度を習い、もつて税法知識を豊富にし、しかる上、わが国に相応しい税法体系、税種を考え、個別的税法を創作せんとするのである。しからば、まずもつて税制審議会のなすべきことは、外国税法研究の計画的促進奨励にある。極めて現在僅少な外国税法研究者を増員することと、同時に外国文献を豊富に入手し得るよう研究費を捻出することである。かかることを今頃から始めるようでは、相当年月を要し、間に合わないと考えられ勝であるが、その故に従来、研究を重ねた結果の税法改正ではなかつたから、何回これを繰り返しても何の成果をも得なかつたのである。また、税法が恒久法化しなければ、税法の解釈法学も発展の余地があろう筈がない。

三一　税法学は税務会計学ではない

〔昭和二八年（一九五三年）七月　第三一号〕

ベルン大学税法学のブルーメンシュタイン教授は、税法学について左の如く述べている。

「税法学は、財政学や会計学と異なり、租税をもつぱら法制度としての性格において把握せんとするものである。それは、法秩序の体系内におけるその地位を究明し、個々の規定内容の法的意義および効果を決定せんとするものである。この意味において税法学は現行税法の適用および解釈に役立つものであり、かつその合目的的な法律上の発展への途を用意するものである。」

誠に端的な表現であるが、税法学の使命をよく言い尽している。税法学は、もとより法学の一部門であつて、財政学でも会計学でもない。税務会計学も会計学として必要であるが、それが税法学ではない。しかるに税法学の誕生日なお浅く、その使命が未だ明白に認識されていないわが国においては、あたかも税務会計学も税法学であるかの如く、否むしろ税務会計学こそが税法学であり、その別称であるかの如く巷間一般に理解されている。もとよりかかる謬説が学界の論説として発表されているわけではない。税務官僚、税務実務家や税務関係の出版人により直感的に漠然とではあるが、かかる混同がなされているのである。彼等は、あるいは税法学は税法の学問の総称であるというかも知れない。しかし、それが単なる牽強附会であることは今更いうまでもない。

税法学は、税法を対象とする法学である。それはまず解釈法学として成立し、立法法学へも発展するものである。税法上の概念は、これを法的に決定しなければならないのであつて、会計学上の原理原則の支配を受けるものではない。むしろ反対に税法によつて会計学が規制されることを銘記しなければならない。

三二　企業組合の組合員に対する所得税課税をめぐつて

〔昭和二八年（一九五三年）八月　第三二号〕

同一法概念でありながら、税法は独自の意味内容をこれに盛らんとする場合がある。法人概念がその一つである。しかし、仔細に検討すれば、それは立法者、実質的には立案者の単なる意見に過ぎない場合が多い。法人についても、税法上特に法人実在説を捨て、遠く古に遡つて法人擬制説を採らなければならない法文上の根拠はない。法学には全く素人の財政学者等の意見が主流をなして税法は立案されるがため、素人法学理論が展開されるのである。しかし、また反面、これらの素人理論が案外形式主義に惰する法学に対し、一大警告を発する場合もあることを忘れてはならない。企業組合をめぐる課税問題は、そのよき例である。この場合、課税当局及び納税義務者たる中小企業者の立場や利害関係を今考慮しようというのではない。企業組合が法人である以上、当然法人に対して法人税が課税されるべきであるにかかわらず、組合員たる個人に対し所得税が課税される場合もあることになつた。これは明らかに税法が当該法人を認めながらも、ある場合にはこれを否認し得ることを意味している。法学者は、税法が法人を否認することに挙つて反対するであろう。しかし、ここで自省しなければならないことは税法が否認するような場合は、法形式的には法人であつても、実質的要件たる社団性格を具備しているのであろうかということである。社団、財団でないものが、単なる法の要請する形式を最少限度に具備するだけで法人になるというところに、法学者の反省が必要なのではないか。課税は形式よりも、実質を把握せんとする。この課税上の要請が、法学に実体を与えるのではないか。反面、課税上の要請も、他の法律の牽制を受ける。その結果の妥協が、今回の如く、法人性を認めながらも、否認するという矛盾した立法措置になるのである。税法と民事法等の調整を要する所以である。

三三　税法の法文の表現方法の改善

〔昭和二八年（一九五三年）九月　第三三号〕

税制調査会で検討すべき主要項目中に、税法を簡素明瞭なものとするため、条文の表現方法につきどのような改善を図るべきか、というのがある。一〇月末までに結論を出す予定とのことである。委員の顔触れをみても法学者は一人もいないが、「第〇〇条において準用する第〇〇条において準用する第〇〇条……」という表現方法が即刻改善を要することぐらいは、素人判断でも気がつくであろう。現行日本税法の条文の表現方法は、可能な最大限度において条数を羅列することにあるといつても過言ではない。試みに前述の如き表現方法をとつている任意の条文を読み、準用条文を逐次読んで行くならば、殆んど当該税法の大半を読み終る結果になり、しかも当初の条文の内容は遂にこれを理解し得ないという魔術的表現方法であることに気がつくであろう。こんな条文の表現方法でも、国会で毎回審議可決されたものである。税制調査会で直ちにとりあげ、立法的に解決しなければならない問題である。

次に税法の条文は一体に長文であり、それだけに理解に困難なことである、たとえば、所得税法第五七条の過少申告加算税に関する規定の如きは、実に三、五〇〇字余より成る長文のものである。堂々たるものであるが、放置し得ない問題である。

相も変らず、片仮名、文語体の難解な明治三〇年代の制定になる国税徴収法及び国税犯則取締法が、現代的な税法の基本的現行法として存在することも、調査会としてぜひとりあげるべきであろう。全部改正をなし得ないどのような政治的理由があるのか不可解であるが、調査会の使命達成を期待するや切である。

三四　税務当局の正しい所得申告の指導

〔昭和二八年（一九五三年）一〇月　第三四号〕

青色申告制の普及が税務当局によつて再びとりあげられていることは、税務行政を明朗化する上において極めて喜ばしいことである。元来、商人は商業帳簿を備え付け、記帳しなければならないのであるが、これがわが国においては実行されていない。正確な帳簿がないために、税務当局はやむなく推計認定課税をなすのであり、このことに対する非難は、記帳義務を怠る納税義務者が自己の怠慢を他になすりつけんとするものである。

しかし、青色申告制の普及、もつと一般的にいつて記帳制の普及に阻害を与えるような処分を極力避けなければならない。確たる証拠に基づき記帳洩れを指摘し、更正処分をなすことは当然の措置であるが、いわゆる否認、すなはち、益金不算入、損金算入ないしは収入未計上、必要経費への繰入に対する否認の中には、可成りいかがわしいものが多い。税法の明文に違反するものの否認はやむを得ないが、明文なきにかかわらず、通達や単なる税務行政当局の一方的見解に従つて否認をなしたり、甚しきは何等かの否認をなすことが所得調査をなしたことの証左なりと考えるが如きは行き過ぎも甚しいものである。これらの否認は、税法学的に検討して違法処分のもののみとは限らない。違法処分でなければ、いかなる否認をもなし得るというような独善的態度を棄て、指導的態度で臨むべきである。すなわち、直ちに否認をなすことなく、翌事業年度以降に対する警告をまず発し、しかもなおこれが遵守されない場合に初めて否認をなすのでなければ、民主的行政とはいえない。また、個人については極めて少いが、法人について所得調査が甚しく遅延し、その結果数期前に遡つて否認をなし、更正処分をなすが如きも、徒らに企業秩序を破壊するのみであつて、いわゆる納得納税を達する所以ではない。正しい所得申告の指導こそ税務当局の任務である。

三五　税法は課税の単なる一基準ではない

〔昭和二八年（一九五三年）一一月　第三五号〕

日本税法学会も創立以来満二年を迎え、第五回大会を終了した。回を重ねるごとに討論も活溌となり、得るところ極めて大である。取扱通達の法源性の否定が大会の席上公認されたことは、当然のことではあるが、それは税法を法律学的に研究することが、この二年の間に会員によつて育成されたことを意味するのであり、税法学徒として何よりも喜ばしいところであつた。また、本誌には毎号必ず外国税法の研究紹介がなされるようになり、税法学の発展の上のみならず、租税立法の上よりも輝かしい将来が約束されているといえよう。外国税法の研究は殆んど従来なされていなかつたところであり、それがきわだつてこの一年間になされるようになつたことは、明らかに税法学に対する認識度が深まつたものといえよう。

明治以来最近までに税法に対しては、法律学的に全く無批判的であつた。国民大衆はただ、税額の低からんことを願い、税務当局は、国家予算で決定した租税収入の確保のみを念願としたのである。しかも常に後者が権力的の故に優先し、従前のわが国においては、それが批判をなすことを許されず、また実際上なすことも無駄であつた。それは新憲法のもとにおいてこそ初めて批判研究を必要とするに至つたのである。今や税法は誰のものでもなく、国民大衆のものなのである。租税収入の確保そのものさえ、実は国民の課題であり、国民と遊離した税務官庁の課題なのではない。こうした点が今なお明確に把握されてはいない。それについては税務官庁のみならず、国民の側にも大きな責任がある。課税、徴税はすべて税法に従つてなされなければならないにもかかわらず、これをあたかも一の基準の如く考え、税法を無視して相互間に妥協和解が行なわれてはいないか。

税法学は、決して税務行政官庁の代弁をなすものではなく、また同時に政党や国民の主張のみに加担するものでもない。税法を他の法律から全く遊離独立したオール・マイチィと考えず、現行日本法秩序のもとにおいて最もこれに適合した立法を研究し、また現行税法をこれに矛盾することなく解釈することこそ、税法学の指針でなければならない。

三六　租税基本法制定準備の提唱

〔昭和二八年（一九五三年）一二月　第三六号〕

税制調査会の答申に多少の期待をかけていたのであるが、発表どおりのものであり、これを充分に立法化するとしても、休会明けの国会に提出される改正税法案には大した期待をかけることはできない。最近は、税法改正が減税という各政党の選挙スローガンになり、与党は公約履行のため必ず政府をして税法改正案を国会に提出せしめるのである。これはどの政党が与党になつても変わりはない。その改正案は、税率や控除額の改正にとどまらず、多少手続的のものや、内容的のものにも及ぶのであるが、税法体系に関するものは全然存しない。大蔵当局もいずれの政党も、税法体系を考えようとはしない。

わが国においては、どうしてドイツのライヒ租税法のような租税基本法とも仮称すべき税法が確立され、これに基づき各個別税法が制定されないのであろうか。これを阻むような政治的理由は大してなさそうである。所詮、それは、政府においても政党においても、かかる租税基本法の研究が未だなされておらず、かつ現状では到底かかる研究を望み得べくもないことに由来すると考えなければならない。かかる状勢では、まず租税立法の体系化を、国会にも、政府にも求めることは至難である。明治立法である国税徴収法や国税犯則取締法が未だに全部改正されない理由もここに存する。しからば、これが実現は本学会が達成する以外に途はない。まずライヒ租税法を充分に研究し、他方各国の租税基本法をも調査し、比較法学的検討を加え、この成果を参考としながら、租税基本法草案を起草する。これを本誌に発表し、幾度か研究会において討議修正の上、確定草案を政府に提出する。これが、税法学の確立を目指す本学会の使命でもある。来るべき年には、即刻これに着手し、一日も早く文化国家なみの税法体系確立に邁進したいと考える。

三七　物品税法基本通達の法規類似の体裁

〔昭和二九年（一九五四年）一月　第三七号〕

旧臘二一日に間消二―九三をもつて、物品税法基本通達が定められ、国税庁長官より各国税局長および税関長宛に発せられた。これは物品税法の施行に関する取扱であり、従来の通達はこれにより廃止され、今年一月一日よりこの通達により取り扱われることになつた。内容的には、従来の通達を整備し、補充したに過ぎないものであるが、見逃がし得ない重大意義をこの通達は有している。それは、この通達が法規と全く体裁を同一にし、あたら法規そのものではないかとの錯覚をさえ起さしめることである。従来の通達は、いずれも条数を掲げることなく、単に一、二の番号を附して配列されていたに過ぎないが、この通達に及んで一大飛躍をなし、第一条とか、項を示すにも2、3の如き用例に従い、全く法律、政令、省令と同じ体裁をとるに至つた。これでは、政令であるる物品税法施行規則に対する物品税法施行細則であるかの如き錯覚をさえ生ぜしめる。もとよりこの通達は法源ではない。しかし、法源である法規と同一体裁をとることによつて、あたかも法源同様に、しかも時の経過とともに無意識的に法源として取り扱われるようになりはしないであろうか。形式的には法源でなくても、実質的には法源同様に裁判上も取り扱われるようになれば、もはや通達の法源性を論ずる実益はなくなる。しかし、それでは、法律が委任していないにもかかわらず、税務行政官庁が法規を制定し、公権によるその違法な規定の行使に対し国民は事実上盲目的たらざるを得ないことになる。かかる行政措置は、いつの時代にもこれを避けなければならない。通達に法規同様の体裁を与えること自体は、単なる形式上の問題に過ぎないのであるが、この形式の同一性が法源性の有無の判定につき無自覚的・無批判的ならしめるおそれがあるのである。私の持論であるが、ここまで通達を法規と形式的に同一ならしめるのならば、何故にこれを政令や省令をもつて規定しないのか、その理由を理解し得ないのである。

三八　交際費等の法定限度額超過額に対する課税

〔昭和二九年(一九五四年)二月　第三八号〕

国会に提出されんとする租税特別措置法の改正案には、資本金五〇〇万円以上の法人が支出した交際費等の額が一定限度額を超えるときは、その超える金額の二分の一に相当する金額を損金に算入しないという規定が設けられている由である。この点に関する改正案に対して各経済団体より反対意見の出ていることはもちろんである。かかる租税立法措置が非合理的であることは、立案当局もこれを自認しなければならないであろう。明らかにこれは租税政策によつて理論をまげようとするものである。合理的であることよりも、租税政策の実現を尊重せんとするものである。しかし、合理性は法の生命であり、これを犠牲にするような立法措置はもとより極力これを避けなければならないのであつて、理論が政策によつて続々歪められるようになつては、再び非常時独裁立法のそしりをまぬがれなくなるであろう。

一体この交際費等の一部金額の損金算入否認の措置は、果していかなる首肯し得べき租税政策に依存しているのであろうか。経営合理化とか、消費規制とかが問題となつているのではなかろう。けだし、交際費等の一部金額の損金算入否認は、常識的には交際費等の一部金額相当額に対する課税であるが、この課税を手段として、消費規制とか経営合理化の目的を達成し得るとは考えられないからである。もし微塵だにそのような考えがこの立法措置に織り込まれているのであれば、これは租税そのものを罰金・科料と同様に考える謬見であるといわなければならない。従つてここに租税政策というのは、実は極めて単純なものであつて、法人税収入の増収ないしは減収防止を図ることと以外の何ものでもない。税率を変更せずに、他において益金不算入ないし損金算入を認める代償として交際費等の一部金額の損金算入を否認し、もつて法人税収入を確保しようとするのである。恐らくは、こうした措置が租税負担の公平化に即するものであると附言もされるであろう。しかし、かかる租税収入の確保とか、租税負担の公平化とかは、理論をまげるという安逸にして独善的な方法によらなくても、合理的にこれを解決することができるはずである。いずれの法も同じであるが、特に租税立法に何よりも必要なことは、絶対に合理性を廃棄しないことである。

三九　税法の改正形式と措置法の規定の各税法への移しかえ

〔昭和二九年(一九五四年)三月　第三九号〕

大した修正も受けずに各税法改正案はいずれも国会を通過した。これは毎年のことであり、特に珍らしくもない。立案者はもちろんのこと、立法当局の中にも可成り専門の人がいる筈であるにもかかわらず、何人によつても一向に反省されない点を指摘しよう。

まず今回の所得税法や法人税法の如く、各条にわたつて改正をなすにもかかわらず、何故に全部改正の形式をとらないのかである。われわれ日夜税法のみを研究している専門学徒でさえ改正法案を読んだだけでは、改正後の法文を知ることはできない。従前の法文を長時間の忍耐力を消費して、字句を挿入したり、削つたり、書き改めたり等の労力を惜しまないときにのみ、初めて実に美事な改正後の現行税法の原稿のみができ上るのであるが、もとよりそれではわれわれの日常の研究資料にもならない。納税者たる一般国民はもとより立法当局者にもわかる筈はない。何故にこんな法案が何等の検討も加えられずに可決されるのか。野党からさえも反対の声を聞かない。税法がどんな形式のものであつても、国政には何等の関係がないようである。

今一つは、租税特別措置法の存在である。形式的には、所得税法、法人税法等は恒久法であり、措置法は臨時法であるから、各税法の特例を措置法で規定するのは当然である。しかし、終戦後の実績に徴するも、各税法が毎年少なくとも一回改正されるのであり、反面、措置法は幾回となく改正されながらも現行しているのである。従つて所得税法や法人税法の規定の特例として措置法に規定しなくても、所得税法や法人税法の規定自体を改正すればよいわけである。現在のような立法体系は、将来税法が真に恒久法化した場合のことであり、毎年改正されるような現状では、むしろ措置法の規定を所得税法や法人税法に移しかえるべきである。徒らに体系にとらわれてますます税法を複雑化せしめるのは、民主立法たる所似ではない。

世はまさに法令用語、法律学学術用語の制定さえ提唱され、実現に着手されんとしている。前述の二点が大蔵委員会で採り上げられないことが、更に立案当局が一向に考慮されないことが不思議でさえある。条文に見出しを附するための改正さえなし得るのであるから、私の指摘した点の是正は殆んど予算をも伴わず、容易にこれを実現し得るであろう。識者の猛省を促してやまない。

四〇　外国税法用語の訳語統一

〔昭和二九年（一九五四年）四月　第四〇号〕

本学会として税法学学術用語制定に協力することに決定したことは、税法学発展の上より考えて誠に喜ばしき限りである。

学術用語制定の趣旨は、学術用語分科審議会学術用語集のまえがきによれば「学問の分野によつては用語の関連が失われたり、種々難解な漢字の使用や重複・不統一があり、専門家の間にさえ混乱を招き、時としてそのため事実が誤解されるおそれさえ生じたのである。戦後、漢字・かなづかいの簡易化が推進されるとともに、学術用語についても、新時代に適応する平明な用語に統一しようとする気運が、各方面に高まつたのは当然のことであつた。」というにある。これは、税法学のようにその誕生の頗る浅い学問、更に西欧、アメリカよりの移入による学問については、もちろんそのまま当てはまらない。端的にいえば、目下この分野においては学術用語が作られつつあるといつた方がよい。しかもその殆んど大半は訳語である。すなわち、外国法令、外国判例、外国文献の翻訳に際しての訳語が同時にわが国の税法学学術用語になりつつあるというも過言ではなかろう。従つて他の学問における如く、用語の重複・不統一の問題は生じないが、いかなる訳語をもつて適語とするかという創作の問題を生ずるのである。難事業ではあるが、この際これを敢行することは、確かに税法学に一大飛躍を約束するものである。各自がそのつど適訳を考えるよりも多人数でこれを考え、学会公認の用語を作り出すことは、便宜であるばかりでなく、誰にも理解し得るものとなり、また執筆者自身無駄な時間を節約し得ることになり、更には外国の法令・判例・文献の紹介・引用が活溌に行なわれる機運を作ることにもなるであろう。かかる意味において、全会員の絶大な御協力を希望する次第である。

四一　税務行政における「疑わしきは課税する」

〔昭和二九年（一九五四年）五月　**第四一号**〕

西欧における税法学発展史は、in dubio pro fisco に対する憲法論的抗争に初まった。税法解釈上疑わしき場合には、国庫の利益のために解釈する。すなわち、「疑わしきは課税する」という旧世紀的税法解釈に対し、権利平等、租税法定主義という憲法上の要請は、正面からこれに衝突したのであった。この衝突が税法学の誕生であり、税法学の確立によって、in dubio pro fisco は、完全に学問の領域からその姿を消したのである。然るにその後においても税務行政の実際においては、依然この in dubio pro fisco が行なわれ、しばしば租税最高裁判所の判例により是正されてきた。税法学の誕生遅きわが国において、税務行政の実際において依然 in dubio pro fisco が行なわれていること、もとより怪しむに足らない。これは、もちろんかかる税法解釈に不服な納税義務者が出訴した場合には、裁判所は、たとえ結論は同じであるとしても、in dubio pro fisco を理由としてではなく、他の法理により解釈するであろう。従つて税務行政としては、in dubio pro fisco により税法解釈をなし、もしそれが不当であるならば、裁判所が将来これを是正するであろうというのが、わが税務当局の見解のようである。しかし、税務行政はもとより税法に従つてなされなければならないのであり、そのためには正しい税法解釈がその基礎とならなければならない。たとえ裁判所により税法解釈がくつがえされることがあつても、in dubio pro fisco によつてではなく、他の法理により確信をもつて税法解釈がなされなければならないのである。ただし、「租税収入確保」という代りに、「公共の福祉」とか、「租税負担の公平」とかいう名のもとに、実質的には in dubio pro fisco が、税務行政上、更には裁判上も、意識的にあるいは無意識的に行なわれることを警戒しなければならない。これらのことは、税法の解釈のみならず、事実認定についても妥当し得るのである。

税法も法規範である。法規範の領域においては、内容なき法形式が意味をもたないと同じく、法形式を備えない内容も存在し得ない。法形式を軽視し、更には否定することは、法規範自体の否定であることを知らなければならない。in dubio pro fisco は、税法においても法形式よりも、内容を、実体を把握しなければならないという学問的粉飾のもとに、未だに伏在しているのである。

四二　納税者と税務署との相互信頼関係

〔昭和二九年（一九五四年）六月　第四二号〕

最近税務懇談会の席上や、税務関係の新聞雑誌の紙上において、納税者と税務署は、子と親との関係のようであるとか、相互に「信用」がその基礎になつているとか、述べられるようになつた。税務行政がこうした相互の信用を基礎にしなければならないこと、あたかも商人間の信用取引と同じであるというのである。誠にそのとおりであつて、終戦後数年の実績に示す如く、納税者は課税を免れることに専念し、税務署は納税者を常に罪人視し、摘発自体に興味を有するようになつては、到底税務行政の円滑化を期待することはできない。納税者は正直に記帳し、申告をしても、不当に課税されるからという理由で過少申告をなし、反面税務署はすべての納税者が過少申告ないしは虚偽申告をなすものの如く疑う。その結果は、かつての取引高税についての更正・決定におけるが如き憂うべき状態に達するのである。納税者ならびに税務署の容態は、いずれも相互に因果関係に立つのであつて、いずれか一方からまず信頼関係の回復に着手しなければ、両者の対立の緩和を望むこと百年河清を待つにひとしい。この点税務署の方が組織および数の上より考うるも、納税者側より遙かにこれに着手し易いわけである。その結果、租税収入が激減するようであるならば、納税者側も反省し善処するであろう。国民を離れた国家の租税収入など考えられないのである。幸いにして国税庁が、昨年長官の更迭以来税務行政の民主化に乗出し、努めて納税者を信頼する各種の措置を講じ、着々とその実を挙げつつあることは、喜ばしき限りであり、一日も早く末端に至るまでこれが滲透せんことを願う者である。

税法の解釈についてはもとより、税務行政についても、その眼目をなすものは「信義誠実の原則」である。税法は、常に納税者と租税官庁との相互信頼関係を基盤としているのである。この信頼関係を破壊するような容態は、双方に許されないところである。それは、再調査請求、審査請求ならびに訴訟の段階に及んでからはもとよりのこと、それ以前の申告、調査、更正等税務行政の領域においても、常にこの原則が支配することを特に自覚しなければならないのである。

四三　大学院における税法学の聴講生制度の開設

〔昭和二九年（一九五四年）七月　第四三号〕

数年前からわが国の大学にも、租税法の講座が折角新設されたが、そのほとんどは随意科目ないし選択科目であり、あまり重視されてはいない。司法試験の受験科目中に租税法のないこともその原因の一つであろうが、法・商学部教授のうちに、未だ専任者の少ないこと、科目の内容自体が非常に難しく、勢い学生の聴講も少なく、関心の薄らぐことが大きな原因であろう。税務官吏の教育については、つとに専門の税務講習所が設置されているが、税務官公吏のみならず、納税義務者、ことに大法人の主計課担当者には、ぜひとも租税法の研修を必要とするのである。あらゆる企業の経営上、租税法を無視し得ないことは、今更申すまでもない。最近は、国税庁幹部職員による租税法関係の図書も幾多出版されているのであるから、これらを読めば事足りるとも考えられる。しかし、これを読んで理解し、具体的事案について一応の判断をなし得るためには、大学等で税法学等の基礎理論を聴講しておかなければならない。私は、大学学部での講義が難しいようであれば、むしろ大学院における法商関係の研究科の科目に編入し同時に税法学についての聴講生制度を開設し、一般にこれを開放してはいかがかと考える。講習会も考えられるのであるが、短期間に毎日数時間連続して受講しても、実際上決して身につくものではない。更に大学院であれば、講習会と異なり、特別講義のほかに演習も行なわれるのであるから、教授ならびに他の学生との討論もなし得るのであり、また幾多の文献も閲覧し得るのであるから、講習会等とは比較にならないほどの実力がつくのである。まず私が講義をしている大学において、是非これを実現したいと考えている。

税法学発展のためには、税法学者の研究もとより必要であるが、税務上の諸手続の解説ではなく、法学としての税法学を普及さすために、大学における税法学講義にも重点がおかれなければならない。ミュンヘン大学を中心とするドイツ税法学、ベルン大学を中心とするスイス税法学の隆盛には、垂涎おくあたわざるものがある。

四四　国税庁長官の税理士講習会開催勧告書と税理士会の自主的研究会開催の要望

〔昭和二九年（一九五四年）八月　第四四号〕

先般国税庁長官より税理士講習会開催勧告書が発せられたことを知つた。勧告書の趣旨は、税理士の資質向上、税理士倫理の高揚、適正な税理士業務の実現とうたつている。要するにかつての流行語による税理士再教育である。目的は誠に結構であるといわなければならない。問題は、その目的実現のための手段が、極めて形式的であり、何の工夫も熱意も払われていないことである。これに対する連合会質問要旨も同様である。三年前の税理士登録の際の法定講習会類似のものを再開しようというわけである。会議といえば、プリントをくばり、誰かがプリントどおり読み上げ、誰かが挨拶をして終るということに習慣づけられておれば、数十時間の講習会実施により目的を実現し得ると考えるのも無理はない。否、そんなことを考える私が世間を知らないのであつて、実際は目的実現等を考えているのではなく、目的実現したということに形式上なればよいというのかも知れない。もしそうだとすれば、民主政治になつてからかえつて無駄なことが多くなつたようである。

たとえ勧告書の内容がどのようなものであろうとも、連合会、更には各会員は、実質的に目的実現に邁進すべきである。税理士といつても、弁護士、公認会計士、計理士兼業の会員もあれば、また専業会員がかえつて兼業会員よりも、税理士業務にかけては遙かに有能な場合もあり、弁護士兼業会員中にも簿記、会計学については、不得手な人もあろう。これらを一同に会しての講習会は、講師のみならず、聴講者にも身に入るものではない。

そこで考えられる案は、どこにも当てはまることだが、精々二〇人ぐらいのグループにわけ、講師が講義のみをなすのではなく、聴講者に研究発表をさせ、これを中心に討論をなさしめ、講師はまとめ役になることである。そのためには、もとより連日行なうことは不可能であり、また無益でもある。毎週一回二、三時間ぐらいを長期にわたり実施するならば、必ず目的を実現するのである。受講の要なしと考えるほどの会員はむしろ助手、更には講師をつとめればよかろう。税理士の将来を思えば、かかる勧告書をまつまでもなく、連合会、単位税理士会、更に各会員が、自主的に創意工夫を発揮し、熱意をもつて講習会ならざる研究会を、自らのためになすべきであろう。

〔昭和二九年（一九五四年）九月　第四五号〕

四五　税法学文献集編集の必要性

税法学の研究に判例の必要なことはいうまでもないが、研究のつど判例集をひつくりかえしていたのでは、億劫でもあり、また見逃しも生ずる。そこでかねがね自分の手で租税判例を編集したいと考えていたが、漸くこのほど税法研究所員一同の献身的協力の成果として「租税判例」を公刊した。これで判例に関する限りはすつかり自信ができた。慾をいえば、租税法に関する判例ではないが、税法学研究の上において必要な判例をも蒐集しておかなければならない。これもなるべく近き将来に実現したいと考えている。

租税法規ならびに通達については、すでに数年来「税務法規総覧」として刊行している。従つてこれを継続編集して行けばよいだけである。

今一つ税法学研究に必要なものは、文献集である。ある事項を研究する上においていかなる文献が存在するか、その内容をたとえ数行にしても要約したもの、目次だけでも掲載したものがぜひとも必要である。判例がすでに存在するにもかかわらず、全然判例を引用しないのと同じく、すでに文献が存在するにもかかわらず、全然これを引用しないのは、単にエチケットの問題ではなく、その論説自体の価値にも関係してくる。しかし、何人もがいかなる文献が存在するかを一々調べることは不可能といつてもよい。他の法学の領域におけるが如く、幾多の図書があり、それらが豊富な文献を掲げている場合には、これでも事足りるのであるが、税法学の如き新興法学では未だかかる図書さえ存在しない。従つて税法学を研究する上には、どうしても税法学文献集を必要とする。かかる文献集も税法研究所において私が編集しよう。誰かがやらなければならない仕事なのであるから。

こうして判例、法規・通達、文献がそろつて初めて税法学の研究は常道に乗るのである。真に社会が必要とするものは、場当り的なものではなく、やはりオーソドックスなものであり、またそうしたものによつてこそ初めて税法学は漸次確立されて行くのである。また、これが税法学確立への最短の途でもある。

四六　青色申告制に対する反省

〔昭和二九年（一九五四年）一〇月　第四六号〕

本誌巻頭言において、すでに二回も拡大を勧奨した青色申告制は、漸くこのほど税務当局の熱心な拡充計画となつて実現した。外廓団体による記帳指導もとより結構であるが、この機会に今一度青色申告制自体を反省してみる必要がある。

問題の中心は、青色申告者にとり、白色申告の場合における推計課税ないしは認定課税よりも少なくとも不利でないこと、更には可能な限り有利なことを要する点である。経費のみならず、記帳という労力を費して、なおかつ、記帳もしない税務署任せの推計課税ないしは認定課税の方が有利なようでは、到底この制度の拡大を期待し得ない。そのことは決して推計課税や認定課税の苛酷化を要請するのではない。課税はいかなる場合にも合法的になされねばならないのであつて、所得計算の資料がないからというだけで恣意的な課税が許されるものではない。青色申告による場合は、納税義務者自身唖然とするが如き真の所得金額がでてくるのである。現在租税法規が認めている如き青色申告者に対する特典のみでは、この制度の健全な拡大を計ることを得ない。青色申告者に対する基礎控除額の引上、更には法人と同様な総益金・総損金による計算方法の採用等考慮の余地は充分存在するのである。租税収入は確保しなければならないが、それはかかる恩恵規定制定を拒否する遁辞となつてはならない。

他方、青色申告者については、特に権利発生主義の固持に対する反省もなされなければならない。多額の未収金を有する納税義務者は、課税所得金額が多額な場合にも、納税すべき現金に窮するのである。元来企業会計原則というものが、納税を目標に樹立されたものではないのであるから、現在の如く概ねこの原則を税務計算上も一貫せんとするところに、すでに当初から無理は予定されているのである。税務会計の上からは、現金収納主義をも考慮してみる必要がある。ことに資料の整つている青色申告者については、過渡的取扱いとして本人の希望により現金収納主義への転換を認めることは、さしたる弊害を伴うものではない。権利発生主義の現金収納主義への転換は、充分な検討の上でなければ、徒らに租税回避を助長するの結果となるであろうが、これが実現は記帳の上より考え、青色申告制の飛躍的拡大ともなるのである。

四七　特定産業助成のための非課税・免税規定と租税平等主義

〔昭和二九年（一九五四年）一一月　第四七号〕

租税法のみならず、あらゆる法律には、例外規定がある。例外規定を設ける根拠は、正義公平の実現にある。例外規定の適用を受けるような場合に、原則規定を適用することが、公平の原則に反し、正義を実現する所以とはならないから、例外規定が生まれてくるのである。租税法についても、同様の場合がある。しかし、反面これとは全く趣きを異にする場合のあることに注目しなければならない。それは、その時の政府の課税政策によつて幾多の例外規定ないしは特別規定の現われることである。今日のわが国の租税法の複雑化は、その原因の多くをここに包蔵している。非課税および免税の対象となる所得・事業・団体等に関する規定がこれである。

政府の政策として特定産業を助成する一手段として、課税上恩恵規定を設けることは、たしかに当該産業の助成にはなるであろうが、他面租税平等主義の原則に反するものといわなければならない。租税法が特定産業助成の政策のために、租税平等主義の原則を犠牲に供するのでは、租税法自体の崩壊を意味することになる。ここ数年の租税立法の趨勢をみるならば、立案当局も恐らく限界に達したことを自認せざるを得ないであろう。しかも後続の各種産業よりの要請を生きた政治は斥けるわけには行くまい。かくして租税立法の前途を考えるならば、混迷・暗澹・複雑・怪奇以外の何ものでもない。その原因は、租税法の法としての使命、すなわち、正義公平の実現の忘却にある。

元来、産業の助成は、積極的に助成金の交付とか、特別融資とか、特定施設の供与とかのみによるべきであるものを、消極的に、間接的に、非課税ないし免税の措置をも講ずるところに大きな過誤が存するのである。助成金の交付と免税とは、国およびこの恩恵に浴するものにとつては、同じ意義を有するにしても、その他の一般納税者にとつては、全くその意義を異にするのである。租税負担の公平が維持されるか、あるいは異質的な政策によりこれが破壊されるかである。私は、税法学者としてあくまで租税立法の立案当局、更には国会および政府に対し、租税負担の公平を厳に維持すべきことを要請する。

四八　健康保険医等の必要経費の法定化をめぐつて

〔昭和二九年（一九五四年）一二月　第四八号〕

前号で租税法に政策を織りこむこと、ことに特定産業擁護のための税法上の特別措置が租税負担の公平性を害し、やがては税法秩序を破壊する一因になると警告しておいたのであるが、去る国会において租税特別措置法の一部改正が行なわれ、健康保険医等の必要経費が収入金額の七二％と遂に法定されてしまつた。全く驚嘆のほかはない。保険医がこれにより課税上特に優遇されるとか否とかを問題にするのではない。四羽以上の鶏、二頭以上の山羊、羊、四本以上の宅地等にある果樹の収入より生ずる所得に対してまで課税しようとする所得税法基本通達をその一例として充分伺い得るが如く、実に重箱の隅、庭の石まで数えるほどの綿密な調査をなし、課税せんとする現在の税務当局の措置に対し、何たるラフな立法措置であろうか。しかも恐れるのは、保険医に初まり、やがて落ちつくところを知らないことである。恐らくは自由職業のすべてに及ぶであろう。仮りにかかる正々堂々たる立法措置が講じられなければ、取扱上実効を奏するような工作がなされるに違いない。これでは、不明朗な税務行政になる。

租税収入は確保されなければ、国家の運営はできないこともとより当然である。問題が租税負担を国民にいかに分配するかにあることも、論をまたない。もしこの負担が公平に分配されているのならば、租税負担の軽減は当然に租税収入の減少を来たし、それは歳出の削減以外に補てん策はない。いずれの内閣や政党も必ず租税負担の軽減を掲げるのであるが、しかも歳出予算額は削減されないのであるから、結局租税負担の転嫁がなされるに過ぎない。そのことが租税負担の公平化になるのであれば結構であるが、この国においてはもつぱらそれは第一義的には投票数の獲得をめざしているのであり、巧妙な転嫁が行なわれているに過ぎない。こうしたことが公然と許されている限り、経済再建とか、財政の立直しとかもお題目に過ぎない。消極的のように見えても、租税政策は、一国経済の基礎をなすこと、会社の主計事務と変わりはない。そろそろ根本的反省が行なわれて然るべきである。然らざればわが国の租税法はますます複雑怪奇を極め、政党の選挙戦に対する武器になるに過ぎない。これでは何時の日にか租税法の民主化、すなわち、租税負担の公平が実現されようか。同時に租税法の解釈論のみならず、立法論もわれわれ税法学徒に課せられている重要課題であることを知るべきである。

四九　減税案と特殊利益の擁護の批判

〔昭和三〇年（一九五五年）一月　第四九号〕

いずれの政党も減税案を標榜していることよりみれば、ともかく減税が国民の希望するところであることに間違いはなかろう。しかし、簡単に減税額のみの比較により、その優劣を決することはできない。税制と表裏一体をなす予算案につきまず検討しなければならないこともちろんである。国家のなすべき事業をなさず、その費用を削減して、減税に振向けられたとすれば、必ずしも実質的に減税にはならない。従つて減税の財源を何処に求めるかが、財政政策上重要であり、それが判明しなければ、実は単なる減税額の呼上にすぎないのである。予算の裏付なき各種の政策が羅列されただけでは、この財源を推測することもできない。いつもこうした状況で国民は判断し得ないものを形式的には判断し得たとされるのである。

然るに減税については、他の政策との関連においてでなく、税制自体の中にあつて重要な問題がある。それは租税の公平な分担、ないしは公平な課税である。従つて何がどのように減税されるかが重要となつてくる。各税種について減税総額が明記されるだけではなく、どのようにして減税を実現するかが明らかにされなければならない。所得の税についていえば、ここで個人と法人との間に、更に各種所得につき課税の公平が実現されているか否かを検討しなければならない。税率の引き下げは、法人と個人との権衡を保つ限り是認されよう。また、各種控除額の引き上げも、それが一般的のものである限り問題はない。問題はある特定の事業を対象としての租税特恵の措置である。それは現行法にも幾多存在している。ことに租税特別措置法において著しい。これらを存続せしめるのみならず、更にまた、これに新しく附加しようというのでは、ますます不公平な課税となり、やがて現行税制を崩壊に導くであろう。前にも述べた如く、租税特恵の措置は一日も早く一般的なものに縮小し、特殊なものに対しては、その必要があるならば、助成金の交付等税制とは別個な領域における措置を講じなければならない。減税案は果してこのような方向に動かんとしているのであるか、減税という一般的表現によつて実は特殊の利益が擁護されようとしているのではないか、今充分に検討すべき時である。

五〇　民間住宅建設促進のための租税特恵措置に対する批判

〔昭和三〇年（一九五五年）二月　第五〇号〕

租税法規の簡素化のためにも、租税の公平な負担を期する上からも、固有の租税政策以外の政府の諸政策を、租税法に織り込むべきでないことは、再三警告したところであつた。然かるにまたもや、三〇年度の政府の住宅対策は、租税法の多方面にわたり、改正ならびに臨時特別措置をもくろんでいるようである。恐らく租税特別措置法を一部改正し、また長文の法文を追加挿入せんとするのであろう。もとより建設省だけの構想であつて、主税当局とは今後立法措置についても折衝するのであろうから、これが実現を充分阻止し得るわけである。何か政府が政策を実行せんとする際には、常にこうした租税の減免、いわゆる租税特恵措置が講ぜられるようでは、租税の公平な負担は到底永久に期待し得られない。また、租税法規はますます複雑怪奇を極め、一般納税者はもとより、専門家といえども容易に理解し得なくなる。これでは、むしろ逆に租税特別措置法をますます膨大、複雑ならしめ、恒久租税法規との関係において、税務職員も適用上全く当惑する如き収拾すべからざる状態に一日も早く追込むことに拍車をかけた方が、かえつて租税法規の簡素化を一気に実現し得る所以ではないかとさえ考えたくなる。

一体、政府が諸種の政策を実行するに当たり、租税特恵措置に依存することは、あくまでその政策を積極的に強力に実行せんとする所以ではない。充分その政策を積極的に実行する施策を講ずるならば、更にこれに加えて租税特恵措置までを講ずる要はなく、また恐らく主税当局もこれを諒としないであろう。租税特恵措置の講ぜられる場合は、ほとんどすべて政策実行に対する施策企画の貧困ないし空白な場合であり、実はこれにより糊塗しようとする場合である。少額の租税減免措置で、民間住宅建設促進を達成し得ると考えるところに、現今における政治、行政の貧困がある。何はともあれ、租税法は自らを犠牲にしてまで政治の貧困に対し救援の手を差しのべるべきではない。

五一　青色申告制の発展を阻害するもの

〔昭和三〇年(一九五五年)三月　第五一号〕

最近における青色申告者の激増は、税務行政の将来に明朗性を約束するものとして喜ばしい限りである。青色申告の新規承認を受ける者の増加が、いずれも強制に近い勧奨等によつたものではなく、青色申告会等の自主的運動によるものだけに、税務行政官庁の今後の対策いかんによつては、白色申告とその地位を転換せしめることにもなろう。かかる意味において現在、税務行政上極めて重要な転換期に直面しているのである。何人も青色申告制を立法化した当初において、今日の如くそれが普及化し、やがて原則化しようとは考えなかつたであろう。一昨年漸く簡易簿記による青色申告が認められて以来、青色申告者が急激に増加したのであり、一般の個人所得者にとつては正規の簿記の原則による記帳がいかに困難であつたか、また現在もなお困難であるかが明瞭である。すべての個人所得者が複式簿記により正規の記帳をなすことは望ましいが、いかにわが国の六三教育制が成功しようとも、所詮それは一つの理想にすぎない。この意味において簡易簿記による青色申告を認めたことは、適宜な譲歩であつた。

しかし、ここに青色申告制の将来、更にはその原則化への途上において、これを阻止し、更には破壊するものが、すでに現行税法上は存在しないかを考えておかなければならない。その一は、白色申告者に対する推計課税であり、この推計による認定課税額が、青色申告による税額よりも、実際上低額な場合なきに非ずやである。各方面より要望されている特別の基礎控除等もこれに対する一案であろう。他面、租税特別措置法第七条の一〇が規定している健康保険医等の必要経費を収入金額の七二％との法定は、青色申告者でない場合にも適用されるだけに重大問題である。この規定の撤廃については、すでに警告したところであるが、青色申告者が次第にこれを熟知するに至れば、恐らく課税の不公平を非難するであろう。それが青色申告制の発展を阻害しなければよく、かつまた、かかる非常識的な規定の撤廃を希望する者は、私一人ではあるまい。かかる非合理的な特恵規定でさえ、国会において立法化し得たのであるから、青色申告者に対する法人なみの取扱いを約束する特恵規定の立法化の如きは、さしたる難事とは考えられない。主税当局のこれに対する熱意を期待したい。

五二　通勤のため支給される定期乗車券につき金額無制限に給与と解しない取扱いの要望

〔昭和三〇年（一九五五年）四月　第五二号〕

租税負担の公平を害しないような、更には積極的に公平化を促進するような減税は、もとより望ましい。しかし、かかる租税法の改正にも劣らず、われわれが関心を持たねばならないのは、特に課税所得に対する税務当局の取扱通達である。いかに法律が改正されても、法律の運用いかんによつては、減税はさほど国民に恩恵をもたらすものではない。

一例を挙げるならば、通勤のための定期乗車券の支給が、五〇〇〇円を最高限度として給与の取扱いを受けないにすぎないの如きである。自動車通勤の場合に無制限に給与として取扱わないことに比較するならば、課税の公平を失する行政といわなければならない。日本の所得税法は、給与所得につき必要経費の控除を認めていないから、通勤費の実額を必要経費として控除するということは、現行法の解釈上不可能である。しかし、通勤に要する定期乗車券が支給された場合に、その金額を制限することなく、これを給与と解しないことは、税務取扱上可能である。かかる取扱いにより初めて、自動車通勤者も、電車バス通勤者も、課税上公平に取り扱われることになるのである。どうしてこんな簡単なことが、税務当局ではなく、勤労者層に問題とされないのか。考えてみれば、国民は表の法律ばかりをみて、裏の行政をみない。誠に課税上甘い存在である。

同一業種について、法人と個人とを比較しても、課税上の不公平な取扱いは幾多存在している。法人において損金算入を否認されないような場合でも、個人であれば、必要経費としての控除を否認されるような場合がある。こうしたことは、税制調査会やその他各地の商工会議所等においても看過されている。

私は、租税収入を確保するがために、まず課税の公平を期することが絶対的に必要であり、そのためには、従来しばしば述べた如く、課税上一部の者の利益になるような経済政策の租税法への導入を断固排撃するとともに、税務行政面における課税公平化への努力こそ等閑視されてはならないことを指摘しておく。

五三　税法改正案における用語の改変について

〔昭和三〇年（一九五五年）五月　第五三号〕

国会に提出中の各税法改正案をみると、かなり用語が従前と変わつている。当用漢字にないという理由で、「糖みつ」「分みつ」「かかわらず」というのは納得できるが、「おそいとき」「ただし」「ただし書」はいかがなものか。遅、但は、いずれも当用漢字表にある。「糖みつ」とするなら、何故「かんづめ」とせずに「かん詰」としないのか。当用漢字表にあつても、時には使用しないというのであれば、「若しくは」をどうして「もしくは」としないのか。「もしくは」の方が今日となつては遙かに読み易い。「本条」「本項」を「この条」「この項」と新しい表現法を用いているが、事ここに及んでは、法令用語の改善もいささか邪道に陥つている感なきに非ずである。「この条」というような新しい呼称も、一度に全法令について改正されるわけではないから、恐らく新教育を受ける学生生徒も、依然「本条」「本項」を併用しなければならない。「本条」「本項」が追放されているのに、「同条」「前条」「前項」はそのままである。「本」が「この」という意味で、「本日」「本年」「本件」「本問」等が今日一般国民の会話に使用されていることから考え、決して難解な語句とは考えられない。法令用語改善につき余り熟慮し過ぎた結果であると考えたい。「詐偽その他不正の行為」を「偽りその他不正の行為」としているのも、随分検討された結果ではあろうが、聞きなれないためか、今一つ熟さない。

法令用語改善を決して否定するのではないが、長年月をかけ、しかもその間、幾回となく改変、統一性を欠くよりは、短期間に取りあえず極めて難解な用語をまず追放することから着手すべきではないか。その際は、全法令につき一度に改正すべきである。

改正案中に、他の法律の条項を引用する場合、「国税徴収法第三三条（財産をかくす等の罪）」と条項に見出しを付しているのは、非常に便利である。同一法律において準用条項の特に多い租税法においては、この点考慮してもよいが、かえつて各条項は長文となり、文章、用語自体は難解ではないが、条項全体として理解不能となるであろう。

五四　「公共の福祉」「租税収入の確保」を至上命題とする租税法規の暴力主義的解釈の排撃

〔昭和三〇年（一九五五年）六月　第五四号〕

しばしば租税法規の解釈が、租税収入の確保とか、公共の福祉とかの文言を、至上命題に不当にも置き換え、これを基準とし行なわれる。一切の法規の解釈がそうである如く、租税法規の解釈についても、法規の文言を全く無視し、かつ、非論理的な解釈は許されない。論理的な解釈の結果が、納税義務の否定になる場合、租税収入の確保とか、公共の福祉とかいう文言を持出すことにより、納税義務の肯定に一変せしめるようでは、税法上の行政処分に対する行政救済は一切封じられたも同様になる。これは戦時中の独裁制のもとにおいてさえ見なかつた暴力主義的解釈といわなければならない。端的にいえば、理屈無用、徴税さえすればよい、ということである。これこそ公共の福祉に反し、かえつて租税収入の確保を許らない結果になる。疑わしきは課税する（in dubio pro fisco）という前世紀以前の封建国家のもとにおける原理を再現せんとするものであり、現代法治国家のもとでは、断固排撃されなければならない。

租税法規の解釈原理は、現代においては、租税法律主義を基底とする「疑わしきは課税せず」（in dubio contra fiscum）以外にあり得ない。もとよりこの場合にも非論理的な解釈は許されない。納税義務のあること明白なるにもかかわらず、納税義務なしと解するが如きもまた、暴力主義的解釈である。

私の主張は、納税義務を肯定することが論理的に不可能であるにもかかわらず、目的論的解釈と詐称して、租税法規の立法趣旨は、租税収入の確保にあり、それが公共の福祉にも合致する所以であると、徒らに用語を弄んで私的立法を実質上なさんとすることに対する排撃である。かかる解釈に立脚した税務行政が税務官庁に与えられた権限でも、義務でもない。もし正当な解釈により予定税額を確保し得ないならば、それは租税法規の欠陥である。これが補正を立法によらず、行政によることは、もとより憲法違反である。疑わしきはすべて立法手続により明白ならしむべく、これを行政により解決せんとするとき国会無視の越権行為になるのである。

五五　実質課税の原則に関する規定の制定前の事件に対する実質課税の原則の適用

〔昭和三〇年（一九五五年）七月　第五五号〕

企業組合の組合員に対する所得税の課税が、企業組合を仮装しているような場合には、実質課税の原則上適法であるとの判決が、本誌に掲載した如く、数日前に京都地方裁判所によつてなされた。今ここにその詳細を論ずることはできないが、注目すべきことは、実質課税の原則に関する所得税法や法人税法の規定が制定される以前の事件であることである。法律不遡及の原則により、実質課税の原則に関する規定が、その制定以前の事件に適用されないことは当然であり、もちろん判決もかかる規定を適用しているのではない。判決は、かかる規定の存しない時代において、すでに所得税法のうちに、実質課税の原則を具現した規定があり、また実質課税の原則を判示した行政裁判所判例が幾多存在することを例示し、更に実質課税の原則に関する規定の立法理由として、大蔵委員会の会議録に、「所得税法第三条の二は、課税物件の帰属関係をその実質によつて決すべきであることを確認し、明らかにするために立法されたものである」を引用している。すなわち、実質課税の原則は、規定が制定される以前から租税法上認められている原則であり、かかる原則を適用したというのである。私は、この点に大きな意義を見出すのである。実質課税の原則は、もとより当時の成文法を離れて存在するものではない。それは直接には規定されていないが、諸規定の底流をなしているのである。

これに関連して想到するのは、西欧税法学界でさかんに論議されている「信義誠実の原則」や「信頼の保護」(Vertrauenschutz)である。これらの原理、原則は、もちろん成文化されているわけではない。成文法の根底をなしている法規自体の正当性契機が、実はこれらの原理、原則であり、これらを否定したのでは、成文法自体が根底からくつがえされ、崩壊するのである。税務行政がまずこれらの原理、原則を尊重し、いやしくもこれら背反するが如きことのないよう努めるとともに、将来これらを適用すべき事件発生した場合に、裁判所が今回の如くこれらの原理、原則を尊重すべきことを願うものである。

五六　税法の表現形式の平易化に対する要請

〔昭和三〇年(一九五五年)八月　第五六号〕

税法の改正毎に租税負担が不公平になり、税法は複雑難解なものとなり、租税に関する各般の事務は必ずしも簡易化されない。もうそろそろ反省され、善処されてもよいものである。

わが国のみならず、諸外国においても、税法の規定は難解であり、他の法域に比較すればその量も多く、その用語も特殊なものが多い。しかし、外国語であるにもかかわらず、日本税法よりは、まだ理解し易いのは、どうしたことであろうか。会社の定款の如く、税法も日常大して問題となるものでなければ、現状でも差支えないであろう。しかし、税法は飾物でなく、納税義務者はそれにより納税するのであり、税務官署はそれにより徴税するのである。従つて何人にも親しみのある平易な表現形式が用いられなければならない。国税徴収法や国税犯則取締法は、元来前世紀末の法律であるから、時代の点からも難解なのは、やむを得ないとしても、終戦後制定された各税法については、そうした弁護はできない。

難解である理由は、まず文章が長いことである。いろいろの場合を考えて、それらを一つの文章に包摂せしめるから、理解し難くなる。これを外国法令の如く、短文にして、列挙式にすれば、これだけでも随分異なつてくる。次に「第〇〇条において準用する第〇〇条において準用する第〇〇条」というようなクイズ式表現を絶対排除することである。準用も、簡単なものはやむを得ないが、複雑なものは理解を困難ならしめる。わが国の税法には、この準用が極めて多く、ある条文の如きは、字数の三分の二以上が準用条数であるという現状である。こうしたことを臨時税制調査会に望むことは、もとより無理ではあるが、税法の表現形式を簡易なものにすることぐらいの要綱は作れる筈であり、大蔵当局も真に国民大衆を相手とするような立法形式の採用に努めるべきである。枝葉末節のようではあるが、これが国民をして税法に関心を持たしめる所以であり、ひいては国民の中から恒久性を有する改革案を生み出さしめる因ともなる。政治も行政も、国民を離れては存在しないのである。

五七　青色申告制の暫定的・過渡的存在性と記帳制の実施

〔昭和三〇年（一九五五年）九月　第五七号〕

近く全国青色申告会総連合が結成される由である。青色申告制の実施後、わずか五年にして、一応自主的にかかる全国組織化に成功しようとは、何人も予測しなかつたところである。ともかく青色申告制の普及は、直ちに記帳制の普及となるのであるから、その意味において、税務官署の指導ならびに単位会の世話人の努力は高く評価しなければならない。しかし、ここで注目しなければならないことは、青色申告制が過渡的制度であり、恒久的制度ではないことである。何にでも租税特別措置法が利用されるのであるから、元来青色申告制の如きは暫定的制度として、租税特別措置法に規定しておくべきものであつた。青色申告制は、課税の平等性の原則に反するものではあるが、記帳義務を当時税法上一般化することが無理であるとの見地から暫定的な過渡的制度としてやむなく設けられたものである。賦課課税制より申告納税制への転換は、記帳制の実施を前提としなければならない。しかるにわが国においては、かかる前提が充分に充たされていないにもかかわらず、一挙に申告納税制へと転換してしまつた。従つて認定課税や割当課税が必然的現象として生じたのである。それは納税義務者の責でも、税務官署の責でもない。申告納税制の不用意な立法化が、一切の責任を負わなければならない。ただ、この間において申告納税制であつたがための犠牲者が幾多あつたことは、いつの過渡期にも避け難いところである。漸く三年を経過して初めて記帳制の実施こそ必要なりとして、青色申告制が採用されたのである。従つてその青色申告制が今日の如く普及されてきたことは、それだけ記帳制が実施されてきたことを意味する。やがて青色申告制は止揚され、記帳義務の立法化とならなければならない。ドイツにおいては、古くより租税基本法において記帳義務が事業者に課せられている。わが国においても、近き将来において立法上考慮されなければならない。その際必要なことは、青色申告者に認められている租税特恵の一般化と、所得計算上個人を法人に近接せしめて取扱い、その権衡を失しないことである。かかる日のための用意として、総連合に租税特恵を組織の声により確保せんことを望むものである。

五八　税務行政官庁は立法上の欠陥につき責任を負わない

〔昭和三〇年（一九五五年）一〇月　第五八号〕

税法に関する通達のみならず税務行政官庁の税法の解釈適用には、未だに in dubio pro fisco（疑わしきは課税す）の原理に立脚しているものがあることは、これを例示するまでもない。税法の文言自体よりして課税すべきことが明らかな場合はもとより問題にならない。課税すべきや否やが税法の文言自体より疑わしき場合に、「租税収入の確保」のためとか、「租税負担の公平」を期するためとかという理由で課税するのである。従つて理由を「租税収入の確保」「租税負担の公平」においても、in dubio pro fisco たることに変わりはない。これは元来、立法的解決をまたなければならないものを、行政の段階において解決しようとするものである。もとより行政救済の途はあり、司法の領域まで進展する可能性もある。しかし、実際上は大半が行政の段階で終ることを考えれば、かかる in dubio pro fisco に立脚する税法の解釈適用は強く批判されねばならない。

法治国家は、憲法に租税法律主義の明文を設けていない場合においても、当然この主義に支えられているものである。それは、課税を行政の恣意に委ねることを禁じ、もつぱら立法の決定した枠内での課税を認めるものである。従つて枠内なりや否やが疑わしい場合に、行政により枠内なりと決することは、法の解釈適用に名をかり、実質的に立法権を侵害するものである。かかる行政処分はもとより違法である。「租税収入の確保」「租税負担の公平」はもとより必要であるが、それは税務行政の問題ではなく、租税立法の問題である。減税案のみを続々通過せしめておいて、租税収入の確保を税務行政官庁に負担せしめるところに致命傷がある。税務行政官庁は立法上の欠陥についてまで責任を負う必要はない。あくまで、in dubio contra fiscum（疑わしきは課税せず）によるべきであり、またそれで充分である。もし現行税法をもつてしては、到底租税収入を確保し得ず、また租税負担の公平を期し得ないと考えるならば、これを補う税法改正案を起草し、立法的解決を計るべきである。たとえ国会を通過しないとしても、この挙に出てこそ初めて職責を全うし得るわけではないか。すくなくとも税制調査会の審議に上程してみては如何。

五九　資産の贈与・低価譲渡の場合、時価による譲渡があつたものと擬制する所得税法の規定の不合理性

〔昭和三〇年（一九五五年）一一月　**第五九号**〕

租税特別措置法による特例の拡大制限、更には既存の特例の撤廃については、租税負担の公平化の見地より、従来何度も指摘したところであるが、漸くその実現の気運が兆したようである。一気に租税特別措置法を全部改正し、各個別租税法を改正して織り込むべきものは織り込み、然らざるものは特例を撤廃してしまうのが一番合理的である。しかし、到底その実現を期待することはでき

ない。たとえ租税立法の立案当局がかかる立案をしたとしても、国会へ提出の陽の目を見るものとは考えられない。そこで来たるべき改正によりおそれることは、中途半端なことに終り、現在よりもかえつて租税負担の不公平を来たすことになりはしないかということである。何がどのように改正されるかわれわれの与り知り得るところではないから、多少なりとも租税負担が公平になるよう改正されんことを願つておき、改正後に批判するのほかはない。

歳出が減少せず、歳入の大半は租税収入によらねばならぬ限り、誰が考えても実質的に減税案などできるものでない。減税政策というような見えすいたからくり案に国民はいつまでも納得してはいない。租税負担の公平化ないし合理化こそ政府はもとより各政党の考えねばならぬ課題である。両政党のこの点に関する税制改正要綱の発表を期待する。何百億円減税というようなからくり案は、商社の誇大広告以上のものであることを反省しなければならない。

反面、現行税法には不合理極まる規定が多いにもかかわらず、何人もこれを指摘しない。膨大な租税法規大系の中に埋もれていたのでは、やむを得ないのかも知れない。一例を挙げれば、所得税法五条の二では、資産の贈与又は低価譲渡のあつた場合でも、時価による譲渡があつたものと擬制しているから、贈与者または譲渡人は真実譲渡所得なきにかかわらず、あつたものと擬制され、所得税を納付しなければならない。反面、受贈者または低価譲受人は、相続税法の規定に従い贈与税を納付しなければならない。所得ではないにもかかわらず、法律をもつて所得となし、他の法律ではこれを所得とせず、両面から課税対象となすが如き不合理な規定まで設けなければ、租税収入を確保することはできないのであろうか。全く策のない話である。

六〇　法規の解釈に名を借りた通達による立法的解決の排撃

〔昭和三〇年（一九五五年）一二月　第六〇号〕

秘密通達の時代は去つて、通達の大半は公表されることになつた。それだけでも明朗である。ただ、どうしたことか民間の雑誌社、出版社が意外に早くこれを入手し、売出すのは、不可解ということにしておこう。公表の方法を、国税庁も自治庁もともに研究すべきである。最近は個別通達が整理されて、新しい基本通達に統轄されて行く傾向が見受けられる。国税庁中堅幹部の功績として賞讃されてよい。しかし、常に忘れてはならないことは、通達の使命である。

最近の通達は、次第にその表現形式が法規に類似してきた。通達だけを読んでいると、法規であるとの錯覚を起こすほどである。問題はこうしたところに潜んでいる。通達が法源ではなく、何等法的拘束力を有しないことについては、恐らく何人も異論がないであろう。しかし、税務官庁は現実に租税法規よりもこの通達を金科玉条として、これに従い税務行政を運営する。通達に基づく行政処分も公定力を有し、取消されない限り、有効な行政処分として通用する。納税義務者が行政救済の挙に出ない限り、法定期間の経過により遂にその行政処分はもはや取消し得ないものとなつてしまう。こうして通達が公表されてから数年も経つと、通達の内容は永年慣行されてきたことになるという理由で、同一内容の慣習法が成立するというような考え方が通用するようになつては大変である。通達は国民の承認を受けずに税務行政官庁が一方的に決定したものであり、もともと国民を法的に拘束するものではない。通達は、税務行政の運営を統一し、自由裁量に一定の基準を与え、更には租税法規の内容を平易に解明し、これを敷衍するまでのものである。通達は、租税法規に反することを得ないのはもちろん、租税法規が規定していない事項を定めたり、あるいは租税法規の規定を拡張したり、縮小したりすることもできない。たとえ納税義務者に有利な結果になつても、租税特恵に関する規定を通達をもつて拡張することは許されない。これは租税法律主義ないしは税務行政の合法律主義という法治国家の根本思想より当然の帰結である。幾度も述べることであるが、税務行政官庁は裁判所の判決を待つことなく、常に適法な行政処分をなすことに留意し、通達をもつて立法的解決をはかるべきではない。

六一　官報に新設の「法律施行通知」欄に主要通達掲載の意義

〔昭和三一年（一九五六年）一月　第六一号〕

官報に新しく「法律施行通知」欄が設けられた。「この欄には、国の行政機関等から発せられた、法律の施行に関する基本的事項の通知のうちの重要なものが掲載されるが、この掲載は、法律の施行についてある種の通知があつたことを読者の参考のために知らせるものであつて、法令の公布のように、この掲載をもつて通知の正文とされるものではない。」と一月一八日官報二三九頁に記載されている。これから税法関係の主要通達も官報のこの欄に掲載されるわけである。従来、われわれは大蔵財務協会より発行されている「国税速報」によつてのみ通達を知つたわけであるが、これからはこの国税速報よりも早く、官報により主要な通達を知り得るわけであり、極めて便宜になつた。一月一八日の官報は、京都で翌一九日に配達され、しかもこれに一月一四日の通達が掲載されている。これに反して国税速報は、一月九日号を漸く一月二四日に郵送により受け取り、しかもこれに掲載されている通達は、昨年一二月二四日のものであるから、随分官報に比して遅れるわけである。こんな状況であるから、今般官報が主要通達を掲載することになつたことは、国民一般のみならず、われわれ税法学徒にとつても恩恵を蒙ること大であるといわなければならない。

「この掲載をもつて通知の正文とされるものではないのである。念のため。」もとより正文は、国税庁長官より各国税局長、税関長に発せられた通達文書であり、官報掲載をもつて通達文書の発付にかえられるものでないことは、もちろんである。しかし、その正文の写が原稿となつて官報に掲載されること、国税速報の場合と同じであるから、国民一般としては、今後官報掲載により主要通達を知り、これを問題とし得ると考えてよい。

主要通達が官報に掲載されることによつて法源化への一歩を踏出したのではないかとの万一の疑

念に対し、用意周到に「読者の参考のために知らせるものであつて」と述べていることは、極めて注目すべきことである。ともかく政府が通達を法源と考えていないことはこれで明瞭になつた。この上は通達の内容を検討批判し、妥当にして必要なものの立法化を期するとともに、通達による非合法な課税を排し、他面個々の租税事件に対する政治的圧力より税務行政を解放することに努めなければならない。

六二　国税徴収法逐条通達にならい他の通達も整理すべきである

〔昭和三一年（一九五六年）二月　第六二号〕

「国税徴収法逐条通達」集を漸くこのほど購入することができた。当局の記載によると、完成までに二年半の歳月を費し、総項目数一、六六五にのぼる大労作である。いわばこれによつて税務官庁側の国税徴収法コンメンタールができたわけである。当局は、この通達を中心として、今後個々の具体的な処分の法律解釈上の適否をめぐつて、民間側との間に議論が活溌に行なわれ、本法の解釈が一層発展すること、ならびに将来優れた本法なり、租税基本法が制定されることを期待したいと述べている。更にこの通達を、今後判例・学説の推移等によつて変更しなければならない場合も当然予想されると述べていることは、いずれも至当のことではあるが、税務行政の明朗化を達成せんとする当局の熱意を伺うことができる。問題は、末端の税務署までこれを浸透さすことである。通達の各項目中、問題となるものについては、本誌においてもやがて活潑に論議されるであろう。税務官庁、裁判所、法曹界ならびに納税義務者のいずれもが一致した解釈を採ることのできるようになるのも、大して遠い将来ではないであろう。

所得税法、法人税法等の如き各個別租税法についても、つとに基本通達が公表されている。しかし、相変わらず個別通達も併存しており、頗る複雑である。国税徴収法の通達の如く、早く整理すべきである。それよりも重要なことは、租税法の解釈の域を逸脱しているものを一日も早く撤回することである。通達には自ら限界のあることを知らなければならない。法規に反する事項を通達の内容としたり、法規の定めていない事項で納税義務に関する事項を通達で定めたりすることは固より憲法違反である。かかる通達により課税しなければ、租税収入を確保できないのであるならば、何故に立法的解決をはからないのか。通達はあくまでその限界を守り、「疑わしきは課税せず」の原則に徹して、なおかつ充分に租税収入の確保が可能な如く、租税法をどうして改正しないのか。与えられた租税法のもとにおいて、正当にこれを適用して課税徴収するのが、税務官庁の職責であり、租税法の規定の如何にかかわらず、予算で定められた租税収入を確保することがその職責ではないことを反省しなければならない。

六三 課税標準に関する規定を命令に委任すべきではない

〔昭和三一年(一九五六年)三月 第六三号〕

年中行事の一つたる税法改正は、今年は珍しく淋しかつた。大改正は、明年度に延期して、せつかく研究中であるとのことであるから、その成果を期待したい。すでにある程度の準備もできておる筈であり、期間も充分あることであるから、この機会に形式的な問題として左のことの実現を希望する。

改正は、一部改正の形式をとらずに、全部改正の形式をとることである。恐らく大改正であるから、全部改正の形式がとられるであろうが、過去において大改正を一部改正の形式をとつた実績があるから、特に注意したい。改正後の新法のみをみるにも、また旧法と比較するにも非常に便利であり、全国的にみて時間の労費をはぶき得ること大である。

次にしばしば述べてきたことであるが、条文の準用をなるべく避けて、せめて三読ぐらいすれば、税務職員にも理解できる法文にすることである。「〇〇条において準用する〇〇条において準用する」といった工合の重複準用は絶対これを避けなければならない。同時に法文自体をよく練り、もつと短文にして理解し得るものにしなければならない。

第三に、課税標準、たとえば所得の計算に関する規定を網羅することである。租税法律主義からも、当然にこれらは法律中に規定しなければならないのにもかかわらず、不当にも現行法はこれらを政令・省令に委任し、なお不充分であるので、法的拘束力を有しない通達をもつて定め、これにより税務行政が行なわれている。それは明らかに行政の合法律性に反し、法治国家理念に背反すること甚しきものである。この機会に必ずこれを是正し、真に文化国家にふさわしい税務行政に転換することを望む。そのためには、すでに国税庁において研究立案されている各種基本通達中、課税標準に関するものを取捨選択して法律中に織込まねばならない。そのために法律が膨大なものになつてもよい。国会で充分審議してもらえばよい。その審議に際して二大政党が対立し、乱闘ということにはなるまい。それほど熱心に各条項について審議してもらえば、もはやその時にこそ、税務行政は批判の対象外におかれるであろう。通達内容の立法化こそ実現容易な課題であり、また必ず実現しなければならないことである。

六四　経済政策遂行のための租税の減免措置の阻止と産業助成税の創設

〔昭和三一年（一九五六年）四月　**第六四号**〕

災害者等に対する租税減免措置とは異なり、特定産業に対する租税減免の特別措置は、明らかに租税平等主義に反するものであり、既存のものを尽く撤廃すべきであることは、数年前より数次にわたり主張してきたところである。経済界、従つて通産省の要望により、この数年間にかかる特別措置は、随分増加したものである。臨時税制調査会では、正当にこの問題を採り上げ、昭和三二年度よりこれを撤廃せんとする声が強い。その理由の一つとして、租税は経済政策遂行の手段とすべきではない、ということが主張されている。この点もつとに述べたところである。経済政策の遂行を阻止しようとするのではなく、租税の減免という方法で遂行することを阻止せんとするのである。どうして助成金とか、補助金の交付によらないのか。あるいはまた、低金利の貸付によらないのか。租税収入の中から助成金を交付し、交付された助成金による産業に対して課税するのでは重複するというのか。この論法をもつてすれば、国より俸給の支払を受ける官吏に対しても減免措置を講じなければならないことになる。

租税歳入予算はそれとして国会の審議を受け、特定産業に対する助成金は、歳出予算としての審議を受けてこそ公明な政治といえるのである。助成金以外に、租税の減免措置で特定産業を助成せんとすることは、助成金の金額の膨張を隠ぺいしようとするものである。租税の減免措置は、それだけ助成金が交付されるのと同じことになるわけであるが、租税の減免金額は公表されないから、一般には特定産業に対し実質的にどれだけ助成金が交付されるのかを知り得ない。強いてかかる通産省所管の経済政策を租税で実現せんとするならば、むしろ明白に産業助成税というが如き目的税の新設を求めるべきであろう。租税を徴収する者も、納付する者も、ともにそれが何にどのように費消されるかについては重大な関心を有しているのであるから、案外かかる目的税を創設すれば、よく結果が判明するであろう。賠償税、国防税、社会保障税、教育税といった目的税も、真面目に研究し、考えてみると、面白いものが浮び出て、政治の実体をつくることになるのではないか。何はともあれ、経済界代表および通産省の租税減免措置の存続の申入れを、大蔵省は断固拒否することを切望してやまない。

六五　国税庁の税務運営方針の「基本的な考え方」に対する批判

〔昭和三一年(一九五六年)五月　第六五号〕

国税庁の昭和三一年度税務運営方針の「基本的な考え方」を読んだ。納税義務者に直接関連のある項目は、一および二である。すなわち、一は、納税者の信頼と協力を得よ、二は、税法を正しく適用せよ、である。その説明は一応妥当なものであり、このとおり末端の税務職員に至るまで実践するならば、税務行政に関する問題は、税法解釈に関する法律問題に縮減され、税法学は初めて固有の法律学の領域に留まり得るであろう。

一については、納税者の信頼と協力を得るべく、親切な態度で接し、不便をかけることのないように努め、天下りの誤解を招かないよう細心の注意を払うことが要請されている。もとより結構であるが、更に納税者の信頼を裏切らないことが補足されなければならない。法律に基礎を置かずに、従前の取扱いを納税者の不利益において変更するが如きは、その最たるものであるが、税務職員は特にその言を左右にしたり、微塵だに脅迫的言辞を弄するが如きことの絶無を期さなければならない。もつて税法における信義誠実の原則を体現しなければならない。

二については、税法を適正に実施して円滑に収入を確保することが要請されている。しかし、いわゆる解釈通達については、なんら言及されていない。続々と総合的な基本通達が各税について用意されているとき、これらによる通達行政を否定し、法律行政に一大転換を決意したものとは到底考えられない。従つて税法を正しく適用することのうちには、これらの通達も税法に含ましめているものと考えざるを得ない。第一線税務職員としては、通達内容に異なる如き取扱いは、到底これをなさないであろうし、また官吏の上級官庁に対する命令服従の関係においても、なし得ないであろう。従つて通達については、幾度も述べる如く、国税庁に対し反省を求めるのほかはない。税法を正しく適用することの要請は、税務行政の合法律性の原則の表明でなければならない。それは立法的措置に出ずに、国税庁内部で作られた通達による税務行政を否定するものでなければならない。どうしても必要であるならば、取りあえず通達内容を尽く省令化すべく、しかる上重要なものの立法化を図らなければ到底納税者の信頼と協力を得ることも、ひいては租税収入の確保をも期し得ないであろう。

六六　特定産業に対する租税減免規定の具体的運用の結果の公示

〔昭和三一年（一九五六年）六月　第六六号〕

補助金の横領が、実は血税の横領であることは誰にもよくわかつたようである。今後は補助金について厳重な監視が行なわれるであろう。そのはねかえしが租税の不平等な減免制に来なければよいがと憂慮する。特殊な産業に対し租税特別措置法により随分沢山の租税特恵が与えられてきた。財界ならびに経済関係官庁はまだこれをもつて充分ならずとし、かねてよりこれを拡大せんとしている。補助金制度がうるさくなれば、勢の赴くところ必然的に租税の減免制となるであろう。主税当局は断固これを拒否して租税負担の公平化を堅持すべきであり、更には現行の減免制を能う限り排除すべきである。同時に国民はこの点に関する租税立法に多大な関心をもち、財界と政界との間にいかなる取引が行なわれるかを、この点からも監視すべきである。

次に注目しなければならないのは、かかる租税減免に関する法規の具体的運用である。しかし、われわれはもとより国民一般もその実際を知り得ない。挙げて行政監察に一任するのほかはない。ただ、この点について税務行政に期待し得るのは、通達による減免の拡大を阻止することと、減免適格の有無の審査を厳格に実施することである。法律解釈を偽装した実質的には通達による課税が法治国家思想に背反し、租税法律主義を無視したものであると同じく、通達による租税の減免も租税法律主義に反するものである。ことに注意しなければならないのは、前者は、違法な行政処分として行政救済の対象となるのであるが、後者にはかかる救済の途が一般国民に与えられていないことである。税務行政の民主化、明朗化を期するためには、法的義務はなくとも、積極的に減免適用を受けた者を公示すべきである。租税の減免に関しいまわしい汚職事件の絶無を期してやまない。せつかくこの一〇年間培われてきた納税思想の普及は一つの汚職事件によつてたちまち後退することを税務職員のすべてに知らしめなければならない。

六七　税法を離れた課税権の恣意的行使の排撃

〔昭和三一年（一九五六年）七月　第六七号〕

通達行政について種々論議されるようになつてきた。税法学徒として喜ばしき限りである。通達の一切を違憲・違法であるというのではなく、法律解釈に名を借りた実質的には立法ないし法制定（rechtssetzend）同様の通達に限定していること、もとより明白なところである。租税法に規定している事項に反するような通達、更には租税法に規定していない事項に関する通達は、その内容が課税に関するもののみならず、租税の減免に関する場合においても違憲・違法であるというのである。通達には通達としてなすべき使命がある。一体わが国の殆んど条数の連続よりなる現行租税法規を容易に理解し得ると真に自負する人が一人でも現存するであろうか。これを少なくとも税務官更に数回読めば理解し得る程度に書きかえることこそ通達の急務でなければならない。これをなさずに、租税法規の規定していないような事項について取扱規定を設けることは、現行租税法規を軽視するものであると考えられてもやむを得ないではないか。

通達行政を認めないこと、「疑わしきは課税す」に反対して「疑わしきは課税せず」に撤すること、租税法律主義、更には法の前の平等性を租税法解釈に際して強調することは、租税平等主義、租税の公平な負担に反するというういわば実際論が行なわれている。実際上やむを得ないという口実で、実はその限りにおいて租税法律主義を否定しているのである。特定の納税義務者が、租税法の解釈・適用にあたり租税法律主義に徹した税務行政の結果、課税されないとしても、それは租税法が然らしめるのであつて、他の納税義務者には全く何の関係もないことである。もし税種、地域別に税額の割当制が租税法上規定されているのであれば、特定人に対する割当額の減少は、当然かつ直ちに他の者に影響を及ぼすことになるであろう。しかし、租税は租税法のみによつて課せられるものであり、租税収入予算に基づく税務行政内部の割当等により課せられるものではない。課税権は、租税法に従つてのみこれを行使し得るのであり、租税法を離れた恣意的行使は許されない。何故このわかり切つた理屈が、他の納税義務に消長を来すというように歪曲されるのか。それとも通達による課税の否定を、脱税ないし租税回避の助長ないし弁護とでも混同しているのではないか。

六八　税法改正法案において実現すべき事項

〔昭和三一年（一九五六年）八月　第六八号〕

税制調査会が発足してから一年以上になる。昭和三二年度を目標に税制改革案を練つてきたのである。やがて公表されるであろう改正要綱、更には改正法案を期待してやまないのであるが、ここに一つ実現してほしい点を述べておこう。特別措置法の廃止など希望しても、現実には実現できそうにないから、いずれも頗る実現可能なことばかりにとどめよう。

第一は、われわれ専門学徒が数回読めば一応理解のできる法文にすることである。そのためには、法文中の準用条数を思い切つて整理することである。法文の指示するとおり準用条文を見ると、またそこに準用条数があり、まるでたらい廻わし同様が現行税法の法文機構である。法文も一つの文化財である。後世の国民に笑われないようなものを創つてもらいたい。誰にも容易に理解のできないような租税法をどうして立案するのか。

第二は、いわゆる解釈通達を要しないように改正法案を作成することである。従来は、改正法が施行されると、ほどなく解釈通達が公表される。それも法文がわかり難いので、これをわかり易く説明するものであるとか、あるいは自由裁量に一定の基準を設けるものであるとかならばともかく、解釈に名を借り、実質的には立法同様の通達も数多く存していることは、幾度となく指摘したところである。理由の如何を問わず、憲法に違反することは、許すことができない。かかる租税法律主義に反する通達がなされる理由は、租税の如き変化の多い経済現象に関連するものは、その変化に応ずるためにやむを得ないというのである。しかもそうした理由による通達を見ても、立法当初に存在しないような経済現象を取扱つていないのである。立案者が看過したということはあつても、経済的変動の故に、しかも次の改正を待つことのできないような緊急事案は、まず皆無といつてよかろう。今度こそは、租税法律主義を厳守して、しかも充分租税収入の確保ができるように改正しなければならない。

第三に、行政救済機関の民主化の問題である。労働委員会にも比すべき、租税委員会が考えられるのであるが、税制調査会においても、すでに研究中であると考えたい。

六九　無理な減税法案と通達による減税の実質的否定

〔昭和三一年（一九五六年）九月　第六九号〕

与党公約の所得税、法人税の一千億円減税について、主税当局と与党との間でこれから折衝がなされ、何とか格好がつけられるのであろう。減税とは、税率が引下げられ、控除額が引上げられることであり、現実に納付する税額の減少ではないと考えておくことが必要である。歳出予算を減額せしめない限り、租税収入を減少せしめることのできないことは当然であり、しかる以上国民の負担する税額にも変わりはなく、ただ租税を負担する者に多少変更を来すにすぎない。

ここで注意しておかなければならないことは、減税に対する代わり財源に国民所得の自然増加が見積られることである。多くの場合それは計数を合わすがためになされるのであるが、こうした予算編成の後日に招来する禍根は極めて大きい。すなわち、税務行政官庁としては、国民所得の自然増加の見積に対処して、納税義務者の課税標準の申告額が前年度実績と同額またはそれ以下である場合には、これが増額の修正申告を勧奨しなければならないであろうし、これに応じないときには更正処分の余儀なきに至るであろう。もとより何等の理由なしにこれをなすことはできない。所得の調査をして脱漏額でもあればともかく、特にかかるものを発見しない限り、経費ないし損金算入に対して否認をなす以外に途はない。その否認も税法上明文をもつて規定されている場合ならば格別、明文なきにかかわらず、社会経済関係の変動ということを理由に税法解釈に名をかりて特別の通達を出し、これに基づいて否認するというようなことでは、幾度となく述べた如く租税法律主義に反するのである。しかもその際、過去の実績に徴し、税務行政の実際においてかかる違反を違反とせず、「租税収入確保」のためにはやむを得ないとか、更には租税法律主義違反を理由に更正処分に異議を唱えるが如きは、租税負担の公平を害するものであるとかの如き非論理的理由で斥けられるおそれなしとしないのである。逋脱はもとより、過少申告といえども、国民としての義務に背反するものとして強く排撃されなければならないが、それは租税法の明文を基準としてのことであり、通達を基準とするものではない。いかに税法で減税を規定しても、通達で実質的にこれを否定しなければならないようでは、偽瞞の政治であると断ぜられてもやむを得ない。改正法案の立案者たる主税当局が無理な法律の上だけの減税案起草を引受けないことを期待してやまない。

七〇　税法改正法案の起案に対する立法技術上の希望事項

〔昭和三一年（一九五六年）一〇月　第七〇号〕

税法改正法案が近く起案されるについて、一言したいことがある。それは立法技術に関する問題であり、従来からも折に触れて述べてきたところである。

まず第一は、規定の内容を努めて鮮明にすることである。意味の不明な概念を使用することはもとより、「……しなければならない。」という法文を効力規定であるとか、勧告規定であるとか、後日問題にしなければならないような立法は能う限りこれを避けなければならない。青色申告者が更正処分を受ける場合に、更正の理由が処分通知書に附記されていなくても、その処分は違法で取消されるべきものではないというような恣意的解釈がなされないようにしなければならない。また、もしかかる解釈こそ正しい解釈であるというのであれば、「但し、更正の理由を附記しない場合においても、これを理由として更正を取消すことを得ない。」の如く明確にしておくべきである。

第二に、課税要件に関する事項は法律をもつて規定すべく、政令・省令への大幅の委任は、租税法律主義の建前からもこれを避けるべきである。その結果膨大な法律になつてもやむを得ない。予定される政令や省令を法律に織り込むだけのことであるから、租税法規全体としての量には変わりはないであろう。

第三は、すでに取扱通達をもつて定め、これに基づき課税し、しかも差し当たりこれを変更する意志のないようなものは、今回の税法改正に際し必ず法律に織り込むべきである。一例をあげれば、法人税取扱通達の二六二および二六六が、法人がその役員に支給した賞与はいかなる場合にもこれを損金に算入しない、としている如きは、現行法人税法の解釈からの当然の帰結ではない。役員賞与を損金に算入しないことを支持するのではなく、あくまでかかる税務行政上の取扱いの継続を必要とするのならば、この際立法化すべきであるというのである。もし何等かの理由により立法化が不可能であるならば、これを期にかかる取扱いを全廃すべきである。立法化し得ないような事項を、行政によつて達成しようとするが如きは、明らかに憲法を無視するものである。国税庁をしてあえてかかる憲法に反する如き税務行政をなすの要なからしめることは、立法府の責任であることを各政党は反省自覚しなければならない。租税収入を確保し得ないような法律をあてがつておきながら、しかも租税収入の確保の責任を行政庁に追求するところに、そもそも非法治国家的税務行政を余儀なくせしめる原因があるのである。立法府の猛省を促してやまない。

七一　課税標準額等についての和解類似の折衝による決定の禁止

〔昭和三一年(一九五六年)一一月　第七一号〕

税法の官庁側の解釈適用の妥当性に対する論拠として、しばしば「租税収入の確保」とか、「租税負担の公平」とかが援用される。こうした論拠が用いられることは、その解釈自体の正当性を基礎づける決定的な論拠を他に求めることができない場合であることが多い。今更これに対しては批判の限りではない。

これに反して確定申告または修正申告の指導、更正または決定処分、行政救済の段階において、税法を離れて、ないしは税法を超えて、官庁と納税義務者との間で課税標準額等につき調整の折衝がなされ、まるで和解が成立するのと同じような場合をしばしば見受ける。税法に従つて納税するのでなく、税法を適用して課税しているのでもない。しかもこの場合には、それが「租税収入の確保」「租税負担の公平」を害するものであると誰しも批判はしない。これでも法治国家たる国の税務行政なのかと疑いたくなる。たとえ税法に従わなくても、官庁も納税義務者もともにそれを納得して決定するのであるから、大局的見地に立てば結局税法に従つたことになるのであるとでもいうのであろうか。これでは、租税債権ないし租税債務を私法上の債権債務と全く同一視し、両者の本質的差異を抹殺するものといわなければならない。租税債権債務は、私法上の債権債務とは全く異なり、当事者の意思によつて任意にこれを発生・変更・消滅せしめることは許されない。すなわち私法自治の如き当事者自治は税法の領域においては認められないのである。租税債権債務は税法の規定によつてのみ、発生・変更・消滅するものである。しかも権利の不行使または拋棄さえも許されない。いわばこれが租税債権債務の公法性であり、ここに税法の私法との相異があるのである。もとより当事者の意思によつて租税債権債務の金額を決定するが如きは許されない。もし任意にそれが決定されるようでは、租税負担は不公平になり、もとより租税収入の確保は危くなる。このことは、かかる任意な決定の許されない勤労所得者を考えれば、何人も容易に理解し得るであろう。「租税収入の確保」「租税負担の公平」は、決して税法の不当な解釈適用によつてこれを達成すべきものではなく、租税債権債務の公法性を堅持し、税法の正しい解釈適用をなすことによつてのみ、これを達成し得るものといわなければならない。これでこそ法治国家の税務行政なのである。

七二　一千億減税と課税標準額の水増認定による割当税額の消化

〔昭和三一年（一九五六年）一二月　第七二号〕

国連への加盟が総会の全員一致で承認され、二〇数年振りに国際社会へ復帰した。真に独立国家として新発足したわけであり、もはや一切を終戦後という言葉で片付けることは許されなくなつた。ここらで税務行政も画期的な転換がなされるべきである。時あたかも税制調査会の答申を基礎として減税が断行されようとしているのである。

すでにしばしば述べた如く、法治国家においては、租税法律主義と in dubio contra fiscum とが表裏一体をなし、租税平等主義とともに税法秩序の根幹をなし、信義誠実の原則を遵守して合法律的税務行政が要請され、かつこれが運営を可能ならしめている。租税収入予算に違算のない限り、また国民所得の見積が過大でない限り、厳格な合法律的税務行政によつて租税収入予算を充分達成し得る理である。もし達成し得ないとすれば、それは納税義務を免れんとする者多く、これに対する調査不充分なるのみならず、一部の者に対しては法律を無視して租税特恵が与えられるからである。租税法規に従い課税すべきは必ず課税し、徴収するならば、租税収入予算を達成し得ない筈はない。しかるに実際は、租税法規の解釈という名目で課税の限界を拡大し、これを通達をもつて指示し、これに基づき課税が行なわれている。もし真に通達の定める如く課税することが必要であるならば、何故にこれを立法化しないのかである。どうして独裁制でもないわが国において依然通達による課税を廃しないのか、一体いかなる必要があるのか、国民主権のもと果して国民がかかる行政を希望しているのか、理解に苦しむところである。

一千億減税により源泉課税を受ける給与所得者は確かに恩恵を蒙るであろう。しかし、その他の所得者は、果して実際に恩恵を蒙るか否か甚だ疑問である。税率は引下げられ、控除額は引上げられるのであるから、それだけ従前に比し税法上確かに恩恵を受けるのである。しかし、問題は課税標準の認定にある。もし税務署が一方的な認定により割当税額を消化すべく、課税標準額の水増を国民所得の増大の名のもとに行なうならば、政府、従つて税務行政官庁は国民の信頼を失うであろう。歳出予算と睨み合わして減税は可能な限り断行されなければならないが、この際真に国民の信託にこたえ得るように税務行政を更に一新することがなお必要であろう。

七三　不当支出に対する反省と目的税増設案

〔昭和三二年(一九五七年)一月　第七三号〕

頗る音の響きの良い一千億減税で、不当支出の問題も国民の脳裡から去つたかのようである。確定申告期限が到来したら、再び思い起す者もあろう。摘発されたのは形式的不当支出のみであるから、実質的不当支出をも加算したら驚くべき数字になるであろう。せつかくここまで培かわれてきた国民の納税思想を退化させないためにも、また恣意的税務行政の故にとかく国民から敬遠される税務官吏の不断の努力に報いるためにも、何かの施策が考えられて然るべきである。官紀粛正といつてみても、歳出予算が増加するだけで実効はない。会計検査院、行政管理庁のなお一層の活動と責任の徹底的追及を望むとともに、目的税の拡大を提唱したい。

一般的財政需要を充足するための普通税では、租税と歳出との間につながりがない。これが特定の財政需要を充足するための目的税になれば、租税収入はその特定の財政需要充足のためのみの支出に振向けられることになる。ここでは租税と支出目的とが直接結びつく。何のために納税するかは、より具体的になり、国民の関心は深まり、不当支出に対しては厳正な批判と責任追及がなされる。予算編成は、増税・減税に関連するのであるから、国民の政治的関心は直ちに増大し、投票を勧奨する要もなくなるであろう。目的税の租税収入および支出が正当になされているか否かを監督するため、その目的税の納税者代表よりなる監査委員会を設ければなお政治の民主化をはかり得るであろう。

防衛税、賠償税、社会保障税、経済開発税、保安税、教育税、文化税等いかがなものであろうか。こうなれば国民のすべてが職業的でない真の政治家、すなわち公民になれるであろう。各予算の増額要求は増税要望になり、減税要望は予算の減額要求になる。予算そのものに対して納税者たる国民は明確な見解を持たざるを得なくなる。身勝手な陳情は無くなるであろう。防衛税の減税要望はなされても、反対に科学研究費、芸能振興費、スポーツ選手海外派遣費等増額要求のための文化税の増税要望の陳情団が目的完遂のために国会議事堂の前に座り込む図を考えることは夢であろうか。

財政学者ではないが、税法学者として私もこの目的税を研究してみよう。しかし、この領域では専門の学者・政治家・評論家も沢山おられることであるから、それらの人々にも果して目的税の拡大は夢なのかを考えていただきたい。

七四　税務行政に対する司法審査と国民の自由権保障

〔昭和三二年（一九五七年）二月　第七四号〕

税務行政が司法審査を受けるようになつてから早や満一〇年を経過した。かつての行政裁判所時代の判決と比較すれば、その内容が量的のみならず、質的にも豊富になり、裁判官の税法に対する研学の跡が歴然と伺い得るのである。当初は裁判所に不慣れな点もあつたようであるが、この二、三年の下級審の判決には、極めて妥当なものが多くなつてきた。恐らくもう数年もすれば、租税判例法が確立されることになるであろう。

税法は租税収入の確保と同時に、国民の財産権の不法な侵害に対する擁護をその使命としている。税務行政はとかく租税収入確保を強調し易く、他方納税義務者は財産権の保障を主張し勝ちである。これを明確に決定するのが税法であり、税法の命ずるところによつてこれを調整するのが裁判所である。元来、税務行政は合法律的でなければならないのであるが、長年にわたる因襲は、新憲法のもとにおいても、一朝にしてこれを払拭することは実際上困難なようであり、依然税務行政は取扱通達を根幹として行なわれている。また、納税義務者はあらゆる手段を弄して課税標準の減額に努めんとするのであつて、いかに租税道徳を鼓吹しても大した実効はない。しかのみならず、記帳にも信憑性のないものの方が多い。こうした実情のもとにおいて、租税正義の実現に努めるのが司法審査である。もしこれが旧憲法下における如く、行政審査に終つていたとすれば、恐らく税務行政独裁への途にブレーキをかけるものは合法的なものとして何ものをも考えることはできなかつたであろう。かかる意味において諸外国にもその例を見ない税務行政に対する司法審査は、新憲法の標榜する国民の自由権保障と表裏一体をなす制度であるということができる。これを失うことは、独裁政治への途を辿ることになる。将来憲法改正の場合にも是非ともその存続を擁護しなければならないのである。

裁判官は、税法を解釈適用して、税務行政処分を法的に価値判断するのであつて、自ら財務諸表を作成し、課税標準額の計算をなすのではない。ただ、他の法律よりも、準用条文が多く、難解であるというに過ぎない。しかもこの難解な税法の解釈適用が、税務行政官のすべてになし得て、裁判官には至難である等とは到底考えられない。

七五　減税の実施とこれに伴う租税収入確保を目的とする税法解釈に対する警戒

〔昭和三二年（一九五七年）三月　第七五号〕

減税法案も四月一日から施行されることになつた。少なくとも給与所得者は計算どおりの減税を受けることになつたのであり、減税第一歩としてはまず成功である。事業所得者についても同様であり、前年より所得額が増額しても税額は前年よりも下廻る場合もあろう。いずれにしても税率が引下げられ、各種の控除額が引上げられることは、それでなおかつ国家財政を健全に運営することができる限り、誠に国民にとつて喜ばしき限りである。この上は、法律の定めるところを超えず、また法律の定めるところを下らずに徴税すべきことである。

租税収入を確保するために、国税庁は、各税種毎に予定収入額を定め、これを各国税局に、更に各税務署に割当てることは、税務行政運営上当然なさねばならないところである。かかる措置を講ずることなく、漫然納税義務者の申告を待つていたのでは、到底租税収入を確保することはできない。従つて税務署は目標達成のため、申告を勧奨し、指導し、更に申告額につき調査した結果、更正処分をなし、無申告者に対しては決定処分もしなければならないであろう。しかし、これらの税務行政措置ないし行政処分は、もとより税法の定めるところに従つてこれをなさなければならないのであつて、目標額達成、従つて租税収入確保のためには、税法を超えてもよいというような論は、わが新憲法のもとにおいては許されないのである。考えて見れば誰しも異存のないところであるにもかかわらず、税務行政の実際のみならず、租税収入確保、徴税確保、租税負担の公平というような名目のもとに、税法の目的論的解釈も当然なさなければならないというような論さえわが国では依然見受けるのである。国民の自由権保障のために租税法律主義が憲法上明示されているにもかかわらず、目的解釈ないしいわゆる経済的観察法による解釈方法によつて徴税のためにいかなる解釈でもなし得るというのでは、租税法律主義はすつかり骨抜きになり、税法は全く空文化してしまうのである。

減税法案の実施にあたり、課税徴収を税法の規定するところに従いますます厳正的確にするとともに、目的のいかんを問わず、税法を超えないことを望む次第である。

七六　通達による税務行政

〔昭和三二年（一九五七年）四月　第七六号〕

減税法案も全部可決され、すでに法律となり、改正政令・省令とともに施行されている。問題はその運営と国民の税法遵守に移つたわけである。幾度も述べた如く、国民も政府もともに税法を遵守する時代の一日も早く到来することを希うものは、私一人のみであろうか。

国民が税法に従い正しい申告納税をしないからとて、政府が税法の解釈に名をかりて通達により実質的に立法をなし、これにより課税をなし、しかもそれが租税法律主義に反しないとか、租税収入を確保しなければならない税務行政としては、必要かつ当然の措置であるというようでは、憲法は全く無視され、法治国家、民主政治等は、単なる文字的表現に過ぎないといわなければならない。どうして政府はかかる独裁的な税務行政をなさなければならないのか、誠に理解に苦しむのである。かかる税務行政は憲法に違反し、国民の希望しないところであり、いかなる政治家といえどもこれを肯定しようとする者は存しないにもかかわらず、未だかつて国会において政府がこの点につき一度も追及されたことのないのは誠に不思議であるといわなければならない。天皇制でさえ敗戦によつて一変したのにかかわらず、通達による税務行政だけは明治以来今日に至るまで永年にわたり継続しているのである。税金に重大な関心をもつている国民が税法を無視した税務行政に甘んじていることは、とても正気で解しかねるのである。わが国民は、実際よりも形式を重んじ、物質的であるよりは観念的であるということが然らしめているのであろうか。憲法に租税法律主義の規定さえ設けておけば、ただそれだけで法治国家であり、文化国家であると考え、それがどのように運営されようとも、国民各自は自己の税金さえ安ければよいというのであろうか。それでは誠に利己的な、卑屈な国民であるといわなければならない。果してそうであろうか。それとも単なる税務官僚のかかる独裁的行政の故なき伝統が、あたかも慣習法の如き錯覚を国民に生ぜしめたのであろうか。もしそうだとすれば、政府は減税法案という一論文によつて国民を、更にはその代表者たる両院議員を、その運営のいかんを問わず納得せしめたにすぎない。政治とはそんなものであつたのか。それにしても国民から国政を厳粛に信託された政府は、どんな理由によつてあえてかかるマジックを用いるのであろうか。

七七　納税者の利己心による通達行政の助長

〔昭和三二年（一九五七年）五月　第七七号〕

新憲法施行一〇周年記念に、雑誌・新聞では、今更の如く租税法律主義と通達行政が採り上げられている。税法解釈に名をかりて行政庁が実質的に立法同様の機能を通達により達成せんとすることが違憲であることは、何人にも異論のないところである。しかるにそれは一向に反省されもしない。税務官庁だけではなく、納税者によつても。もしこうした状態で税法秩序が維持されるのならば、たとえ憲法に違反していようとも、そのこと自体を主権者たる国民が承認しているのであるから、実質的には違憲ではないということにもなりかねない実情である。

国税庁がその末端に至るまで税法の解釈・取扱を統一するがためには通達を必要とすることもちろんであり、国税局、税務署がこの通達に無批判的に従わねばならないこともまた当然のことである。従つて問題は通達という形式にあるのではなく、その内容が真に妥当な税法の解釈であるか、あるいは税法の規定に反していないか、もしくは税法の規定していない事項について新たな定めをしているのではないかということにある。換言すれば、税法の規定によらずに課税し、または逆に税法上当然課せられるべき租税を法律によらずに減免するような事項を内容とする通達が、憲法上絶対認められないというのである。従つてこの問題は今後個別的に採り上げ、批判検討を加え、国税庁当局の反省を促し、是正を頼むのほかはない。

通達行政を助長する最も効果的な動因は、納税者の利己的な迎合である。納税者の大半には、通達も法律もその区別はない。民主主義を標榜する場と、自ら官庁に対する場とでは全然異なるのである。わが国の民主主義は、憲法に明文化されているにかかわらず、少なくとも税法の領域では、民主主義は未だ教養上の用語に過ぎないといわなければならない。現在の如く責任観の稀薄となつた国民に真の民主主義など身につく筈がない。青色申告者の納税率の低下はこれを如実に物語つている。税法の領域における民主主義の途は未だ遠いのである。抽象的文言のみによることなく、具体的事例により税法における民主主義の啓蒙をなさなければ、せつかくの新憲法も永久に単なる宝典と化するであろう。

七八　税法の恣意的解釈は国民全体の利益擁護のための代弁か

〔昭和三二年（一九五七年）六月　第七八号〕

憲法に規定する「武力」「戦力」の概念でさえ、都合のいい拡張解釈をなし、各界の批判があつても、政府はこれを押し通しているぐらいであるから、税法の自由自在な解釈に対し批判する者こそかえつて国の秩序をみだすぐらいに考えられるのであろう。そこでは憲法の明示する租税法律主義の真の歴史的意義は没却され、単なる近代文化国家としての教養的標語と化しているのである。

それは民主主義を標榜する立法的ジェスチャーに化している。一体政府は税法の恣意的解釈によつて、国民に何を奉仕しようとしているのか。それが果して国民の厳粛な信託による国政の誠実な運営といい得るであろうか。

この二、三年来裁判所は税法事件について極めて良識ある公正な判決を数多くなしつつある。裁判官の税法研究の跡歴然たるものあるにもかかわらず、かかる判決に対し国税庁筋があえて珍妙な論難をなすのは、信託者たる国民全体の利益擁護のための代弁であるとどうして考えることができるであろうか。その一例として、過般問題となつた青色申告者に対する更正処分通知書に更正理由を附記しない場合が思い浮ぶのである。更正理由を附記しなければならないとの規定を、あえて勧告規定・訓示規定であるとなし、理由を附記しなくても違法処分ではなく、かえつてこの更正処分を取消すとの判決こそ誤判であるとの如き論を一体誰のためになさなければならないのか。国民は誰しもかかる規定の存する以上、更正理由は必ず附記されるものと考えているのにもかかわらず、実際には理由を附記しない場合の方が多く、しかも理由を附記しない更正処分が違法として取消されるや、勧告規定であるから理由を附記しなくても適法処分であるというに至つては、正に国民は信頼を裏切られたといわざるを得ない。どうして潔ぎよく取消判決を甘受し、判決をまつまでもなく自省して更正理由の附記に努めないのか。法律論としては勧告規定と解するのが正しいと信託者たる国民に対し一方的な敵対行為をあえてなすのか。それならば何故、「………更正理由を附記しなければならない。但し、更正理由を附記しなくても、それを理由として更正処分を取消すことはできない。」と立法的表現に努力しないのか。かかる立法的解決をなすことなく、解釈によつてこれを達成せんとするのは、一体誰の利益のためなのであろうか。

七九　所得の激減による租税収入予算額の未達と申告指導名義による税務署予定所得金額の達成

〔昭和三二年（一九五七年）七月　第七九号〕

神武以来の好景気は一瞬にして、まさに文字通り立消えとなり、国際収支の危機が代わつて登場した。いわゆる一千億減税が自然増収を計算の基礎にしていたことは、前年度に比し租税収入予算額が減税にもかかわらず増加していることに徴して明らかである。しかるに金融引緊めの結果、中小企業者の倒産者多く、一般に所得は激減しているものと考えねばならない。災害続出による税の減免、更には従来の例に徴し恐らく実施されるであろう輸出業者に対する租税特恵を考え合せば、租税収入予算額を達成することは難しいであろう。しかし、今更政府としては、臨時国会を召集して増税案を提出することもできないであろう。この現行税法と租税収入予算額との間の矛盾をどのようにして調整するかが政府にとつては、いまだ表面化されてはいないが、重大問題であり、国民にとつては他人のことではなく、正に自己自身の利害に関する問題なのである。

予定納税の行なわれている一一月末までは、余り表面化しないであろうが、確定納税の準備期に入るや問題は深刻化するであろう。政府は国税庁を督励することによつて充分租税収入予算額を達成し得ると考えているであろうが、その原因が減税法の基礎をなしている数字の把握の過誤にあるのであるから、余程巧妙な魔術を用いない限りは不可能であろう。それも白昼公然と国民の前で行なわなければならないのであるから、何人にも種を看取されないことは極めて至難といわなければならない。恐らく国税庁としても、数年前とは異なり、税法に反するような通達を定めて、あえて租税法律主義違反の課税は行なわないであろう。結局考えられる方法は、不足額を各税務署に割付け、確定申告前に申告指導の名義で、所得金額を税務署予定の金額に近接せしめる個々の折衝であろう。そこでは税法の解釈は問題とならない。税務署と納税義務者との相互の駈引によるいわば税務取引である。かかる取引が成立せず、しかも不足額を補填し得ない場合に初めて更正処分が行なわれるであろうが、問題がここまで発展すると厄介なことになる。税法学以前の円滑な税務行政によつて達成されんことを望んでやまない。

八〇 人格のない社団等に対する課税の実施

〔昭和三二年（一九五七年）八月 第八〇号〕

三月末の法人税法改正によつて人格のない社団等が法人とみなされ、法人税が課せられることになつたのは、周知のところである。収益事業をしていない当学会までが、所轄税務署の調査を受けたのであるから、人格のない社団等は一応その全部について実態が調査されたことであろう。聞くところによれば、近く国税庁より人格のない社団等に対する課税に関する取扱通達が公表され、改正法を本格的に実施するとのことである。実は改正法はそれ自体に実施期日を規定しているのであるから、かかる通達を待つまでもなく法律上当然に施行されているわけである。ただ、国税庁の通達が五箇月も遅延したために、実際上の実施が遅れたに過ぎないのであつて、遡及して実施されるわけでもない。ともかくこれによつて従来課税上の盲点であつた法人格なき社団・財団も、法人および個人と等しく納税義務を負担することになり、憲法の規定する課税平等主義の実現として喜ばしき限りである。問題は通達によつてどのように実施上法律が変容を受けるかであり、公表を待つのほかはない。しかし、恐らくは最初のことでもあり、可成り法律の規定より後退して実施されるのではないかをおそれている。税法の規定していないような租税特恵を設けるのではなかろうか、国民は租税の軽減については、たとえそれが法律の規定に基づかないものであつても、文句なしにこれを文字どおり甘受することであろう。租税法律主義はここから崩壊するのである。法律の規定しない課税に対しては強い反対を唱える者でも、法律の規定しない、または法律の規定に反する租税特恵的行政措置はこれを喜んで受けるのである。自己に利益なことは、たとえそれが法律違反であつてもこれを追及せず、反対に自己に不利益なことは、たとえそれが法律違反ではないにしても、不利益を免れんがために詭弁を弄してこれを法律違反であると強調するようでは、租税正義の実現は絶対にこれを期すべくもない。租税平等主義と租税法律主義とが、政府のみならず国民によつても厳守されたときに、初めて租税正義は実現され、法治国家といい得ることになるのである。今回発表される通達だけについても、こんなことが単なる私の危惧に終らんことを望みたい。

八一 税務行政官庁に対する圧力と多額の所得の調査洩れ

〔昭和三二年（一九五七年）九月　第八一号〕

すでに個人および法人以外に、法人格のない社団等も所得につき課税されることになつたのであるから、これで一応一切の納税義務者が網羅されたわけである。一方、所得については、従来よりその種類が一〇種に分類されているが、雑所得というのがあつて、いずれの所得にも該当しないものは、すべて雑所得として課税されるわけであるから、これまた同様に一切の所得を網羅しているということができる。かくの如く税法上は、およそ所得が発生すれば、その所得の帰属する個人か、法人か、または法人格のない社団等かのいずれかに納税義務が必然的に発生するという法的機構が現存しているのである。従つて納税義務者が真実の所得を申告しまた税務行政官庁が充分の所得調査をなし、税法によつて更正または決定処分をなすならば、恐らくは租税収入見積額を遥かに上廻り、延いては減税を更に重ねることもできるわけである。しかし、国民に誠実な申告納税を求めてみても、終極的には納税道義心の向上に俟つほかなく、従つてこれのみで目的を達成することはできない。税務行政官庁の所得の調査も、時には査察と相俟つて遺憾なく行なわれており、これ以上を望むことはできない。ただそれは行政官庁であり、独立の機関ではないから、眼に見えない力によつてその活動が左右される例決して少なしとしないのである。問題はここにある。従つて税法機構としては、租税収入の確保に何等欠けるところはないのであるが、一部国民の納税義務履行に対する非協力と、税務行政官庁に対する圧力の故に、税法の規定するとおりの納税・徴収は全面的には行なわれていないのである。給与所得者や事業所得者の所得はまず問題はなかろう。仮にあつたとしても、調査は一応充分に行なわれている。問題は容易に外部に露見しないように工夫されている譲渡所得、一時所得、雑所得に存する。基本通達は随分零細な所得をも見逃すことなく課税しようとしている。どうして物の移動を伴わない多額の所得を調査せずに、零細な所得を見逃さないことには督励するのか。かかる多額の所得はもとより無申告であるが、これを調査し、決定処分をすることは、何か差障りがあるのであろうか。これでは税法自体でなく、その運営が公平を失することになり、租税負担の平等化を望むことはできない。所得の露見しないことを誇示するような広告を公然と見ることは誠に不愉快である。果して何年後に解決されることだろうか。

八二　法的拘束力なき会社概況書の提出

〔昭和三二年（一九五七年）一〇月　第八二号〕

事業概況説明書（会社概況書と略す）について税理士界を初め、中小法人より種々な反対論を聞く。誠にうかつな話であるが、そんなものを申告書に添付することを知らなかつた。早速税法規集をひもといてみたが、法人税法はもとより施行規則にも、施行細則にもそれらしきものは見当らない。また、法源でもない通達で設けたものかも知れないと思い、官報や国税速報で公表されている通達を隈なく調べて見たが、そこにも無かつた。結局、税に関する巷間の雑誌や新聞で知り得たことは、納税義務者の税務調査への協力依頼ということであつて、何等法的拘束力のないものであることが漸く判明した。しかるにそんな法的拘束力のないものに対して、どうして世間は騒ぐのか。それは、納税義務者にとつては、いかに法規に規定がなくても、税務行政官庁より書類の作成提出を求められたならば、事実上これを提出しなければならないからである。恐らく税務行政官庁としても、表現方法は別問題として、会社概況書の提出は法的拘束力はないのであるから、納税義務者の提出を全然期待していないというようなことはあるまい。否むしろ行政官庁よりの提出要請は、法的拘束力の有無にかかわらず実効を奏し得るものと考えた上のことであるに違いない。現に法源ではないといわれ、租税法律主義を滅却する税務行政であると批判されても、通達は現に納税義務者によつて遵守されているではないかというのであろう。かくてはやがて、通達はかくの如く国民によつて遵守されているのであるから、それに法的拘束力がない等というのはつむじまがりの一部観念論者の戯論・空論ということにもなりかねないであろう。その時こそ正に租税法律主義は、従つて憲法は一片の飾物としての法的文化財に化してしまうであろう。

国民には税法の知識がない。だから税法に規定されていない会社概況書の提出を求めてもこれに応ずるのであり、種々の非難が出るのはその作成が面倒であり、時に難しいからである。これを中小法人には特に簡易化するならば、直ちにその非難も消えてしまうであろう。だがそれで糊塗するようでは、租税法律主義に反抗するものといわなければならない。何故世間は、会社概況書の内容批判よりも、その立法化を厳しく要請しないのか。

八三　印紙税法の形式的解釈に基づく通告処分とこれに対する行政救済が認められていないこと

〔昭和三二年（一九五七年）一一月　第八三号〕

わが国の租税立法は、この一〇年の間に随分民主化され、すくなくとも法制度的には税務官庁の通達等による一方的な行政解釈の押付からの救済の途も開かれている。すなわち、かかる行政解釈による更正処分に対しては、最終的に司法審査を刑事事件としてでなく、行政事件として請求することができるのである。しかるに未だ行政解釈、更にはこれに基づく調査官吏の恣意的・独断的な行政処分に対し、何等救済の途が法的に設けられていない場合がある。その一例は印紙税法関係である。印紙税法五条一三号によれば送状、同条一四号によれば記載金高三、〇〇〇円未満もしくは金高記載のない受取書、または営業に関しない受取書は、印紙税が非課税となつている。また、同法四条二九号には、受取書には一〇円の印紙税を納めなければならないことになつている。そこでたとえば、送状であればいかに物品の金額を記載しておいても非課税であるが、受取書であれば営業に関するものである限り三、〇〇〇円以上の物品の金高記載あれば、たとえ実質的に送状と同じ価値を有するものであつても、一〇円の印紙税を納めなければならないと税務官庁により機械的に取り扱われている。税法の解釈は単に形式的にではなく、実質的に経済的にこれをなさなければならないというのが、国税庁筋の好んで執る方針である。しかるに荷物の送状と実質的に経済的に何等変わりのない貨物受取証ということになれば、貨物の代金三、〇〇〇円以上の記載があれば、「受取証」という名称によつて形式的に判断し、所定印紙の貼用がなければ、直ちに印紙税の脱税として通告処分が発せられるのである。しかも納税義務者には、この通告処分に対する行政救済の途は与えられていない。従つて納税義務者はいかに前記の如き税法解釈が不当であり、誤つた解釈であると確信してもこれを開陳する機会を有しない。税務行政庁の一方的な解釈による通告処分を甘受するのでなければ、告発、起訴による刑事裁判を待つのほかなく、しかもこの場合は刑事被告人として科刑の可能性に曝されることになるのである。誠に割り切れないものがある。これでは印紙税法は税法というよりも、刑事特別法ということになる。この領域だけは、どうしても税務行政官庁の独断恣意を甘受せざるを得ないのであろうか。法治国家における一大盲点であり、立法的解決を要する領域が未だこのように残存していることに驚かざるを得ない。

〔昭和三二年（一九五七年）一二月　第八四号〕

八四　少年期の税法学

本誌を創刊してより満七年が経過し、第八年目を迎えようとしている。それは、われわれが「税法学」と命名し、税法を研究対象とする独立の法律学を提唱してよりの歩みでもある。法律学の中で最も歴史の新しい法律学であり、漸く原理、原則ならびに体系が樹立されようとしているのであつて、他の既成法学に比すれば、未だ少年期的存在に過ぎない。この税法学の特色は、他の法学との関連性が極めて濃厚であり、あたかも全法学の縮図の如き観を呈していることである。従つて税法学を研究するには、憲法学、国家学、国法学、行政法学はもとより、民法学、商法学、民事訴訟法学のみならず、更には刑法学、刑事訴訟法学、あるいは労働法学、経済法学等にも理論的援助を仰がなければならない。その故にこれらの他の法学の専門家でないわれわれは、必要に迫られて他の法学を研究せざるを得なくなるのであるが、もとより他の法学における既成理論を批判検討しようとするのではなく、単にこれを転用し、参考にしようというに過ぎない。しかし、もし他の法学の領域において税法が研究対象とされた場合には、われわれはこれを税法学の上より批判検討することが許されるであろうし、またこれをなさなければならない。要するに税法学は、他の既成法学理論を充分消化し、独自の法原理、法原則を樹立しなければならない。

他面、税法学は学問の分野を異にする財政学、会計学、更には単なる経済知識とも全然関係がないわけではない。税法の解釈に際して、財政政策、会計理論、経済知識を必要としないとはいわないが、これらが税法解釈を主導し、左右するものではないことを知らねばならない。税法規範の淵原は、時に財政政策であり、時に会計慣行であるが、そのことは実定法化されていない財政政策や会計慣行までもが、その実定法化以前において法規範性を主張し得ないことだけを明確に、しかも厳格に認識しなければならない。

以上のことは頗る明白かつ当然のことながら、往々無視され勝である。税法学は、会計学や財政学に対し何の発言権もないが、同時に税法学に対する会計学や財政学上の批判に対しては答弁すること自体がナンセンスであることを知らねばならない。

八五　民間人を構成員とする租税委員会

〔昭和三三年（一九五八年）一月　第八五号〕

衆議院の大蔵委員会の小委員会で、協議団の機構改革等に関する公述がなされたことを聞いた。協議団は、例のシャウプ勧告で創られたものの一つであるが、その当初から私は名称だけでなく、制度自体も誠に熟さないものと考えていた。どうして労働委員会の例にならい得ないのであろうか。名称自体は官庁らしくなく、しかも純然たる官庁なのであるが、何故に七年余も検討されずに当初と何等変りなく現存するのか、誠に不思議でならない。

協議団が国税庁や国税局に設置されていたのでは、しかもその構成員がすべて税務官吏であつたのでは、協議官という名称を附してみても、真の審査が全うできるものではない。これでは再調査請求や審査請求の如き行政救済は充分その機能を発揮することはできない。しかるに最近の報道では、納税義務者がこれら行政救済により不当課税より救済される場合が多くなつたとのことであるが、現在の協議団でさえ不当課税を認めざるを得ないのであるから、世間には随分常識でも考えられないような不当課税が今なお行なわれているものとあきれざるを得ない。

税務行政の民主化という言葉がよく用いられるが、現状では一体何のことなのかわからない。まさか申告納税制だけをもつて税務行政の民主化というのではあるまい。もちろん税務行政の民主化といつても、合法律行政の軌道からそれることは許されない。税務署と納税義務者の話合いで課税標準や税額が決定するのでは、合法律行政に反するのみならず、租税平等主義にも反するのである。従つて税法自体が税務行政の民主化の線に沿つたものとして立法されなければならない。こうした意味で、協議団を解消して租税委員会を設置し、その構成員に民間人をもつて当てることは、税務行政の民主化に稗益するところ大であろう。ただ、気になるのは、租税委員会の場合には、委員が税法の解釈・適用に通暁している者でなければ、その職責を全うすることはできない。また、租税委員会の受理件数の多いことは他の委員会の比ではなかろう。これらの点のみならず、更に委員と政党人との関係等を思い合せると、よほど慎重に立案しなければなるまい。もし将来立案をするのならば、必ずスイス式に租税委員会の決定に不服な国税局長または国税庁長官は、その決定につき司法審査を受け得る途を開いておかなければなるまい。

八六　大蔵委員会における税務通達に関する非良識な質問

〔昭和三三年（一九五八年）二月　第八六号〕

今月一八日の衆議院大蔵委員会における一議員の質問が税務通達に触れていることを新聞で知つた。委員会の速記録を読んだわけではなく、数多くの新聞を読み合してのことであるから、もちろん精確を期し得ない。

質問要旨中に、「通達は法と同じように新たな権利義務を国民に負わせる機能をもつている。従つて法と同様早く国民にこれを知らしめる要がある」というような趣旨がある。もしこれが事実なら、質問議員のみならず、大蔵委員全体の税法に対する知識の程度に唖然とせざるを得ない。ところがそのことさえもが国民にはわからないのであるから、新憲法、従つて国民主権、それを基盤とする租税立法、税務行政がどうあるべきかというに至つては、考えられてもいないのである。国民主権等と単に発音しているに過ぎないのであつて、それが自分達の負担する租税とどんな関係を有しているか等全く知らない御題目唱えといつても過言ではない。租税法律主義のもとで、新たに権利義務を国民に負担せしめるような機能が通達に存しないことは、特に税法自体を研究するまでもなく、わかり切つたことである。しかるにいやしくも立法権を掌握する国会の議員が通達に法と同じような機能を承認する等とは、行政権による立法権の侵害をこの国においては事実上当然やむを得ないとして認めているものといわなければならない。何故国民に権利義務をあたかも負担させると同じような機能を有する通達の存在を憲法違反として問題としないのか。憲法を棚上げにして、どうしてかかる根本的重要問題を等閑視するのか。殊に将来は通達の草案を大蔵委員会で審議すべきである等との意見に至つては、誤報と解するのほかはない。

私は質問の趣旨を特に左のように諒解しておきたい。税務通達が法源ではなく、国民に対する法的拘束力を有していないこともちろんであるが、現にそれが行なわれている現状より、果してそれが租税法律主義に反する内容を有するものであるか否かを事前に検討する上において大蔵委員会においてその草案を審議すべきであること、かかる審議を経ないような通達は今後みだりに出すべきでない、と。しかし、現実は立法機関でない国税庁の通達一本で、法律の改正もないのに、兼業農家につき五億円もの減税になるとは、果してこれが法治国家であるのかと疑わざるを得ない。しかも国会議員はこの点につき質問さえなさないのである。

八七　所得標準率等の公表の要請

〔昭和三三年（一九五八年）三月　第八七号〕

先般来、国会の大蔵委員会では、所得標準率及び売上高効率が問題とされたが、結局これを公表するということにはならなかつたようである。税務職員が限られた員数で所得の調査をするのであるから、かかる標準率や効率をその目安として必要とすることは当然であろう。かかる目安もなく税務調査がなされたのでは、かえつて調査の方法自体が国会で問題になるであろう。すでに申告納税制を採用してより一〇年、青色申告制が設けられてより八年も経つたのであるから、標準率や効率表の作成も当初と比較すれば遙かに進歩したことであろう。データーが精密であり、かつ正確であればあるほど、その適用は一般化されてくる。しかし、いかなる場合にも特殊性を排除することはできない。そこには、比率を上廻るべき場合も、また逆に下廻るべき場合もあり、かかる特殊性を考慮して調整しなければならないこともちろんである。

問題はかかる標準率・効率の非公表の点にある。しかも非公表が事実上厳守されていないから問題を生ずるのである。これは納税義務者に利害関係の大なるものをあえて秘扱いとするからであつて、秘扱いとすること自体が無理であり、またその故に税務職員に対する誘惑も跡を絶たないのである。公表しない理由は、かかる標準率や効率を上廻る場合に、納税義務者が適当に帳簿を操作して比率に合致せしめるおそれがあるということのようである。しかし、これでは標準率・効率を絶対的のものとしていることになるのである。換言すれば、申告額がかかる比率にほぼ合致しているならば、帳簿調査もなさずに申告是認しようという安逸によるものである。比率はあくまで一応の目安であるべきであるから、帳簿調査を真に省略しない限り、比率を公表しない理由は、単なる秘扱いという伝統以外にはなさそうである。

納税義務者は知ろうとし、税務職員は隠そうとするようなところに税務行政の民主化等到底これを望み得ない。わが国の行政官庁の通弊とするところが、未だに税務行政官庁には残存しているものといわなければならない。よろしく比率を公表し、同時に比率に合致した申告をそれだけでは是認せず、調査の結果これを上廻る場合にはその根拠を示して必ず更正処分をなしまたたとえ比率を下廻る申告であつても、申告が正当であると認められるときは、これを是認すべきものとして取扱うべきである。

八八　机上の空論を吐く者は学者でなく、政治家である

〔昭和三三年（一九五八年）四月　第八八号〕

戦線に赴く数百人の将兵の如く、悲壮な万歳を三唱し、国会を後にして行つた。必ずしも生還し得るとは限らないのであるから、人間感情としてあのような幕切れはあるいは当然なのかもわから

ない。しかし、各控室へさがつてからの言論行動を見ていると、国民として腑に落ちないものが多い。「戦を勝ち抜くために」とか、「必勝を期して」とか聞えてくると、時代錯誤に陥入るが、それはまだ戦時中の言葉がどうしても今はの時になると無意識に出てくる人達だということで一応虫もおさまる。ところが「この戦を通して国民の政治意識を指導する」といわれると、黙つておれない。相変わらずのナチ張りで、それが法治国とか、民主主義とかいい出すのであるから、国民の政治的関心の薄らぐのも無理はない。政党がすでにかかる調子であるから、政府然り、行政官庁然りということになる。

「指導する」といつてはみたものの、当面の問題は当落にあるのであるから、いずれの政党も減税を公約することは忘れない。盛り沢山な施策をなすことであるから、歳出予算の減少する筈もないのに、あえて減税を公約するのである。もちろん計算は予め逆算で国民所得を決定してなされるのであるから、減税になることは当然である。随分荒つぽい話であるが、それは今に初まつたことではない。公約をした以上、空手形にすることはできないから、減税を実行するであろう。その結果の皺寄せが挙げて税務行政官庁に集まることは当然の事理である。従つて通達による課税、恣意的認定課税ということになるのである。そうなれば国民から反対を受けるのは、政党や国会ではなく、税務行政官庁である。頗る歩の悪い話であるが、こうしたことが反復されているのである。その結果は、政党、政府、国会のいずれもが法治国家を口にしながら、実際にはこれを無視した税務行政が行なわれるのであり、しかもそれがわが国のみでないとすると、机上の空論は学者に対してでなく、政治家に対してあてはまる言葉になりそうである。だからといつてわれわれ学者がこの現実に迎合したのでは、ますます拍車をかけることになる。たとえ実現されなくても、税法の法治国家的解釈・適用に精進し、非法治国家化・独裁化へのブレーキになることこそ、われわれ税法学者の使命でなければならない。

八九　法人税総合通達案の合憲性の検討

〔昭和三三年（一九五八年）五月　第八九号〕

法人税総合通達案が数年前より国税庁法人税課において準備され、今年四月に公表する由であつたのが、七月に延期され、更にまた一二月頃になる由を新聞により知つた。租研を初め、各種事業者団体からの要望が続出し、これらを慎重に検討するための由である。民主主義を標榜しながらも、官庁機構が、同時に官職担当者をも含めた国民の官尊思想が、特に税務行政をして独善化・独裁化せしめる傾向のあるとき、たとえ公表が幾回となく延期となつても、充分国民の声を聞こうとする国税庁の態度は賞讃に価する。一二月が来年に延期のやむなきに至つてもよい。更に今一歩進んで通達案を公表し、各界の批評を甘受するところまで望みたい。国民と政府は相対立する関係ではなく、殊に通達案の内容の如きは厳秘に付すべき事柄ではない。

この際一言したいのは、憲法に明文をもつて規定されている租税法律主義並びに租税平等主義を軽視し、もしくは曲解しないことである。通達はもとより下級官庁に対する行政上の指針として発せられるものであるが、国民を事実上は拘束するものであるから、その内容は須らく合憲的でなければならない。税法上の義務に関する規定を拡張解釈ないし類推解釈したり、法の欠缺を補充したり、あるいは反対に縮小解釈したりすることは、いずれも租税法律主義、並びに租税平等主義に反するものである。通達案中にもしかかる憲法違反の内容があるならば、すべてこれらを抹消し、仮に国家財政上どうしても必要であるならば、租税法律中に明白な解釈規定を設けるべく立案し、立法的解決に俟たなければならない。立法的解釈をなさずに、あえて法律解釈の名義で行政上の措置を講じ、これにより税務行政をなすが如きは、民主主義に基づく国政の運営ではない。問題はまず実質ではなく、形式である。法律をもつて規定すべき納税義務に関する事項を、法律をもつて規定することなく、行政解釈により法律をもつて規定したと同一の行政上の効力を達成しようとすることが非法治国家的なのである。どうして憲法を無視するような税務行政をあえてなさなければならないのか。新通達は、経済関係の実態に即した妥当な内容のものであることもさることながら、少なくともまず形式的に法治国家理念に合致したものでなければならない。

九〇　政治屋の介入による課税標準額の減額の絶滅

〔昭和三三年（一九五八年）六月　第九〇号〕

公約実行のため新内閣は諮問機関として税制審議会を設置し、明年度の税制改革にあたり、中央地方を通じ税の体系を整備し、減税を行なわんとしている。全く同じようなことが数年前から政府において行なわれてきた。審議してなお余りありというものか。

この機会に政府並びに国会に対しても一言したいことがある。それは税制改革も必要ではあろうが、更に重要なことは、全国民が政府に信託している税務行政の刷新であることに関してである。ここでは従来あまり批判されていない調査ないし査察による課税標準の更正を特にとりあげたい。

税務行政官庁の調査ないし査察の結果、内示される課税標準額と更正金額とが著しく隔りのあること、しかもその減額が税務行政官庁により自主的に行なわれるものではなく、必ず納税義務者側の依頼を受けた税理士、これに加うるにいわゆる政治屋等の発言、折衝が決定的となつて減額されること、しかもその減額の度合が著しく、われわれの租税正義感を傷けるものであることは、関係人一同の充分知悉しているところである。こうした事例は、大法人や個人には少なく、その殆んどすべてが中小法人についてであること、ならびに租税回避を超えて脱税の域に達しており、かつ酌量すべき情状の存しないことに特徴がある。いかなる理由によつてか、政治屋等の介入があれば、税理士に依頼するよりは遙かに効果が著しい。租税正義感に燃えてかかる政治的圧力に屈服することなく、誠実な公僕として職務を遂行した税務官吏が税務畑より追放された事例も少なくないのであるから、病源は一税務署、一国税局に求めることは妥当でない。政府当局の改心を促し、更に各政党の反省を求める以外に是正の途はなかろう。税法の解釈・適用以前の課税要件事実の認定の段階において、談合が行なわれるのであるから租税法律主義に直接違反するものではない。しかし、事実認定を納税義務者の異なるに従い別異に不平等に取り扱うことは、実質的に平等性に反するものといわなければならない。ただ、こうした事例は闇から闇へ葬り去られ、殆んど公開されることがないだけに、国民の監視と、政治屋に介入を依頼する如き悪弊を絶滅せんとする自覚とに俟たなければ、永久に法治国家理念に立脚する税務行政の実現を期し得ない。

九一　臨時税制委員、各党税制調査会への希望事項

〔昭和三三年(一九五八年)七月　**第九一号**〕

政府は、昭和三四年度の税制改正の立案の参考として国民各層の意見を聴くため臨時税制委員を委嘱し、第一回懇談会が開かれた。公約の七〇〇億円減税、国税及び地方税を通じ適正な税体系の確立を目指しているもののようである。財源の大半は相も変わらず国民所得の伸びを見込んでの税

の自然増収一、〇〇〇億円である。

この懇談会に望むことは見当外れであろうが、各政党にも税制の調査研究のための委員会や調査会が設けられているのであるから、これらのうちのいずれか一つによってでも実行してもらいたいことがある。

租税法律主義を憲法に明示しているわが国においては、法律には税制の大綱をのみ示し、具体的な運営はすべて政府に一任するが如きの違憲であることは、何人も認めなければならないところである。しかるに税務行政の実情は幾回となく指摘している如く、立法的措置を講ずることなく、税務行政官庁の法律の解釈適用を画一化するという名のもとに通達が法令よりも多く発せられ、この通達に基づいて行なわれている。通達に法的拘束力のないこともとよりであるが、税務行政はこの法的拘束力のない通達により運営されているのであるから、国民は事実上この通達に拘束されているわけである。国民には法的拘束力のある租税法規よりも、法的拘束力のない税務行政通達こそ正に法的拘束力あるかの如き錯覚を生ぜしめ、税務行政官庁の一方的な認定こそ確定判決であると誤信せしめているのである。これを放任しておく限り、税制確立は形式的・抽象的な大綱の立案に過ぎない。それよりも必要なことは、実質的・具体的な細則の立案にある。国民が関心を有するのは、税制の目次ではなく、具体的な納税義務を決定する基準である。従っていかに立派な税制確立を目指して調査研究が重ねられ、これに基づき立案されても、現在通達が定めているような具体的事項を国税庁に一任しておく限り、もぬけの殻同様である。これを正しく理解し、これに処する対策を調査研究する委員会や調査会が一つぐらい出てきてもよい筈である。

九二　通達の政令化・省令化の要請

〔昭和三三年(一九五八年)八月　第九二号〕

法人税総合通達が今秋には発表されるべく、目下主税局で内容検討中とか、各種協会等から種々の要望書が提出されつつあるとか聞く。しかし、その内容は要綱すらも一般国民には示されない。国家の機密とはいい得ないのであるから、どうして政府は国民の批判を喜んで求めないのか理解することができない。税務行政は国民の利益のためのものであつて、政府の利益のためのものでないこと明白であるにもかかわらず、これでは旧憲法下におけると同じく支配者としての政府と被支配者としての国民の対立関係が依然存続しているのではないかとの錯覚を起さざるを得ない。

同時にこれほど歳月をかけて熟議をこらして作成するのならば、何故に法律案とまではいわないにしても、政令ないし大蔵省令になさないのかも理解に苦しむところである。実際には法的拘束力の有無にかかわらず、この通達によつて税務行政をなすのであるから、政令化ないし省令化しないことの理由を条文が量的に膨大となるというようなことに今更置くことはできまい。何故に思い切つて「法人税法施行規則」以外に「法人税法施行細則」と銘を打つて、通達の内容を法源化しないのか。どうして法的拘束力を与えずに、事実上の拘束力があるとか、行政処分の公定力とかいうことで糊塗しようとするのか。一体何が税務行政の民主化のブレーキになつているのか。

すべての法がそうであるが、租税法律主義を根幹とする税法は特に明確でなければならない。わけても納税義務の限界が法をもつて明瞭に規定されなければならないことはいうまでもない。しかし、いかに周到に規定しても、なおかつ限界につき疑義の生ずることも避け難い。それに対処するための通達であることを理解しないではないが、どうしてその際法的拘束力を与えずに事実上の拘束力をもつて臨もうとするのか。これでは租税法律主義は実質的に否認されたも同様である。それとも先に来日の中国法律家代表団が、罪刑法定主義は、人民政権が確立し、民主集中制が実現し、社会主義建設が強力に進められている中国においては、これを採用する必要がないと述べた如く、わが国も租税法律主義を実際上必要としないような国家構造になつているとでもいうのであろうか。各政党、特に国会議員の反省を求めてやまない。

九三　税務署員の所得創作症

〔昭和三三年(一九五八年)九月　第九三号〕

本誌に掲載した九月二五日の大阪地方裁判所第五民事部判決を読む者は、誰しも税務署長の更正処分、更には国税局長の審査決定に対し唖然とするのほかはないであろう。普通寄附金に関する法人税法施行規則第七条を指定寄附金に誤つて適用しているのである。更正処分通知書が作成されるまでには、税務署内において数人が決議書に眼を通す筈であり、また、国税局長が審査決定をなすまでには、協議団で審査請求事案について調査審議される筈である。しかるに結果的にはある一人の大蔵事務官の租税法規の誤つた適用が、そのまま複雑な行政機構の中を無事通過して、国家の財政権の発動たる更正処分として実現してしまつたわけである。事柄が、法を無視して定められている通達に従つたとか、誤つた見解の述べられている書物によつたとか課税要件事実の認定が妥当ではなかつたとかいうのではなく、法規の明らかに誤つた適用なのである。しかもそれが解釈上一点の疑義があるわけではなく、比較的有能な良識ある事務官の配属されていると思われる大都市での事案だけに、税務行政に疑惑の念を持たざるを得なくなる。これでは税務指導等といえたものではない。もつとも更正処分、審査請求決定ともに数年前のものであるから、今では税務行政は一新されていると考えたいのであるが。

これに関連して指摘しておきたいことは税務行政官の良識欠乏である。ある会社の課長らしき男とその友人の会話を車中で耳にした。税務署員が源泉所得税の調査で会社に来て、過去三年間の会議費、交際費の内容を検討し、従業員同志で飲食をした分は、本人の所得に加算するといつて帰つたから、年末ボーナスは全部税金にとられそうだということのようだつた。これが所得創作症である。この調子で公務員だけを考えても、官舎、自動車、電話、電気、瓦斯、水道、出張旅費節約額等と所得の種は数え切れない。私も趣味のバラ栽培につき修正申告しなければならなくなる。現に新聞・紙屑を処分して受けた金額の記帳脱漏を指摘されたぐらいであるから、ここまで来ると良識を疑いたくなる。いわゆる六法片手に重箱の隅ほじくりである。これが公共福祉の理念に即した税務行政ではない。徒らに所得創作に趣味を持つことなく、無数に転つている脱漏隠蔽所得の発見に邁進すべく、全国税務職員の良識涵養に努められることを政府に希望する。

九四　公共福祉の理念による租税法律主義の実質的否定と通達行政の固守

〔昭和三三年（一九五八年）一〇月　第九四号〕

国家存立のためには、その財政需要が充足されなければならず、その充足の手段として租税の徴収されうること、従つて租税収入の確保が国家存立のため絶対的に必要であることは事新しく述べるまでもない。同時に租税は国民の財産から一方的に出捐せしめるものであるから、少なくとも立憲主義的憲法機構のもとにおいては、租税法律主義として法律をもつて納税義務の限界を明確に規定しておかなければならないことも当然自明のことである。租税収入の確保も、租税法律主義もともに絶対的な要請である。ここまでは何人にも異論はない。問題はここから先きである。

租税収入の確保は、国家の要請であり、従つて公共福祉に関するものであり、租税法律主義は、国民の財産権に関する保障に過ぎないから、時に後者が前者のために犠牲に供せられるのはやむを得ないという考え方が存在している。公共福祉と人権尊重の対立問題のような観を呈する。しかし、これはとんでもない話である。租税収入を確保するがために、税法によつて国民の納税義務が規定されているのであり、税法に従つて租税を徴収するならば、租税収入は必ず確保される筈である。もし租税収入が確保されないことがあるならば、それは税法に何か欠陥があるか、租税収入予算の算出に違算があるか、しからずば税法の定めるとおりに税務官庁が租税を徴収せず、税法の規定を無視して恣意的に租税の減免措置を講ずるからである。しかるにかかる場合、税法の改正手続をとることなく、租税収入確保のため租税法律主義を公共福祉の理念に従つて理解しなければならないというような禅問答式論法によつて、税法の解釈が全く政府の要請どおりに歪められ、法的拘束力はなくても事実上の拘束力があるとして、国税庁長官通達によつて目的が完遂されているのが現状である。通達に事実上の拘束力があるということは、実は税法とは無関係の問題であつて、ただ恣意的に取扱を一方的に定め、これを税務行政において強行しているということに過ぎない。そこには独裁国家の片鱗はうかがい得ても、民主国家の影さえ見えないのである。どうして税法の定めているとおりに税務行政が素直に運営できないのか、この問題を追及するならば、明治以来の税務行政官庁の伝統因襲ということ以外に何も存在しない筈である。どうしてこの時代になつて未だ何の関係もない公共福祉の理念まで持ち出して、かかる通達行政の伝統因襲を固守しようとするのか。まさか税法を実質上空文化しようとする意図があるとは信じられないが。

九五　国税庁の通達作成の基本的考え方の転換

〔昭和三三年（一九五八年）一一月　第九五号〕

巷間の雑誌・新聞の記事によると、法人税総合通達の作成につき、国税庁首脳部は民間団体の要望を尊重して、大幅に譲歩した由である。誠に時代錯誤を起すような記事である。立憲主義的憲法機構が成立し、租税法律主義が漸く明文化された前世紀以前の話のような気がする。そこまで遡らなくても、君主主権のもとにおける政府と国民との間の話としか考えられない。それが実は、国民主権確立されて一〇年も経つた今日のわが国の政府と国民との間の話なのであるから、現実には国民主権は未だ国民にとつて板につかない標語と考えるのほかはない。それは学者や政治評論家の慣用語であり、国民にとつては単なるイデーに過ぎないのが、わが国の現実の政治なのである。あえて政府のみではない。国民自体が国民主権を自覚していないのである。前号で税務行政がどうして税法の定めているとおり素直に運営されないのか、それは明治以来の税務行政官庁の伝統因襲によるものと考えるのほかはないと述べたが、実は強力な国家権力のバック・アップのもとに育つたこの伝統因襲に国民は長い歳月にわたり馴致され、今や消極的にではあるが国民自体もこの伝統因襲の維持に無意識的に協力していることが、大きな原因をなしているものと考えざるを得ない。気長に静観しておれば、何時の日にかあるべき税務行政に転換することであろう。

それにしても、通達の第四次案作成の基本的な考え方の一つとして、「通達は法律、政令等の規定の解釈、取扱に限定さるべきものであり、法律に根拠がないのに通達で権利を制限したり、義務を課することがあつてはならない。」としていることは、画期的な転換であると称賛しておこう。当然のことであるが、上述のような伝統因襲のもとでは、踏切りによほどの決意を要したことであろう。もつとも、この考え方は片手落であつて、「法律に根拠がないのに通達で権利を拡張したり、義務を免除することがあつてはならない。」を追加しなければならない。それが租税平等主義の要請であることは今更述べるまでもない。納税義務者の利益擁護は税法の定める枠内においてのみなされるべきであり、この枠を外すことは、他方において租税収入確保の名において違法な税務行政処分を産み出す因となるのである。果していかなる解釈取扱いが発表されるのか、in dubio contra fiscum（疑わしきは課税せず）の原理がどれほど実現されるのか、決して急ぎはしないが、静かに期待するものである。

九六　交際費課税の排除と租税の純化

〔昭和三三年（一九五八年）一二月　第九六号〕

今月一〇日に企業経営協会より会長名をもつて大蔵大臣宛「交際費課税に関する廃止要望書」が提出された。妙な話であるが、これによつて、大蔵省当局ではこの特例を存続せしめようとする意向もあることを知つた。同時に企業界が過去五年間よくもこの特例を現行税法として存続せしめたことと今更あきれざるを得ない。

租税正義、租税倫理ないし租税道徳は、ドイツ、スイスだけではなく、わが国においても強調されなければならない。そのためには、租税を、納税義務を尊い純粋なものにしなければならない。それがもし他の政策の具に用いられることになれば、それだけ租税が不純なものになることは当然である。元来損金に算入されるべき交際費を基準額を超過する金額について課税対象にすることは、納税を欲しないのならば交際費を基準額に抑制せよということであり、ここで納税義務の純粋を冒とくしているのである。

それよりも各企業の実態を把握することもなく、よくも交際費の濫費等と独断できることが不可解である。交際費に限らずあらゆる経費を節減してでも利益を増大せしめんとするのが企業であるから、立案者個人には、金額的に交際費の濫費と映じても、実はその企業にとつては経営上必要な最少限度の交際費なのである。強いて交際費抑制の必要があるとしても、法律、殊に税法をもつて規制すべきことではなく、いわゆる新生活運動等に一任すべきことである。交際費課税の場合に限らず、およそ租税をもつて他の政策遂行の手段にすべきではない。これが私の変わらざる持論であり、今後も税法の純化を強調したい。政府自身よろしく租税道徳確立のために税法の純化に努むべきである。

更にこうした不純なものをつくることは、税務調査の段階において、また企業の経理において、無用無益な時間と労力を空費せしめ、更には租税回避と違法な更正処分を助長することになるのである。弁当代か交際費か、酒代を経理処理上いかに粉飾しようか、という実につまらない枝葉末節の、しかも罪多い話をつくるだけである。こうもしなければ租税収入を確保し得ないのならば、何故正面から法人税の税率を公約に反して引上げないのか。いかに税率を引下げても、反面においてかかる特例を幾多設けるようでは、実質的には公約履行のからくりにもならないのである。

九七　税理士試験科目免除制について

〔昭和三四年（一九五九年）一月　第九七号〕

昨年の暮に一八歳の少女が一回で税理士試験に合格したとの記事は、大学生間に一寸した税理士試験の受験ブームを生ぜしめている。大学生が真剣になつて勉強をし、受験するようになると、勢い試験も難しくなり、それだけに実力を持つた新人が続出することになる。それは既成の税理士を刺戟し、現在にも増して税法を初めあらゆる必要な学問の研究に精進せしめることになり、その質的向上が約束されたも同様である。理論を抜きにして担当官吏に税額縮減の懇請に専念するような図は次第に見られなくなるであろう。これも税務行政の民主化にとつて是非必要なことである。

税理士試験につき学生から質問されて答えているうちに、不合理なことを二、三見出した。その一つは、試験科目免除制の一部である。税理士法第八条第一項第一号では、大学等で法律学または財政学に属する科目の教授、助教授または講師の職にあつた期間が通算して三年以上になる者、および法律学または財政学に属する科目に関する研究により学位を授与された者については、税法に属する科目を免除すると規定されている。税法に属する科目とは同法第六条第一号によれば、所得税法、法人税法、相続税法、国税徴収法、地方税法のうち事業税および固定資産税に関する部分である。しかし、法律学または財政学の大学教授等でこれらの税法について学識および応用能力を有する者は、極めて少ないであろう。殊に財政学担当者が税法の解釈・適用を相当になし得るものとは到底考えられない。殊に新制大学院において、財政学の研究により修士の学位を授与された者が税法の科目を免除されるとは不合理も甚だしい。弁護士法第五条の資格特例とはその趣きを異にしている。恐らくこの点は税理士試験が難しくなるにつれて非難の的になるであろう。科目免除をするならば、税法については税法、会計学については会計学を基準としなければならない。すなわち、大学等で税法学（または会計学）の教授、助教授または講師の職にあつた期間が通算して三年以上になる者、および税法学（または会計学）の研究により学位を授与された者については、税法（または会計学）に属する科目を免除すると改正すべきである。かかる改正が大学における税法学の研究増進に寄与することは明白であり、延いてはわが国における税法学の確立にも貢献することになるのである。既得権は認めるとしても、一日も早く改正されんことを望む。

九八　更正理由の附記は具体的な記載を要するとの判決に不服な税務官庁側

〔昭和三四年（一九五九年）二月　第九八号〕

衆議院の大蔵委員会において法人税法一部改正法案に「政府が青色申告書提出の承認を取消す場合には、取消の理由を通知書に附記しなければならない。」というような修正を加えるとのことである。これが実現すれば所得税法についても同様の改正が行なわれるであろう。願わくばこれが立法化された場合に、青色申告の更正理由の附記の場合と同じく、政府は訓示規定に過ぎないと主張して裁判上争わないように国会においてこの点を明確にしておいてもらいたい。

民主国家になつてからも、税務行政処分は理由を明示せずに結論だけ示される場合が多かつた。何故非民主国家時代の官僚独善の弊風が未だに根強くはびこつているものと考なければならない。に長年月にわたり幾多の訴訟事件において、更正理由の附記に関する規定は訓示規定であると執ように争わねばならなかつたのか。それが公共の福祉に資するとでもいうのであろうか。この問題についてては遂に終止符が打たれたのであるが、更にその附記すべき理由の内容程度が問題になつている。数年前に審査決定につき「あなたの審査請求の理由はいずれも理由がないから、これを棄却します」という理由で、附記すべき理由として充分であるという判決があつた。これで足りるようならば、まさにわが国はトンチ教室そこのけになる。今月四日の東京地裁判決は、更正理由の結論を概括的に示しただけではその説明に具体性を欠き、納税者にとつて更正処分の具体的根拠を知ることができないというべきであるから、この程度では法の要求する理由附記の要件を充たしたものと解することはできないと判示した。税務官庁側はこれを不服として東京高裁に控訴した。その言分は、税務の実情から考えても判決の見解に沿うような理由附記は不可能に近いというのである。これ以上述べる必要はあるまい。これがわが国における税務行政の実情である。

どうして更正処分をなすのに納税者が納得し得べき理由を明示することに努力しないのか。人員が真に不足ならば、増員しても国民は非難しないであろう。問題は民主国家のもとにおける税務行政官吏の心構えにある。支配・指導理念から奉仕・福祉理念への一大転換こそが一切を解決するであろう。

九九　更正理由を附記しないことを目的として青色申告承認を取消した後更正しようとすることについて

（昭和三四年（一九五九年）三月　第九九号）

恒例の税法改正も続々と官報をもつて公布されている。間接税関係の改正案については、随分政府と与党との間において折衝が行なわれ、その結果政府の大幅な譲歩となつた。これについては各紙において一斉に批判がなされた。国会が政府提出の税法改正法案を審議し、修正可決するのは立法権の行使であり、当然のことではある。ただ、業者団体よりの強い圧力によりその要請を容れて修正されたことに問題がある。

今年の大蔵委員会では相当活潑に政府委員に対して質問が行なわれた。すでに税法学界では終止符の打たれた青色申告に対する更正理由附記の問題、更に今回の改正により新設された青色申告承認取消の理由附記に関する問題、ならびに同族会社の行為・計算否認の問題等であった。これらは真の民主国家建設途上において大きな収穫であった。全国直税部長会議、更には国税局長会議等が開かれ、税務行政は民主化へ一歩前進することであろう。理由附記の程度についても、良識をもって対処すべく、更に新たな問題を惹起せしめないことを希望する。

これに関連して最近税務行政官庁では、青色申告の承認取消後更正すれば更正理由を附記しなくてもよいから、今後承認取消を活潑に行なうとの気運が胎頭しているとかのことである。更正理由を附記しないがために、まず青色申告の承認を取消しておくということであれば、税務行政の立法に対するレジスタンスといわなければならない。それは独裁行政への執着以外の何ものでもない。もし青色申告の承認を取消されなければならないようなものが、今日まで取消されずにいたというのであれば、一体何処に租税負担の公平とか、租税平等主義があるのかといわざるを得ない。たとえ青色申告が激減しようとも、一刻も早くかかる向きに対しては承認を取消すべきである。ただ、更正処分をしなければならないような納税義務者は、青色申告を承認しておくに価しないということで、法文に幾分でも関連するような理由を殊更に設けて取消すということであれば、戦時中の法匪にも類するものであり、民主政治を害するものであることを知らなければならない。税務行政の明朗化の一日も早からんことを希望するのは、恐らく全国民であろう。

一〇〇　不当な減免税の絶滅と租税委員会制度の提唱

〔昭和三四年(一九五九年)四月　第一〇〇号〕

本誌創刊以来一〇年を経て、ここに一〇〇号記念号を出版することができた。この間における何よりの収穫は、税法を法学的に研究し、税務行政を税法学的見地より批判した結果、あたかも自然の推移であるかの如く、税務行政の合法律化へ方向づけし得たことである。具体的にそれを一々列挙する意図もなく、またその要もない。むしろわれわれ税法学徒は、更に一〇〇号を積み重ねて、税法の正しい解釈と適用の研究に精進せんことを誓うものである。

民主国家における税務行政が、国会で定められた法律どおりに運営されなければならないことは、今更述べるまでもない。ルールを恣意的に改変しないこと、ルールを恣意的に解釈しないこと、ルールを恣意的に適用しないこと、いずれも民主的税務行政の鉄則である。税制の改革を不要であるというのではないが、いかに理想的な税制が考案され、それが立法化されても、その立法が正しく解釈・適用されないならば、何のために税制を改革するのかわからない。まずもつて必要なことは、税法の定めるとおりに税務行政を運営することであつて、政府や与党のその時々の方針によつて歪曲されないことである。

税務行政の最近の傾向は、不当課税ないし違法な課税よりはむしろ、不当な減免税にある。これに対しては税務行政官庁の自覚を促す以外に術はない。税制改革に際して是非適切な制度を考案してもらいたいものである。

税務行政の民主化に大きな役割を果たすものに、租税委員会制度がある。労働委員会にも比すべきもので、再調査請求、審査請求ないし異議中立の如きいわゆる税務行政処分に対する訴願につき裁決をなす委員会である。現在の協議団制度よりは遙かに民主的な制度である筈であるにもかかわらず、一向に提唱されない。これらに関する外国の制度を研究し、わが国に相応しい制度を実現せしめることが、税法の正しい解釈・適用のもとに税務行政を運営せしめる上において最も効果的であろう。本誌二〇〇号記念号には、この租税委員会の活動に対する賛辞をもつて巻頭言としたいものである。

一〇一　租税基本法の要綱・草案の公表の要請〔昭和三四年（一九五九年）五月　第一〇一号〕

税制調査会の新発足とともに、その審議を経て、租税基本法の制定と税法の法文をわかり易いものにする作業が大蔵省主税局で始められようとしている。たとえ長期間を要してもよいから是非実現して欲しいものであり、また実現しなければならない。

周知の如く、ドイツは、一九一九年末にドイツ租税基本法を、更にナチ政権下でドイツ税法調整法を制定し、これらが一体となつてドイツ税法の基本をなしているのである。スイスにおいては、一九四六年に租税基本法のブルーメンシュタイン草案が公表されたが、今日に到るも未だ公表されていない。いかに難事業であるかを物語るものである。

仮称「租税共通法」とのことである。学会では、すでに租税基本法と数年来公称してきているのであるから、名称にはこだわらないが、考慮してもよかろう。内容は、各種税法のうち、申告、賦課、納税期限、利子税、加算税、救済規定、罰則、時効など共通する部分を抽出するというのであり、その作業の過程からは「租税共通法」に違いないが、個別税法に対する基本的規定を網羅する点から、すなわち、立法目的から考えれば、租税基本法なのである。

外国法の研究がこの種の事業に必要なことは申すまでもないが、その際単なる法文の翻訳だけではなく、裁判例等についても充分研究がなされなければならない。当学会も側面から協力しよう。要綱、草案等も公表して、各界の批判を受けると同時に、公表されたら当学会も積極的に批判検討しよう。個別税法と異なり、基本法は恒久法でなければならないから、拙速主義を排し、腰を落付けて研究にかからなければ、満足したものはできない。本誌も今後はますます租税基本法に関する研究で賑わうことであろう。

税法の法文が長冗に失し、しかも難解であることは、外国にもその例がないのであつて、つとに指摘してきたところであるが、漸くこの点も反省され、わかり易いものに書き改めようというのである。当然のことではあるが、喜ばしい限りである。

わかり易い租税基本法の制定は、各大学法・経・商学部に税法の講座を設置せしめ、税法学の研究にその実定法上の確たる基礎を与え、その確立を約束し、延いては税務行政の民主化に資することになるであろう。

一〇二 交際費課税を延長するならば、なぜ広告宣伝費限度額超過課税をしないのか

〔昭和三四年(一九五九年)六月 第一〇二号〕

限度額超過の交際費等の損金不算入に関する特別措置の延長に対する産業界挙つての反対にもかかわらず、更に二年間延長された。延長の政府案が発表されると、これに対する反対は国会にまでは持ち込まれなかつた。

これに関連して不可解でならないのは、政府はどうして広告宣伝費にも限度額超過の損金不算入措置を講じないかである。元来、法人税率を引下げておいて、他方経費の損金算入を認めない特別措置を講じて減税による財源の穴埋をするのは、非合理的である。しかし、あえてこれをなすのな

らば、何故に交際費に限り特別措置を講じ、広告宣伝費については何等の措置を講じないのか。それとも広告宣伝費について税務上の措置を講ずることは、テレビ、ラジオ、新聞、雑誌等に与える影響が大であるとでもいうのであろうか。もしそうであるならば交際費についても同様でなければならない。あるいは広告宣伝費の極めて多額を必要とする法人と然らざる法人とが存するから、租税負担が不平等になるというのであろうか。しかし、それは交際費についても全く同じであり、各法人毎に限度基準額が定められるのであるから、不平等であるとはいい切れない。

かえつて広告宣伝費の限度額超過に対する法人税課税の結果、わずらわしい馬鹿げた広告宣伝が減少し、新聞・雑誌の質も向上することになれば、一石二鳥である。

広告宣伝費は、事業遂行上必要であり、交際費は事業遂行上必ずしも必要ではないということがまさか両者を税務計算上区別している所以ではない筈である。交際費が事業遂行上必要でないのならば、特別措置をまつまでもなく、かかる不必要な交際費は損金自身に該当しない筈である。

元来、事業を中心に考えるならば、交際費は特定多数人を対象とする広告宣伝費的性格を有しており、広告宣伝費は不特定多数人を対象としているものである。特定か不特定かにより両者を税務計算上区別するいわれも存しない。

政府は一刻も早くこの点を再検討し、交際費に対する特別措置を撤廃するか、然らざれば広告宣伝費にも特別措置を講ずべきである。一方に対して課税しないことは、租税回避を助長せしめることにもなるのである。実質上寄附金ないし交際費的性格を有する広告宣伝費がいかに多いかは、所得調査を精密に行なうならば判明する筈である。

一〇三　永久税としての財産税創設の提唱

〔昭和三四年（一九五九年）七月　第一〇三号〕

株式の譲渡所得が昭和二八年以来非課税になつたのを利用して、急激な値上がりを示した土地、建物を所有する同族会社の株主——実は個人経営、従つて個人所有——がその株式を土地、建物の時価相当額で売却し、莫大な非課税所得を天下公然と貪つている例が最近増加しつつあるようである。租税回避ともいえないし、株主個人が自己所有の株式を売買するのであるから、同族会社の行為・計算否認の規定の出る幕でもなく、また実質課税の原則も役に立たない。結局、感情的に割り切れないものが残るが合法的であると断ずるのほかはない。ついこの間まで執ように、「理由を付記しなければならない。」との明文をわざわざ「理由を付記することが望ましい。」というのが正しい税法解釈であると法廷においてさえ公言していた政府も、この問題については、現在の税法の盲点であり、合法的であるからいかんともすることができないとの見解のようである。租税収入確保のための税法解釈という名のもとに租税法律主義を無視するような通達を発してきた国税庁も、この問題については不思議にも正当に通達による措置を講じようとはしない。僅かに立法論として、上場株の譲渡所得に限り非課税所得となすべく、同族会社の株式についてまで非課税にすべきではないとの論があるようである。しかし、たとえこれが立法化されても、同族会社の株式譲渡を把握することが至難であり、問題を解決することにはならない。株式の譲渡所得を非課税所得としている限り、所得税の領域においては永久に解決することができないのである。

この問題の解決については、観点を変えなければならない。現在、直接税につき所得課税を原則とし、財産課税は僅かに相続税・贈与税を設けているに過ぎないわが国の税制体系自体に問題がある。かつて新旧両円切替時に一時的租税として財産税、その後富ゆう税が僅かの間施行されたが、いずれも消え去つて、今日では直接税といえば、所得税・法人税が主軸をなしている。ドイツ、スイス等においては、所得課税と並行して財産税が施行されている。よろしくわが国においても、課税対象を所得と財産の両面におき、永久税としての財産税を施行し、他方において所得税・法人税を大幅に軽減すべきである。政府ならびに各政党、更には税制調査会が財産税の実施につき早急に検討すべきことを要望する。

一〇四　税法学理論の研究の推進

〔昭和三四年（一九五九年）八月　第一〇四号〕

来月末に一、五〇〇頁余の租税判例集を公刊すべく、今夏は租税判例の隅々まで検討する機会を得た。予想に反し、判例の内容は豊富になり、しかも一部の例外を除き、いずれも一応妥当なものである。しかし、どの判決をみても看取できることは、税法の解釈・適用についての基本原理を要請していることである。これにこたえるものは、民主主義的税法学である。民主主義国家である限り、洋の東西を問わず変わりはない。果たせるかな、西ドイツにおいては、この数年間アルミン・シュピターラーを中心として幾多の秀でた実務家・学徒が税法学の原理的研究をなしているのである。しかも当然とはいいながら驚いたことには、過去のドイツ官庁税法学を払拭し、法治国理念に立脚した民主主義的税法学の確立を志向しているのである。彼等は口々にドイツ税法学の歴史は極めて浅く、誕生したばかりであるという。それでは一体わが国はどうなるのかと顔を赤めざるを得ない。しかし、よく考えてみると、いうところのドイツ税法学は、新生の民主主義的税法学のことであり、エンノー・ベッカーを始祖とする官庁税法学のことではないのである。わが国にはかかる官庁税法学の時代がなく、誕生の当初から民主主義的税法学であり、従つてドイツに数年余も遅れることなく歩んでいるといえるのである。ただ、ドイツと異なるのは、原理的研究をなす者が僅少であり、特に実務家の中からは出ないということである。ドイツの如く、実務に精通している裁判官、税務行政官、ならびに税理士の中から税法学の理論的研究をなさんとする人々が続出してこそ、わが国の税法学は発展するのである。これらの人々に関心をひく意味において、私達は今後外国立法なり、制度だけではなく、税法学理論の紹介に専念したいと考えている。

国家は国民のために存するのであり、国民が国家のために存するのではない。他面、国家の恣意も、国民の恣意も、公共の福祉に反するのである。特に税務行政においては、国家の恣意が公共の福祉にすりかえられてはならないと同時に、多数国民の恣意も公共の福祉には転化しないのである。租税基本法制定のためにも、私達は一日も早く税法学の理論的研究を推進しなければならない。

一〇五　特別調査官制度について

〔昭和三四年（一九五九年）九月　第一〇五号〕

九月一五日の日本経済新聞夕刊に「大企業の経理にメス」との白抜きの大きな横見出しで、東京・大阪・名古屋三局に「特別調査官」を置くとの記事を見た。明年度から主査クラス一〇数人を特別調査官とし、一人で一社または二社を専任に担当、大会社を一年を通じて徹底的に調査するというのである。戦時中のいわゆる軍監督工場の「監督官」を思い出し、会社の中に「特別調査官室」が設けられるのではないかとさえ考えた。担当重役が毎日、日計表やりんぎ書を持参して特別調査官殿のご機嫌奉仕をするという図が眼前にちらつく。それ以上のことは、平和日本、民主主義日本のために考えたくない。

調査のために特別調査官を専任することと自体を決して疑問視しはしない。問題はこの制度の運営のいかんにある。

僅か一〇数人の特別調査官で果たして課税の公平を期し得るような調査をなし得るであろうか。

予算の関係もあろうが、実施するなら二、三〇社にとどめず、上場会社の半分ぐらいには特別調査官を専任すべきであろう。明年度は試験的に実施するということであれば、その結果をみて、全廃するなり、あるいは拡大するということでもよかろう。

次ぎに特別調査官は、局の主査クラスというのであるから、調査能力を疑わないが、それよりも問題は会社人との接触において人格円満な人物を選ぶことである。いやしくも年中査察を受けているような感じを会社に与えたのでは、会社の経営にも支障を来たすのである。あらゆる官庁の調査の場合に然りであるが、時間・労力・費用の点で会社に大きな犠牲を与えないように特に注意しなければならない、

会社側としては、努めて調査に協力することである。無暗に要求された書類の提出を遷延したり、充分な説明をなさないことは、かえつて疑惑の念を与え、つまらない誤解を招くことになる。他面、常識を逸したような接待をすることは、反対に調査官を邪魔者扱いすることと同じく、厳に慎まなければならない。民主主義に逆行しないように国税局・会社ともにこの制度の円滑な運営を望んでやまない。

一〇六　貸倒れと経済的観察法

〔昭和三四年（一九五九年）一〇月　第一〇六号〕

所得調査の段階においてしばしば紛争を生ずるものの一つに貸倒れの問題がある。修繕費や役員賞与と同じく法律には別段の規定もなく、政令に貸倒準備金に関する規定が設けられているのみであつて、一体貸倒れとは何か、いかなる時期に貸倒れとして損金に計上すべきかについては、全く法定されていない。通達が「貸倒れを生じた場合」ないし「回収不能と認める場合」を列挙し、画一的取扱いをしていることは、税務行政上の取扱い統一という意味で形式的法平等性を充足しているものである。しかし、果して実質的法平等性に合致する取扱いであるか、換言すれば合目的的・合理的取扱いであり、租税法律主義に合致する取扱いであるかを考えるとき、疑なきを得ない。果して通達の設定する基準が、すべての企業に妥当するであろうか。どうして売掛金等の弁済期後消滅時効期間を経過してその債権を消却したような場合に、損金計上を認めないのか。

これに関連して思い浮ぶのは、実質課税の原則であり、いわゆる税法の経済的観察法による事実認定および解釈である。どうして所得計算につき益金ないし収入に関しては、法形式にとらわれずに、経済的実質を重視して把握し、一度びその反対である損金ないし必要経費の問題になると、経済的実質を度外視して法形式のみを判断の基準とするのか。所得の増加となる限り法形式を無視し、所得の減少となる限り法形式のみを重視するようでは、まさに恣意的税務行政であり、税法の精神はじゆうりんされているのである。

運賃債権や旅館・料理店の宿泊料・飲食料等の債権であれば一年、商品の代金債権であれば二年の消滅時効にかかる。従つてたとえ法律上消滅時効にかからなくても、請求の時からこの時効期間が経過し、その債権を一応消却するならば、貸倒れとして損金計上を認めるのが経済的観察法にも合致するゆえんである。

時折、観念的所得という文言が頭にちらつく、案外こうした似而非所得を所得として課税し、その反面、真正所得を逃がしているのではないか。税法学上も、真面目に反省し、検討したい問題である。

一〇七　更正処分の具体的理由の記載を拒む税務行政庁

〔昭和三四年(一九五九年)一一月　第一〇七号〕

更正の理由、再調査決定・審査決定の理由を附記すべきことは、各税法が明文をもつて規定しているのであるが、これが税務行政の実際において実現されるまでには、理由の附記なき税務行政処分を取消すという判決が繰返しなされなければならなかつた。漸くこの点が確立されると、次は附記すべき理由の程度が問題になつた。これは税法解釈の問題である。記載すべき理由の程度については、明文がない。従つて何故理由を附記すべき旨を規定しているのか、その立法目的に照して解釈すべきことは理の当然なところである。かつて再調査決定の理由として「再調査の結果によれば原処分が正当であると認められ、不服の事由については正当な事由に該当しないから、再調査の請求には理由がない。」という記載だけで、必要にしてかつ充分であるとの法論理を無視した判決もあるにはあつたが、今日においては、いずれもなぜかかる行政処分がなされたのかについて納税義務者が納得の行く程度に具体的な記載でなければならないということで、ほぼ統一されている。いずれも理由の記載を要求している立法目的を考慮しての結論である。従つて税務行政としては、即刻具体的理由を記載すべく努めればよく、また努めなければならないのである。しかるに具体的理由を知りたければ、税務署に出頭されたいとか、更正処分の場合には、所得調査の段階においてすでに納税義務者は理由を知悉しているではないかとか、行政処分は判決と異なり、証拠に基づいてなされるものではないから具体的理由を記載することを要しないとか、更には件数が夥しいから税務行政の実務上不可能であるとかを理由にあくまで具体的理由の記載が拒まれている。かつて当局によつてPRされた「納得納税」の達成のためにも、誠に遺憾の極みである。

実務上煩さに堪えないということは、むしろ納税義務者のほうに妥当することである。それでもこれを国民としての義務と考え、企業自体の負担において履行しているのである。

口頭による理由の告知は、後日担当者が更てつすれば、それで終りであることは、何人も経験済みであろう。納税義務者はすべて文書で、政府は口頭で、こんなところにも未だ封建的な思想がうかがえる。理由を明らかにして、法規に照らし、更正処分をなすべきはどしどし更正処分をなし、これに対し争うべきは正面から争ってこそ、初めて税務行政は民主化され、明朗になるのである。

一〇八　税理士会の自主性・自律性への転換と官庁の監督よりの離脱の要望

〔昭和三四年（一九五九年）一二月　第一〇八号〕

税務行政の民主化促進のため、この三月に述べたことを、今五九年を送るにあたり、再び繰返さざるを得ない。それは、税理士会の自主性・自律性への転換である。

税理士法一条は、税理士の職責として、納税義務の適正な実現と、納税道義の高揚への努力とを挙げ、しかも中正な立場において、納税義務者の信頼にこたえるべき旨を規定している。しかるに同法は一方において税理士会が大蔵大臣、国税庁長官および国税局長の監督に服する旨を規定している。税務行政庁の監督に服する者が「中正な立場において」職責を完遂するということは不可能であろう。税務行政庁の指示どおりに活動することがもし中正な立場であるということであれば、国民たる納税義務者の信頼にこたえることも政府の指示どおりに税理士業務を運営するということになる。それは独裁政治である。「中正な立場」「納税義務者の信頼にこたえる」「納税義務の適正な実現」「納税道義の高揚」、そのいずれの一つも大蔵大臣等の監督より離脱しなければ、実現することは至難である。

すでに税理士法が施行されてから八年余になり、税理士会および連合会の機構が整備されたのみならず、事業も活潑に行なわれ、研究も着々と進捗し、殊に機関誌「税理」も創刊以来一五号を重ねるに至つている。税理士試験の内容については検討を要すべき点が多々存在するのであるが、年とともに受験者も増加し、合格者の質も向上しつつある。また、税理士業務も、単なる税務書類の作成だけではなく、税務代理、更には税務相談も活潑に行なわれるようになつてきた。この上はますます研さんを積み、一日も早く大蔵大臣の監督を離脱し、名実ともに中正な立場において税理士業務を運営し、納税義務の適正な実現と納税道義の高揚に邁進されんことを望む。

政府も真に民主政治を念願とするならば、税理士会に自主性・自律性を法律をもつて保障し税務行政の民主化促進に寄与せしめるべきである。税務行政庁と納税義務者との中間に立ち、真に中正な立場に立つて税理士業務を運営し得てこそ、初めて税務行政は民主化され、おそらく租税収入は今日以上に容易に確保することができるであろう。われわれ税法学徒もその実現を期待するのみならず、実現のための労を惜しむものではない。

一〇九　更正理由の附記に関する秘扱通達の公表の要請

〔昭和三五年（一九六〇年）一月　第一〇九号〕

青色申告に係る更正の通知書に更正理由を附記しなければ、違法な更正処分として取消されるべきことについては、本誌においても度々論述し、また同旨の裁判例も**横浜地裁、昭三〇・一二・二八**（B九二一頁一）以来反対趣旨のものなく、解釈は確定したということができる。

次ぎに附記すべき更正理由の記載の程度についても、**京都地裁、昭三三・八・六**（C七六一頁三）、**奈良地裁、昭三三・九・一六**（B九三二頁二）、**東京地裁、昭三四・二・四**（B九三二頁三）は、いずれも納税義務者において更正処分の具体的根拠を知り得るように、各項目毎に金額を記載しなければならないと判示し、この点の解釈もほぼ確立した。これが理由附記に関する規定の立法趣旨であることもちろんである。これに対して税務当局は、更正理由の記載は具体的たることを要せず、抽象的概括的であつてもよいというような答弁であつたが、相次いでの判決にかんがみ、その見解、更には取扱いを一変した由である。なんでも昨年の一〇月下旬に所得税につき、更に一一月初旬に法人税について夫々通達が発遣された由であるが、秘扱の由にてその内容を詳細に知る由もない。理由の記載方について文案例までが掲げられており頗る適切妥当なもののようである。何故にこれを秘扱にして公開しないのか、その理由をつかむことができない。税務行政の民主化、明朗な税務行政は、歴代の国税庁長官のモットーとするところである。国民に直接関係のない部内の行政事務の問題ならば秘扱もよかろうが、訴訟事件にまでしばしばなつた問題についてどうして秘扱にしなければならないのか。秘扱にすることは、一般の国民にはその内容は知らされないが、特定の国民には日を追うに従つて知らされることを意味する。そこに租税の特権階級が生まれてくる。誠に不明朗な話である。一日も早く公表されんことを希望してやまない。

これと同時に再調査決定や審査決定をなす際に、決定通知書に附記すべき決定の理由についても、とかく問題は生じ易いのであるから、文案例を作成し、通達として公表することが、税務行政の民主化達成のため望ましいことである。

二〇　租税通則法小委員会に対する世界一の租税基本法草案作成の期待とベッカーの思想導入の排撃

〔昭和三五年（一九六〇年）二月　第一一〇号〕

税制調査会は、このほど租税通則法小委員会を設け、四名の委員を委嘱した由である。かつてドイツは一九一八年にエンノー・ベッカーが政府の委嘱を受け、一年足らずで租税基本法草案を作成したことを思い起こす。この草案が四〇年にわたつてドイツ税法秩序の母胎となつているのである。彼が委嘱を受けた当時は、租税法規集が唯一の資料であり、時にポーピッツ、ドルン等の意見も聴取はしたが、この大事業を単独で完遂したのであった。しかも彼は法律実務家ではあったが、租税に関しては全くの素人であったにもかかわらず、短日月の間にあの草案を作成したことを思えば、学界ならびに実務家の権威者四名を委員とし、しかも資料は豊富なことであるから、おそらく世界一の租税基本法が出現することであろうと今から期待してもよい。この立法の出現により税法学は一大発展を約束されるであろう。また、おそらく各大学における税法学の講義も軌道に乗り、延いては税務行政に対する国民の良識ある関心を高め、民主国家にふさわしい税務行政へと転換せしめるであろう。

やがて要綱が公表され、政府提出法案になるまでには、草案が作成されるであろう。また、それを希望する。これら要綱、更には草案が公表された上で、当学会はしばしばシンポジウムを開き、充分検討し、必要ある場合には、専攻者の論述を本誌に掲載し、より良き立法の実現に協力するであろう。これは斯学専攻者としての当然の責務である。

立案に際しては、おそらくドイツの租税基本法および税法調整法ならびに関係法令が主として参考にされるであろう。問題は立法の根本精神である。例の経済的観察法による解釈方法に関するベッカーの論述につき、かつて私が指摘した如き思想は、四〇年後の今日、しかも民主国家においては排撃されなければならない。「税法の第一の目的は、金銭を、しかもでき得る限り多額の金銭を調達することである。それは私経済の侵害を要請する。その侵害は、実質的にも、形式的にもただ攪乱あるのみである。税法は最初から私経済に敵対するものである。かかる攪乱的・敵対的侵害をでき得る限り寛大にすることが租税立法の使命であろうか。」こんな思想が再び抬頭しないと確信している。しかし税法解釈に関する規定は、余程慎重に考慮しなければ、かかる思想を包蔵することになるのである。解釈や適用によつて私経済侵害の限界が自由に拡大されないことを保障することこそ税法の使命である。

二二　税理士に対する租税判例研究の勧奨

〔昭和三五年(一九六〇年)三月　第一一一号〕

租税関係の裁判例を見ていると、税務行政処分に対する行政救済提起期間を徒過してしまつたり、あるいは出訴期間を徒過してしまつたがために抗告訴訟を提起することができなくなりやむを得ず当事者訴訟として提起されている事案が頗る多い。われわれは裁判例集等に掲載されているもののみを見ているに過ぎないのであるから、掲載されていないもの、訴が取下げられたもの、あるいは訴を提起しないものまでを合算すれば、その数は夥しいものになるであろう。これらの場合にすべてとはいわないが、納税義務者は法定期間の徒過により法の保護を受け得なくなるわけである。かくして違法な税務行政処分も確定力を有するに至り、実際上適法な処分と区別なく妥当するのである。

他面、民事訴訟や行政事訴訟においては、原則として職権主義は採用されておらず、当事者主義を原則としているから、裁判所は当事者の申立てた範囲内で裁判をなし得るに過ぎない。従つて納税義務者側の主張いかんによつては勝訴し得るにかかわらず、敗訴の憂目を見ている場合も少なくはない。

これらを通観するに、他の訴訟とは異なり、税務訴訟においては、出訴までは税理士が事案を担当しているところに特色がある。もちろん税理士の中には弁護士兼業の人も多いが、一般には申告書等の作成には熟練していても、税務行政救済手続には通暁していないものが多く、更に法学的知識を欠いている者も少しとはしない。もちろんこれは現行の税理士試験制度をみればやむを得ないことであろう。そこで要請されているものは、税務会計の知識であつて、税法学的知識でないとあれば当然の帰結ではある。しかし、納税義務者にとつてはそうした理由によつて自己の不利益を甘受せしめられるいわれはない。

そこで考えられることは、まず納税義務者は素人判断をすることなく、できれば日常から税理士に税務会計につき面倒を見てもらい、税理士は税法学の研究を積極的になし、依頼事案の内容を検討して、早期に専門的知識を有する同業者なり、あるいは弁護士に相談し、納税義務者の利益保護のために時機を逸しないように努めなければならない。これが納税義務者の信頼にこたえる所以である。租税判例の研究こそは、その実現への近道であろう。

一二二　品位を傷つける税理士に対する税理士会等の自主的措置——特定税理士に対する税務訴訟代理権の賦与

〔昭和三五年（一九六〇年）四月　第一一二号〕

税理士制度を改正して、国税庁長官の監督より解放せしめるべきことについては、この数年間折にふれ随所において述べてきたところであるが、これに対する反対意見を聞かず、むしろ漸く最近に至り迅速に立法化すべき要請が見受けられるようになつた。税務行政の民主化促進のため、その実現が望ましい。一日も早く立法化実現のため、輿論を結集されんことを税理士会連合会に希望してやまない。

国税庁長官の監督より解放されるについては、税理士会および連合会自体が完全な自治団体として実体的に熟さなければならない。偽税理士の摘発もさることながら、社会生活において税理士の品位を傷つけ、延いてはその社会的信用を害する如き者が皆無でないことを直視し、これに対する自主的措置を税理士会および連合会は講ずべきである。それがたとえ少数の者であろうとも、これを黙視することなく、純化してこそ、監督解放に値する実体をそなえたものということができるのである。税理士はその職業の上においてのみならず、社会生活においても、道義の上において範となる者でなければならない。これがまず第一の私の理想とするところである。

更に私の理想とするところは、特定の税理士（弁護士兼業者ではない）に税務訴訟に関し訴訟代理権を与えることである。もちろんそのためには現在の如く税務計算に専念していたのでは実現不可能であり、法学教育を必要とする。もちろん試験制度ならびにその運営の改正も必要であるが、現在の一万余名の税理士に対する特別措置も考えなければならない。こうした問題も歳月を要することであるから、一日も早く連合会で要綱を作成されることが望ましい。私案は、税理士を級別にして、一級税理士にのみ税務訴訟代理権を与え、二級税理士にはこれを与えず、現在の税理士は一級税理士試験を受験することができるようにしたらよいのではないかと考えている。こうした気運が盛り上つてくるようであれば、細目についても考究してみようと思つている。

税理士会および連合会の自治権獲得、ならびに訴訟代理権の賦与は、税理士をして税務行政官庁と形式的にも対等の地位にたたしめることになり、それが税務行政の民主化の第一歩となるのである。

一一三　一〇年間、五回の判決を経て公売処分の無効が確定した事件

〔昭和三五年（一九六〇年）五月　第一一三号〕

土地を買受け、代金の支払も終つたが、売主の都合でその所有権移転登記手続が未済となつてい

る買主が財産税の申告・納付もしたところ、その後その土地に対し売主に対する滞納処分としての差押・公売処分がなされたので、買主は公売処分の無効ならびに所有権取得登記の抹消請求の訴を昭和二六年末に提起した。それから足掛け一〇年目の最近になり漸く最高裁第一小法廷は、公売処分の無効確認、所有権取得登記の抹消の破毀自判の判決をなすに至つた。この事件に対しては、第一審一回、第二、三審各二回と珍しくも五回の判決がなされた。すなわち、

(1) 二八年五月三〇日富山地裁――原告敗訴
(2) 二八年一二月二五日名古屋高裁金沢支部――控訴人（原告）勝訴
(3) 三一年四月二四日第三小法廷――被上告人（原告）敗訴
(4) 三二年七月一五日名古屋高裁――控訴人（原告）敗訴
(5) 三五年三月三一日第一小法廷――上告人（原告）勝訴

この事件は、税法における信義誠実の原則に関するものとして有名なものであり、私は幾度も批評したが、近く最終的にこの五判決の総合批評をする積りである。当初から私は、原告敗訴になるようなことでは、法の最高理念たる正義、公平、法安定性は実現されず、誤つた法形式論が公認されることになるので極めて憂慮していた。しかし、行きつ戻りつではあつたが、一〇年の歳月を経て原告勝訴に決定し、税務行政民主化への是正に一大貢献をなし得たことを喜ぶ者である。

原告は、滞納処分としての差押がなされたことを知るや、直ちに差押解除を陳情し、所有権移転登記をなし、更に滞納処分取消申請書まで提出したにかかわらず、税務署員はこれを受理しながら

書類箱に放置したまま失念し、第一審判決直後になつて漸く、差押当時原告において登記がしてなかつたとの理由で申請棄却の通知をしたのである。かかる税務行政当局の不信行為が民法一七七条の形式的解釈で許されるようでは、税務行政の恣意化に拍車がかけられることになる。第一回の上告自体が国民に対する背信行為である。何故に税務署長はこの場合公売処分を取消さなかつたのか。それにしても今回の第一小法廷の判決は、当然とはいいながら、賞讃に価する。

一一四　特定納税者との話合いで税額を決定する誤つた税務行政の民主化

〔昭和三五年（一九六〇年）六月　第一一四号〕

更正処分が違法というのではなく、妥当でないという声をしばしば聞く。その多くは、現行税法を非難するものであり、精々立法論である。これは税務行政官庁に対して要望すべきことではなく、税制調査会や国会ないし政党に対して向けられるべきものである。しかし、中には現行税法を非難するのではなく、たとえ税法がどのように規定していようとも、なんとか弾力的に考慮してもらえないものかといつた身勝手な非法治国家的な考えもある。その多くは、他の納税者との比較において苦情をいうものか、然らざれば納税資金のないために税法の規定のいかんにかかわらず、課税の減免を要請するものである。これらの者にとつては税法が邪魔物になる。その結果、税法を軽視ないし無視し、税法による税務行政は民主行政に非ずというような暴論がでてくる。しかもそれが国民各層の幹部連に多いだけに、なお更考えさせられるのである。

税務行政の民主化とは、税法を無視して納税義務者との話合いで税額を決定することではない。また、税法上自由裁量権が与えられていないにもかかわらず、恣意的な裁量により課税を減免することでもない。これらはいずれも税法に反する税務行政であり、法治主義に反するものである。いかに特定の納税義務者の利益になつても、租税法律主義はこれを認めないのである。しかし、税務行政の実際においては、税務官吏自身が苦々しく思いながらも、現実の見えざる心理的圧力に屈服せざるを得ない場合が往々にして存在する。これが税務行政をして非民主化さすのである。税務官吏を責めることはできない。国民の反省自覚を促すほかはない。

税務行政の民主化は、税法の規定の解釈という名のもとに通達を発し、実質的には立法措置を講じたと同様の結果を達成せんとする税務行政の独裁化に対する警告をもつて初まる。主権者たる国民から信託されている税務行政は、租税法律主義に徹した税務行政であり、税法上の欠陥を立法的解決によらずに、行政通達により補正することではない。殊にかかる通達に従つて納税され、課税されている現実の事実に、転じて法的価値を与えようとする論は、独裁理論に通ずるものであることを自覚しなければならないのである。

一一五　交際費課税の即時廃止の提唱

〔昭和三五年(一九六〇年)七月　第一一五号〕

一昨年一二月この巻頭言において、交際費課税の廃止を要望したのであるが、昨年三月の措置法の改正により、更に二年間課税が延長された。明年三月に措置法が改正されなければ、交際費課税は六年振りに廃止されるわけである。しかし、廃止は一日たりとも早いに越したことはないから、年度内の廃止を要望するとともに、理由のいかんを問わず、絶対にその実施の延長がなされないことを切望する。

産業界は、一昨年秋挙つて交際費課税の廃止を強く要望したのであつたが、一度びその実施延長の政府の措置法改正案が国会に提出されるや、何人もこれに対して異議を唱えるものはなかつた。従つて明春も政府が実施を延長しようと思えば、極めて容易にこれを実現し得るのである。殊に年度内減税案の噂さも出ているぐらいであるから、埋め合わせの意味で更に一、二年実施が延長されるおそれなしとはしない。

交際費課税が租税の増収を目的とするものでないことは明らかであるが、多少ともかかる目的が第二次的にあるのなら、減税をなすにあたり、まず交際費課税を廃止すべきである。またそれが経費節減、資本蓄積を目的とするものであるならば、幾度も述べた如く、所得に対する課税においては実効を奏しないだけではなく、逆に所得調査の段階において無駄な紛争を生ぜしめることになる。いかに交際費の限度額が法定されようとも、企業は自らの意志によってこれを決定する。企業は自主的に冗費を節減するであろうし、また企業に必要な限りにおいては、いかに限度額が法定されていても、課税を覚悟の上でこれを超過して支弁するであろう。ただ、企業はその際能う限り交際費を粉飾するであろうし、所得調査にあたる税務官吏はこれをあばこうとする。弁当代か否か、タクシー代が来客用か業務用か、その他酒代をどのようにするかといった実際に笑えない馬鹿げたことが経理担当者により苦慮されるといった図は、考えただけでもいやになる。つまらんことを考え、そのつまらんことに企業も税務官吏も駆使されるというような交際費課税は一日も早く撤廃すべきである。現行税法中には、まだまだこうしたものが沢山ひそんでいるのである。

一一六　税務行政の民主化を阻止するものは租税立法それ自体である

〔昭和三五年(一九六〇年)八月　第一一六号〕

所得・財産の調査・算定は、極めて難しいことであり、税務上の紛争は殆んどこれに関連しているといっても過言ではない。この問題が恐らくわが国の税務行政の民主化を阻止している。しかもその責任は、個々の税務官吏や、税務行政庁にあるのでなく、一に国会および政府自体に存するのである。約言すれば、税務行政にではなく、立法自体、政治それ自体の非民主性に責任があるのである。左にその二、三を指摘しておこう。

第一に、課税標準に関する税法概念が立法上不明確・不鮮明であり、そのため、たとえば、修繕費であるか否か、貸倒債権になるか否か、交際費なのか否か等の判定が、具体的な事案においては、私にも即答しかねる場合が頗る多い。納税義務の有無をかかる至難な判定にかからしめ、しかもこれを能力の一様でない税務官吏に担当せしめていることが、まず誤りである。いやしくも税務にたずさわる者であれば、誰でも容易に同じ判定をなし得るように立法措置を講じなければならない。法律においては、外国立法の如く、例示をして抽象的判定基準を明確に表現し、更に施行規則・施行細則において詳細な例示をなせば、よほど改善されるであろう。

第二に、推計課税についてである。これについては、所得標準率・標準利益率等が適正妥当であるか否かがしばしば問題になる。これもドイツやスイスの定型化思想を導入して、かかる標準率を告示し、これに基づき確定申告をなすように立法措置を講ずることにより大半は解決するであろう。現に措置法は、社会保険診療報酬の所得計算にあたり必要経費を支払を受けるべき金額の七二%と法定しているぐらいであるから、告示するぐらいのことは容易なことである。

第三に、同族会社の行為・計算否認の規定である。ドイツやスイスでは、租税回避に関する規定でさえ、廃止論がでており、その適用は極めて稀であり、しかも慎重である。これに反し、わが国では同族会社であれば必ず否認されるべき何ものかがあるということになる。つまりこの規定により法人の擬制所得が創作されるわけである。かかる規定は廃止すべきであるが、今直ちには実現不可能な政治上の理由があるのならば、否認の明確な基準を告示するよう立法措置をなすべきである。

明確化こそ民主化への第一歩である。

一一七　決算貸借対照表に関する商法改正要綱試案と法人税法との矛盾調整の要望

〔昭和三五年（一九六〇年）九月　第一一七号〕

八月三〇日公表の株式会社の決算の場合の計算の内容に関する商法改正要綱法務省民事局試案に対しては、当学会も研究会を重ね、来る一〇月二二日の秋季大会においては討議の課題となし、総会にはかり意見書を作成したいと考えている。それに先立ち、ここに全般に関する問題につき所見を述べておこう。

この試案は、大企業の株式会社の決算貸借対照表の内容に関し、企業会計原則または財務諸表規則等との調整をその主要な目的としている。従って立案者の解説を見ても、企業会計原則との比較は各項目毎になされているが、税法との比較調整はもとより、税法に対する考慮が全然なされていないのは当然のことである。問題はここにある。

元来、株式会社法が債権者、企業および株主の利益の保護を目的とし、従ってこの試案もこれらの利益調整を図ろうとしていることは当然である。これに反して、法人税法は、法人税の収入確保につき法人の財産権保障を目的としている。換言すれば、法人税につき法人が負担する限度を法定することをもつて立法目的とし、その法定限度の明定を重要使命としている。この法定限度の基準になるものは、法人税の課税標準たる所得金額である。その基礎になるものは、法人の確定した決算であり、この試案の対象たる決算貸借対照表である。ここに必然的に法人税法は、この試案に対して関連性を有してくる。従つて税法を考慮することなく、決算貸借対照表の内容につき強行法規をもつて法定されることは、法人税法に重大な影響を与えることになる。然るに従来より、税法と商法とはそれぞれ立法目的を異にするという理由で、独自の立場で立法すればよいと双方によつて考えられ、殊に一九二〇年よりドイツ税法学者により税法の私法よりの解放が提唱され、税法は自ら好み選んで私法との関連性を断ち切ろうした。しかし、それにもかかわらず、現実には商法の規定する決算貸借対照表が税法においても所得計算の基礎となるのであり、今後もこれを否定することはできないのであるから、その内容の改正については無関心たり得ない筈である。これを等閑視して税法は独自の立場で立法するならば、必ずや由々しき矛盾を生ずるであろう。かかる矛盾を未然に防止するため、主税当局は税法の立場よりの意見を積極的に提出し、民事局もこれを勘案して、能う限りの調整を図るべきである。セクショナリズムとエゴイズムは、ここでも排撃されなければならない。

一一八　交際費課税の撤廃と遊興飲食税の増税の提唱

〔昭和三五年（一九六〇年）一〇月　第一一八号〕

幾度も述べたことを、またここに書かなければならない。それは交際費課税の問題である。明年三月末をもつて適用期間の切れる交際費課税に関する臨時措置の規定が、故もなく更にその適用が延長されようとしている。経営者団体がどの程度の反対運動をしているのか、あまり眼にも耳にもしない。

法定限度額超過の交際費に課税すべき立法上の理由は、独裁政治でない限り、何一つこれを見出すことはできない。企業が不要な交際費を支弁する筈はない。それが必要であるか否かはすべて企業自ら決するところであり、政府の干渉すべきところではない。もし交際費課税を撤廃するの結果、法入税収入が減少し、予算を組み得ないというのであれば、所得税同様に累進税率を採用してもよいではないか。税率は引き下げるが、反面こうした臨時措置により穴埋めをしようとするところに、政治的欺瞞がある。

法人所得の調査を担当する税務職員が過剰であるとは思えない。増員できないならば、無益な調査事務を整理すべきである。経費伝票を一枚宛めくりながら、交際費なりや否やを血眼になつて調査しても、日本経済の成長に何の貢献もしない。反対に血税が空費されることを知るだけである。

企業自体もつまらないことを考えなければならなくなる。でき得る限り交際費を他の勘定料目で粉飾しようと努め、時には脱税一歩手前まで追いつめられるのである。

交際費課税は、実質的には酒税・遊興飲食税に対する法人税課税にもなるのである。租税政策としても合理性がない。

昭和三三年三月適用期間が延長される際にもここで再三政府に反省を求めたが、何の反響もなかつた。今また同じことを繰り返すわけである。所得調査を厳密に行ない租税負担の公正平等を期するためにも、交際費課税は撤廃すべきである。まさかこれを存続せしめないと、所得調査の実績が挙がらないというのではあるまい。外国にも類例のない交際費課税は、この三月をもつて撤廃し、減収の穴埋めは地方税たる遊興飲食税の増税をもつてし、一方この増収分相当額だけ地方交付金を減額することを提唱する。

一一九　印紙税法の不可解な取扱いによる通告処分

〔昭和三五年(一九六〇年)一一月　第一一九号〕

税務行政も、本誌創刊当初の一〇年前と比較すれば、非常に民主化されてきた。それは一に税務行政官吏の税法に対する考え方が是正されてきたことになる。通達にはもとより依存しつつも、事実認定の面において正しい把握への努力を伺うことができる。もとより未だ全面的に是正されたわけではなく、また、大都市と地方とでは随分異なつている。

これが印紙税の問題になると事情は一変し、まさに旧態依然である。それは旧憲法時代の遺物たる「通告処分制度」が無批判的に現行していることに関連しているのである。印紙税法には、所得税法や法人税法におけるが如き更正・決定処分は存在しないから、税務官吏の一方的な独断的な考えに基づき準司法処分としての通告処分がなされるのである。これに対しては、行政救済の途はない。唯一の公的な不服の陳述は、あえて通告の旨を履行せず、税務署長の告発を受け、印紙税法違反被告事件として刑事法廷において刑事被告人としてこれをなすのほかはない。しかし、誰しも刑事被告人になることは欲しないであろうから、結局納税義務者は異議を申立てることはできず、その結果切捨御免ということになる。こんな制度が未だに現行していること自体不可解である。一刻も早く立法的解決をしなければならない。

最近耳にした通告処分にもこんな実例があつた。ガソリンスタンドで給油を受けた消費者が購入券に立数を明記して交付しておいたところ、単価の記入がなかつたので、記載金高のない三一号証書として取り扱われ、一枚につき五〇〇円の罰金額を納付したというのである。立数は、精々四〇立程度であり、単価は四〇円ないし五〇円程度であるから、総金額はもとより三、〇〇〇円未満であり、非課税である。然るに単に単価の記載がないというだけで四条二項の適用を受けず、課税証書になつたというのである。単価のみで数量記載がないならばともかく、数量記載があるならば

三、〇〇〇円以上のものか否かは判定できるわけである。結局単価を印刷しておかなかつたか、またはゴム印を押捺しておかなかつたことが印紙税法の犯則になるというのであり、これでは同法の立法目的も全く不可解なことになるのであるが、それが現実に今行なわれているのである。考えなければならない問題は相変わらず多い。

一二〇 創刊以来満一〇年を迎えて

〔昭和三五年(一九六〇年)一二月 第一二〇号〕

本誌も創刊以来満一〇年、ここに第一二〇号を発刊して一九六〇年を終るわけである。とにもかくにも、こうして継続できたのは、ひとえに会員諸氏の絶大なるご支援ご協力の賜であり、感謝感激のほかはない。続く六〇年代の一〇年間、更に一層のご鞭撻をお願いし、税法学の確立を期したい。

およそ租税に関する雑誌で本誌ほど発行部数の少ないものもない。ドイツやスイスの税法学の雑誌の実状を見ればこれもやむを得ないであろう。一般の納税義務者には直接役立つものではなく、また税法学が必須科目でないわが国において法学生に読者層を求めることもまず不可能である。こうした状況は、これからの一〇年間も大して変化はあるまい。ただ、日本税法学の歴史は、本誌とその運命をともにしているのであるから、税法学さえ真に確立されるならば、法曹界、税理士界における読者を漸増するであろう。ひとえに会員諸氏のご協力をお願いする次第である。

税制調査会では、租税通則法案の準備が大分進捗しているようである。明年はこれらとも取り組まなければならない。これからの一〇年は、過ぎ去つた一〇年以上にわれわれ税法学徒に課せられる問題は多いであろう。税務行政の独裁化を黙認せず、他方狡猾な納税義務者の租税回避行為を排撃することこそ、真に租税負担の公正・平等を期し、租税正義を実現し得る所以である。公共の福祉とか、租税収入の確保とか、公正な租税負担というような抽象的文言、時には全体主義の復興を思わすような考え方に警戒するとともに、他方国家社会生活を無視するような個人至上論も慎まなければならない。ドイツにおいても、税法学は今日大変革期に直面している。いわゆる官庁税法学より民主主義税法学への転換がそれである。しかも連邦租税裁判所がその最先端において活躍し、税法学はむしろ裁判所に引きずられて行つているような格好である。法律学すべてがそうであろうが、わけても税法学は具体的な経済生活の実際に即して考察しなければ、架空の原理原則と化することを物語るものである。

一二　交際費課税強化の税制調査会の答申に対して

〔昭和三六年（一九六一年）一月　第一二一号〕

すでに本誌で交際費課税撤廃を数回提唱した。この三月で交際費課税の規定の適用期限が切れるので、昨秋また好機とばかり課税撤廃を述べたが、実現の望みは完全に絶たれた。税制調査会の答申が、逆に課税強化を要請しているぐらいであるから、この部分に関する措置法改正法案は無修正で国会を通過することであろう。しかし、それでもなおかつ沈黙しているわけには行かない。

何故に交際費課税を強化とまで行かなくても、存続せしめようというのか、答申ないしは政府の改正要綱を見ても不明である。新聞によると、近年諸外国においても、交際費規制の傾向にあるからということである。これだけの理由では、まさかないであろう。交際費課税を撤廃すれば、法人税収入が減少するからではないか。もしそうだとすれば、損金でないものの特恵的控除こそ撤廃すればよい。それでもなおかつ不足ならば、正直に税率を引き上げるのほかはあるまい。純粋に交際費ならば事業経費であり、損金算入されるべきものである。然るに何故限度額を法定し、無理にその超過額の損金算入を否認し、もつて課税しなければならないのか。

何度も述べた如く、交際費課税は、所得調査の段階において、無益な時間と労力を調査側および法人側双方に空費せしめるのである。今回の都市税務署法人税課の強化拡充措置に照らすも、税務職員の不足であることは、あまりにも明白である。然らば、まず無益な調査を一掃すべく立法措置を講ずべきである。

もつとも税務職員に調査実績を保障する制度としては、交際費課税は有効であろう。おそらく所得調査を受けて、雑費その他の勘定科目から交際費を摘出されない法人は皆無であろう。しかし、かかる方法で所得を創作し課税することは、一体わが国の文化・経済に何の貢献をなすであろうか。むしろ反対に法人側は交際費を粉飾するに専念するであろうし、税務職員は摘発に血眼になるであろう。全く無駄なことである。かかる無駄を一掃し、真の所得発見に努めしめることこそ、課税の公平を期し得る所以ではないか。

殊に不可解なのは、今回すべての法人に適用するとのことであるが、これでは所得調査事務をますます増大せしめるのみである。税制調査会をも含めて当局は一体何を考えているのか。猛省を促すとともに、産業界は何故沈黙しているのか、理解に苦しむところである。

一二三　租税についての一切の責任を税務行政官庁に転嫁していることに対して

〔昭和三六年（一九六一年）二月　第一二二号〕

税務行政に対して批判的な国民が、租税立法に対して一般に無関心であることはなんとしても不可解である。税率が引下げられ、控除額が増額され、平年度所得税減税額が何百億円というように発表されれば、それで納得が行くようである。政治のコツは案外そんなものかもわからない。政府もコツを呑みこんでいるから、いかにわれわれが書いてみても今直ちに何の効果もなさそうである。

あれだけ無益な労力と時間と金銭を空費する交際費課税の撤廃をいかに叫んでみても、法人の経営者のみならず、事務当局も全然ついてこない。数年間実施されてきたので惰性ができてしまつて批判する気力もないというところであろう。それに野党が沈黙しているのも不勉強ではないか。これが織物消費税とか、酒税とか、ガソリン税ということになると、業者団体の猛烈な批判、更には反対運動を受ける。わかり易いものには反対し、わかり難いものには沈黙という近視眼なのであろうか。これでは、税法をいつまでも難解にしておいた方が課税・徴税もし易いわけである。

租税に対して一番責任を負わなければならないのは、立法機関たる国会であり、従つて国会議員の財政に対する知識・能力が租税立法の善悪に直接影響する。然るに世間では、租税については、税務行政官庁である国税庁、国税局、税務署に一切の責任があるかの如くに考え、税務行政当局もまた、租税収入予算の達成については自ら責任あるかの如く、錯覚を起こしている。つまり事実上、租税についての責任は国会から税務行政官庁に転嫁されているのである。しかも何人もこれを怪しまない。これではいつまで経つても、わが国の税制は民主的なものにならない。

諸外国においても、つとに租税の領域においては、立法機関が批判の対象になつている。短時日の間に大した熟考もせずに立法化し、しかもその立法の不完全性・矛盾性をあげて税務行政に転嫁することに対し、国民的批判が加えられつつある。

わが国では、国民が間接に立法するのであるという自覚は全くなく、税法は自分達に与えられるものであるという非民主主義的思想が相変わらず支配しているのである。これでは税制の民主化は、おそらくあらゆる領域において最も遅れることであろう。

一二三　西ドイツに比し税務訴訟事件数の僅少なことについて

〔昭和三六年（一九六一年）三月　第一一二三号〕

西ドイツの連邦財政裁判所長官ヘスデルフアー氏が、同裁判所設置一〇周年にあたり、今後の在り方について希望を述べた論説を読んだ。その中で全く驚いたことは、税務訴訟の上告事件を取り扱う同裁判所の昨年九月における未済係属件数が三、三〇〇件、毎年の受理件数が二、一〇〇件という税務訴訟事件の多いことである。ヘスデルフアー氏も、このまま放置せんか、未済件数は増加する一方であるので、現在上告の認められる最低訴額二〇〇ドイツマルクを一、〇〇〇ドイツマルクに引き上げることを希望している。これにより毎年の受理件数二、一〇〇件が一、四〇〇件程度に減少し、その結果五年経過すれば、未済係属件数は一、二〇〇件ぐらいになるであろうと計算している。何はともあれわが国では現在想像もできない数字である。

連邦財政裁判所は、上告審である。その受理件数が、仮りに訴額の最低限度を引き上げたとしても、毎年一、四〇〇件というのであるから、驚くのほかはない。しかも、入口は、わが国の六割程度である。連邦財政裁判所は、現在七部より成つているが、右の計算によれば大体一部平均年間二五〇件程度の判決をしていることになる。

わが国ではおそらく一〇分の一もないであろう。地方裁判所の税務訴訟事件の受理件数を全国合計しても、連邦財政裁判所よりは遙かに少ないであろう。それは、西ドイツよりもわが国の税務行政の方が合法律的であるばかりでなく、結果的にも妥当であることによるものと考えたいのであるが、よもやそうでもあるまい。どうも国民性の相異だけでも片づけられそうにはない。

私は、未だ国民が税務署を相手にして争うよりは、一般に泣きついてでも懇願して、特殊な向きはいわゆる政治的に働きかけて、幾分でも税額を減額してもらつた方が得策であるという利己的な、東洋的封建思想が根強く潜在していることによるものと考える。かかる非民主的な、平等性に反する解決がいつまでも続く筈はない。民主化が進み、二〇歳代の若い人達が第一線になる一〇年後を考えれば、事情は一変するであろう。早春の街角に立つてぼう然と自動車の洪水を眺めているとき、今にして一〇年後の税務争訟の洪水に対する対策を講じておく必要があるのではないかと考えたのである。

一二四　「疑わしきは課税しない」の真義

〔昭和三六年（一九六一年）四月　第一二四号〕

税法がどのように規定していようとも、納税義務者は誰しも税額の少なからんことを欲し、反対に税務行政官庁はでき得る限り多額の税額を徴収し、租税収入予算額の達成を期さんとする。すなわち、納税義務者は contra fiscum、税務行政官庁は pro fisco がその本来の意欲であり、すべての行態・活動はこの意欲のもとに行なわれるのである。これらの行態・活動は、税法によつて法的価値判断されるのであるが、その際における税法の解釈および適用の基準は pro fisco でも、contra fiscum でもない。その任にあたるのが租税裁判である。従つてもし租税裁判が、pro fisco に偏したり、または contra fiscum に偏するようなことになつては、税法の正しい解釈および適用を期し得ないのである。すなわち、pro fisco に偏するならば、それは権力主義的・国庫主義的・非民主主義的行政を是認することになり、税務行政の独裁化に拍車をかけることになる。また contra fiscum に偏するならば、租税平等主義、更には憲法の規定する法平等性の違反になる。従つていずれにも偏せず、中道を堅持しなければならない。そのための税法の解釈原理および適用原理が in dubio pro fisco（疑わしきは課税する）を否定する in dubio contrafiscum（疑わしきは課税しない）なのである。このことについてはかねてから力説してきたところであるが、これが実践活動は税理士により展開されるのをもつて最も妥当と考える。それが税理士法の規定する税理士の本分でもある。しかし、そのためには税理士が税務訴訟事件を担当し得るようにならなければならない。もっともこれが実現を達成するには、解決されなければならない幾多の問題がある。税理士会の自主性の獲得は、その中でも特に重要な問題であろう。これが実現されない限りは、税務行政の民主化は永久に達成されないのである。

更に租税裁判を pro fisco にも contra fiscum にも偏せず、中道を堅持さすためには、民主主義税法学が大きな役割を演ずるであろう。しかし、そのためには、「民主主義」の文言を冠しなくても、「税法学」は常に「民主主義税法学」であると認められるようにならなければならない。それが現在の日本税法学の課題なのである。

一二五　更正理由附記の規定を訓示規定とする旨を明文化せんとする国税通則法制定要綱に対して

〔昭和三六年（一九六一年）五月　第一二五号〕

租税基本法が「国税通則法」という法律名としては聞きなれない名称でかねてより税制調査会の委員会でその要綱が審議され、一応それがまとまつたように聞いている。その中で更正理由の附記に関する規定について、訓示規定である旨を明白にすること、という項があるとかいう話を聞いた。全くのデマであると信じたい。

周知の如く、昭和二五年以来青色申告制が実施され、青色申告者につき更正処分をなす場合には、必ず更正の理由を附記すべき旨が法定された。然るに当初は、例外なく更正の理由が附記されなかつた。国税庁は、この規定を訓示規定であると心得ていたからである。そこでこれが裁判になり、有名な横浜地裁、昭三〇・一二・二八の判決により更正理由を全然附記しない更正処分は、違法な更正処分であり、取消を免れないと判決され、爾来同趣旨の判旨は各裁判所により幾回となく繰返えされ、もはやこの規定をもつて依然訓示規定であるとは国税庁も考えないことになつた。それのみならず、更に更正理由の記載は具体的でなければならないという判決がなされるに及んで、国税庁は更正理由記載の雛型を秘密通達をもつて国税局、更には税務署に指示したのである。かくしてこの問題は解決され、われわれは税務行政の民主化を喜んだのである。

然るに再びこの問題を蒸しかえし、執拗にも更正理由附記の規定は存続せしめるが、訓示規定である旨を明瞭ならしめんとすることがもし真実であるならば、わが国の民主主義の発展を阻害するのみならず、独裁行政に拍車をかけることにもなり、誠に由々しき問題である。われわれ国民はかかる政治を政府に信託してはいないのである。

旧憲法時代とは異なり、新憲法下における税法は、政府のための税法ではなく、国民のための税法である。主税局の官吏、国会の大蔵委員会委員、更には税制調査会の委員は、もとより国民の指導者ではない。然るにこの点について奇妙な錯覚をしているのではないか。戦時中と同じく治者として、指導者としての潜在意識を有しているのではないか。真に平和な幸福な国民生活保障のためには、まずもつてかかる根本的に誤つた思想を排撃しなければならない。

われわれ日本税法学会会員は、民主主義日本確立のための租税基本法制定を希うものであり政府の作成になる要綱を入手次第再三研究会を開いて十分批判検討し、これを公表する予定である。

一二六　税制調査会の国税通則法制定に関する答申に対する進歩的国民の無関心に対して

〔昭和三六年(一九六一年)六月　第一二六号〕

税制調査会より政府に対して国税通則法制定に関する答申がなされた由である。日刊紙上には、この答申のうち税法の解釈適用の原則について全然掲載されてはいないが、人の話では、税法解釈の原則の宣明、租税回避行為、行為計算の否認、無効または取り消しうべき法律行為等と課税との関係等が冒頭に掲げられているようである。これらはいずれもドイツのナチ時代の租税調整法に範をとつたものであろう。それだけに余程慎重に検討しておかなければ、税務行政独裁化の温床を立法化することになる。しかも日刊紙の大半がこれを掲載していないことは、ジャーナリズムの税務行政に対する理解の程度を明白に物語るものである。またそれは、安保問題や政暴法に対して同じ国民の中からあれほどまでに負傷者を出して反対した野党を初め総評あるいは文化人、知識人、学生が、この問題に関しては全く関心を有していないことにも共通するのである。根本的には国民の税法に対する無理解がその基礎をなしている。自分に対する、あるいはわが社に対する現実の課税に対しては、あらゆる合法的・非合法的手段を尽してでも減額措置を講じようとするのであるが、かかる課税処分の法的根拠をなす税法に対しては、殊に抽象的な規定に対しては無関心なのである。もちろん法体系のうちで最も難解な税法に対して関心を持たんとしても持ち得ないことは、十分理解することができる。しかし、それならばなぜこれを理解し得るような税法への改正を強く国民の間から要請しないのか。

法は、民主主義国家においては、市民が国家を形成して生活して行く上における規範であり、その規範は自律的に設定すべきものである。法はすべて国民が創るものであり、国民の法である。政治の信託を受けた政府や官庁のための法ではない。税法もまた同じである。そもそも課税を立法化することは、一面において租税収入を確保するためであるには違いないが、それにも増して重要なことは国民の財産権を課税の領域において保障せんとすることである。かかる税法であってこそ初めて民主主義税法なのである。従って民主主義税法のもとにおいては、国庫主義、権力主義を排除する規定を設けなければならない。たとえば、「税法の規定は拡張解釈、縮小解釈または類推解釈をなすことができない。」とか、「政府が税法上の行政処分をなすにあたつては、信義誠実に従わなければならない。」とかの如き規定を設けなければならない。

一二七　非民主主義的・権力主義的な国税通則法制定に関する答申に対して

〔昭和三六年（一九六一年）七月　第一二七号〕

国税通則法制定に関する答申の内容を読んだ。近くその説明も公表される由である。しかし、その説明を俟つまでもなく、それは明らかに時代思想に逆行するものである。それは国民の税法ではなく、国民を離れた権力者のための税法である。しかも法制審議会の審議にかかる民、商、刑法等とは異なり、要綱も、草案も作成、公表されることなく直ちに政府提出法案の作成に着手されるとのことである。それは、第一次世界大戦後のエンノー・ベッカーの立案になる国庫主義税法の代表たる一九年の第一次租税基本法をほうふつせしめるのである。

答申の中で最も重要、かつ基本的な「実質課税の原則等」を一読してみただけでも、それがドイツの租税基本法や租税調整法の条規のみにならい、少なくともこの一〇年間におけるドイツの学説・判例を研究し、参考にしていないことは、明白である。殊に民主主義税法学を確立してスイス連邦の草案や学説・判例は一顧だにされていない。どうして充分の研究をすることなく、立案を急がなければならないのか。しかも民主主義の育成時代に、これに逆行して、国庫主義・権力主義・非民主主義税法を用意しようとするのか。それとも戦時税法を夢見ているのか、あるいは税率の引下げ、控除額の引上げ等による租税収入額の減少を補塡するがための裏面工作なのか。かかる税法が現に存在していなくても、租税収入予算は毎年一〇〇％以上達成されているではないか。もっと落ちついて研究を重ねた上で租税基本法を制定すればよいではないか。

新憲法施行後すでに一五年目を迎えたのである。そろそろ租税立法の立案当局も頭の切り替えをなすべき時である。どんな立案をしても、何の批判も受けなかつたのは、税法学の誕生以前のことである。税法学なんかと嘲笑すること自体が、権力主義の自白なのである。われわれは租税収入の確保に関して、むしろ税務行政官庁以上に重大関心を有している。しかし、ルールを無視しても確保すればよいというのではなく、フェアー・プレーでもつてこれを確保すべきであるというのである。非民主主義的・権力主義的税務行政は、国民をして許されざる節税に赴かしめ、政府と国民との間に救われざる悪循環を繰りかえすことになる。ここらで税務行政に対する法的規制を加え、国民を納得せしめるべきである。商法改正でさえ長年月をかけている。拙速主義は絶対に国民の希望しないところである。

一二八　国税通則法制定に関する答申説明に表われた権力主義思想に対して

〔昭和三六年（一九六一年）八月　第一二八号〕

国税通則法制定に関する答申の説明が公表された。答申を読んだだけで、その権力主義・国庫主義に驚がくしたのであるが、答申説明を見て唖然とした。恐らく起草者も委員もこれを自覚していないであろう。従つてかかる批判に対しては、これを白眼視的・偏狭的な見解であると反ばくすることであろう。われわれは、起草者や委員の内心を問題にしているのでなく、答申や答申説明に具現化されている客観的意味を問題にしているのである。従つて仮りに権力主義・国庫主義思想の権化のような人であつても、答申の客観的意味が民主主義に徹したものであれば、われわれは満足するのである。反対にいかに民主主義者であつても、答申の客観的意味が非民主主義的なものであれば、これに対して強く反対するのである。従つて委員の顔触れや起草者が誰であるか、委員会が何十回催されたか等は、問題ではない。あえて問題にするならば、どれだけ研究がなされたかである。外国立法例、特にドイツ租税基本法や租税調整法を参考にしてはいるが、少なくとも答申および答申説明を読んだだけでは、これらの外国立法例がいかに解釈され、適用されてきたか、この数年どの点が問題になつているかについては、全く研究した形跡がない。もしこれらを充分自ら研究するか、あるいはわれわれの研究を参考にしたならば、答申の中枢をなす「実質課税の原則等」の内容は根本的に変わつていた筈である。それのみではなく、税務行政権の限界や行使の方法等に関する規定の設定も要請された筈である。然るにかかる要請の微塵だに存しないことは、研究不足というほかない。

暫定措置としては、各税法に租税回避の規定を設ければ、当面の目的は達成し得るのであり、それ以外に緊急に国税通則法を制定しなければならない理由は何ら存しない。もつと腰を落ちつけて、外国の立法例のみならず、学説・判例をも充分研究した上で、民主主義国家に伍して恥ずかしくない立派な国税基本法草案を立案することが望ましい。たとえ立法化が一〇年後になつてもよいではないか。その間には、わが国の学説・判例も積み上げられてくるであろう。何もあわててやる必要はない。国民は決して答申のような国税通則法の制定を要望してはいない。税制調査会や主税局の面目にかけても、明年三月立法化を期さんとすることこそ、民意を無視する権力主義思想の復活といわなければならない。あえて白紙還元、再出発を要請する次第である。

一二九　原水爆的な税法解釈の原則規定の新設計画に対して

〔昭和三六年(一九六一年)九月　第一二九号〕

税法が原水爆を最高のものとしていただかんとしている。それは、税法解釈の原則規定であり、税法解釈の段階において「租税負担の公平」をはからんとすることである。一見誰しも租税負担の不公平をはからんとするのではないから、積極的にこれを支持しなくても、あえて反対はしないであろう。それが恐ろしいのである。

租税法が規定していないような所得の創作が意欲たくましく行なわれていることは、この税法解釈の原則規定が設けられることにより中絶されると考えることはできない。かえつて所得の創作を租税負担の公平は要請するということになり、租税法律主義は実質的に抹殺されてしまうことになる。そうなれば、この原水爆は、戦争に、国民生活の破壊に利用されたことになる。

反対に「租税負担の公平」が憲法一四条一項の法平等性の原則、ないしは租税平等主義、更には税務取扱不変更の原則の実現を要請し、税務行政の実際においてこれが具現化されることになれば、この原水爆は平和利用されたことになる。しかし、税務行政の国庫主義的性格から考えてそれを期待することは至難であろう。

だとすると、この原水爆は民主主義にとつて致命的な危険物になる。然るに世間では一向に気がつかない。大分騒しくなつてきたが、中小企業団体が国税通則法の制定に反対しているのは、記帳義務とか質問検査権限の拡大とかについてであり、根本問題にはあまり気がつかない。財界だけでなく、多くの問題について常に反対の先頭に立つ野党、総評、学生だけでなく、いわゆる文化人やマスコミでさえ気がつかない。更に驚くことは、在野法曹人のみならず、税理士や公認会計士の諸君までが、無関心なのか、気がつかないのか、一向に彼等の間から積極的な反対の声を聞かない。

かかる税法解釈の原則規定だけは、絶対に設けるべきではない。それは善用される場合よりも、悪用される場合が多く、しかもかかる規定はほかの法域には存在しないものであるから、不可欠のものでもない。実質課税の原則は、その本来の座に留まるべきであり、税法解釈の原則に昇格すべきものでないことを更めて警告しておきたい。無意識のうちに、独裁主義に陥らないように。

一三〇　国税通則法制定に関する意見書の草案作成について

〔昭和三六年（一九六一年）一〇月　第一三〇号〕

本学会第二一回総会において、「国税通則法制定に関する意見書」を内閣総理大臣に提出することが決定された。起草委員として須貝理事（京大教授）と私が意見書案を作成することになつた。答申発表以来の数次にわたる研究会、および第二一回大会におけるシンポジウムにおいて表明された会員の意見をとりまとめて目下起草中である。

草案の内容は、左の如く二段階とする。

まず第一に、各税法間の規定の仕方の不統一を整備するというだけではなく、答申は従来規定のなかつた各種の原則規定をも網羅して立法しようというのである。これは名実共に恒久法としての「租税基本法」であるから、充分外国の学説・判例をも研究した上で立法すべきであり、僅か一年半ぐらいで制定しなければならないほどの緊急必要性は存しないということである。これからお互いに腰を落ちつけ数年間研究すれば、その間に裁判例も積み上げられ、研究の総合的成果も必ずあがるから、仮りにそれが一〇年後に実現ということであつてもよいではないかという考えである。

第二に、答申の内容の検討である。われわれが要請する租税基本法は、真に憲法の理念である民主主義に徹し、微塵だに権力主義の現われを許さない国民のための税法である。税法は、税務官庁のためのものではない。租税収入を確保し、財政需要資金を充足することは、国民にとつて必要なことであり、単にその事務執行が税務官庁に委託されているに過ぎない。然るに永年にわたる権力政治になれ、新憲法施行により民主主義に転換してからも、国民は明治以来慣用されてきた「賦課」「徴収」というような権力主義的表現に対してさえ、何の疑惑をもいだかぬほどにまひしているのである。国民主権のもとにおいて、未だに「みつぎものを割り当てる」とか「君主の御用のために召し出す」とかいう意味の言葉が、その本来の意味を離れてであるにしても、慣用されている。しかし、その音の響きそのものは権力主義的であるから、あたかも権力主義が国民に認められているような錯覚さえ起し、何の反省もなされないのである。われわれはこの際かかる終極的には国民を不幸に導くような権力主義を絶対的に排除し、真に国民のための民主主義税法の確立を要請する。かかる観点から答申内容を検討し、意見書案を作成する。

一三一　内閣総理大臣宛「国税通則法制定に関する意見書」の提出について

〔昭和三六年（一九六一年）一一月　第一三一号〕

去る一一月一一日当学会より内閣総理大臣宛に「国税通則法制定に関する意見書」を提出し、その写を全会員、ならびに国会議員の全員、関係官庁、団体、主要新聞社等に送付した。意見書は、総会の決定に基づき須貝教授および私が起草委員となり、学会の研究会・大会において表明された意見を勘案して意見書案を作成し、これを全会員に送付し、意見を求めて修正したものである。本号は、意見書特集号として発刊したが、次号以降にも引き続きこの問題を掲載する。意見書提出の時機を失することをおそれ、作成を急いだために、なお検討すべき問題も残っているであろう。しかし、基本的問題については表明し尽した積りである。補足すべき問題あるときは、本誌にも掲載し、将来これらを一括して意見書補足書として提出してもよいと考えている。

意見書もさることながら、当学会としては「租税基本法試案」の作成準備にとりかからなければならないであろう。もとよりそれは国民のための民主的税法である。これが立案を政府に望むこと自体無理なのであるから、われわれがこれを作らなければならない。それが真に国民の協力を得る内容のものであれば、必ずや立法化される。

民主的税法というと、世間では、国民の利益擁護に偏し、国庫の収入を全く軽視するかの如く吹聴する向きもある。しかし、そんな税法などあり得よう筈がなく、またわれわれが生涯を賭してそんなことを研究することもない。われわれこそ、職責を全うするためにではなく、真に租税収入の確保を念願するものである。ただ、それを権力を振りかざして確保しようというのではなく、国民の自主的協力のもとに確保しようというのである。そのためには、税務行政の合法律性を徹底せしめ、恣意課税を絶対的に排撃するとともに、一方において租税正義、法平等性の要請により脱税、租税回避、租税債務免除の合意等を追放しなければならない。これが実現しない限り、いつまで経つても政治の浄化は掛声に終るであろう。

一三二　国税通則法制定に関する答申の骨格をなす税法解釈の原則規定の新設等を見合わせた大蔵省原案について

〔昭和三六年(一九六一年)一二月　第一三二号〕

一一月二九日の朝刊は、一斉に大蔵省が国税通則法制定に関する大蔵省原案を税制調査会起草小委員会にはかりその諒承を得たと発表した。この原案によれば、当学会意見書の二ないし四、七ないし九の項目については、判例学説の展開をまつ方がより適当であると認め、その制度化は将来における慎重な検討に委ねることとされている。従つて答申の骨格をなしている「税法解釈の原則規定」「課税要件事実認定の原則規定」「租税回避行為の禁止規定」「行為計算否認の規定」の規定は、今回設けられないことに決定した、その結果、制定される法律は、文字通り国税共通法ないしは国税通則法ということになつた。

この国税通則法制定の趣旨をみるに、(1)　税法の簡素平明化をはかること、(2)　租税の基本的な法律構成を明らかにし、現行法の欠点を改め、規定の整備合理化を図ること、(3)　納税者の利益を考慮しつつ諸般の制度の改善合理化を図ること、としている。この趣旨どおりであるならば結構であるが、果していかように法文化されるものか、法案を見なければ批判することもできない。

たとえば、規定される主な事項の一に「利子税および各種加算税の軽減合理化」と題し、現行の利子税および延滞加算税を統合して延滞税とし、制度の簡素化を図るとともに、その負担を軽減するとしている。その内容を見るに、現行の利子税日歩三銭と延滞加算税日歩三銭を統合して延滞税日歩二銭、但し、督促後一一日目以後の分については日歩四銭にするとされている。しかも今回の案には述べられていないが、答申および答申説明には、この延滞税は法人の所得の計算上損金に算入しないものとしている。現行法では、利子税は損金に算入されているから、いかに日歩三銭が二銭に軽減されても、損金不算入に改正されるならば、かえつて負担は重加されるわけである。しかるにあえて「負担を軽減する」と述べているのであるから、よほど全般的に考察して検討しないと、趣旨として述べているとおりであるか否か頗る疑問である。

当学会は、答申ならびにやがて公表されるであろう国税通則法案を公正に批判するとともに租税基本法試案の作成に着手する。

一三三　ブルーメンシュタイン草案の邦訳にあたり

〔昭和三七年(一九六二年)一月　第一三三号〕

一九五七年のイレーネ・ブルーメンシュタイン教授の「租税の法治国的形成と適用」と題する論文によつて、スイス連邦の租税基本法に関するエルンスト・ブルーメンシュタイン草案のあることを知つた私は、スイス連邦が民主主義連邦国家であり、エルンスト・ブルーメンシュタインにより確立された税法学が民主主義税法学であるだけに、その草案の入手を渇望し、数年来その掲載文献を探索していた。しかも、一九五八年本誌八八号三二頁において、その紹介を公約した。しかし、彼の編集になる Archiv für Schweizerisches Abgaberecht 誌上でもこれを見出すことができなかつた。そこでやむを得ず、夫人のイレーネ・ブルーメンシュタイン教授に、昨年七月下旬アルヒーフ誌の出版社気付の航空便をもつて、その送付方を懇請した。しかし、一〇月末になつても返書が届かなかつたので、再度一一月中旬ベルン大学気付にて航空便を出した。これに対し懇切な返書が一二月初旬届き、それから約四〇日後の今月一一日無事草案とともにブルーメンシュタイン夫妻の多数の論文を入手することができたのである。

小包の中には、ブルーメンシュタイン草案以外に、一九五三年一〇月末のスイス連邦税務行政庁の「連邦税法の総則に関する連邦法準備草案」もタイプ打ちのものがあつた。この準備草案は、明らかにブルーメンシュタイン草案を範としたものであるが、九年後の今日未だに立法化されていない。

そこで本号では、とりあえず民主主義的な租税基本法の典型ともいうべきブルーメンシュタイン草案の全文を原文とともに邦訳を付して収録することにした。原文まで収録したのは、スイスにおいてもまだ印刷されていないだけに、イレーネ夫人のご厚意に対する感謝の意を表明するとともに、世界の民主主義税法学者にはもとより、政府および税務界全般にも貴重な資料として貢献するであろうと考えたからである。

草案作成が一九四七年といえば、教授は七一才、すでにベルン大学教授を退き、イレーネ夫人にその講義を譲っていた。名著「税法体系」初版は四五年の出版であり、第二版は五一年七月二一日、その七五年にわたる生涯を閉じる直前に序文の書かれたものであるだけに、草案の体系的な説明がこの第二版であるといっても過言ではない。従って第二版を座右にしながら、この草案を読むと教授の学説をよく理解することができると同時に、少なくとも税法に関していとも自然に旧憲法時代の権力主義的・国庫主義的思想から脱却し、新憲法の民主主義思想へと移行するのである。

わが国も昨年来、税制調査会の国税通則法制定に関する答申の公表、当学会の意見書の提出、主税局の国税通則法制定案の発表と相次いで行なわれ、更に当学会は租税基本法試案の作成に着手しようとしている。このときにあたり、わが国において未だかつて読むことのできなかったブルーメンシュタイン草案を本誌に掲載できたことは、誠に欣快の至りである。税法学研究の上において幾多の問題を提供するのみならず、租税基本法の制定につき、その根本的な考え方において真に国民の福祉達成のために必ずや貢献することであろう。

夫の精神をつぎ、税法学の研究に精進し、アルヒーフ誌の編集とベルン大学の税法の講義に専念していると私への手紙に書かれたイレーネ・ブルーメンシュタイン教授の斯学を愛する上より出た今回のご厚意に対し、厚く感謝の意を捧げるとともに、永くこれを記念する意味において、特にブルーメンシュタイン教授夫妻の写真を掲載した次第である。

邦訳は、須貝教授が公務多忙のため、私が二週間ほどでなしたため、邦文として熟さない点も多々あることをおそれる。原文のニュアンスもなるべく活かしたいが、邦文としての法文になじまず、かえつて読者に理解していただけないのではないかとも考え、意識的に意訳した個所もある。またスイス特有の制度のために新語を用いたところも多い。これらについては他日本誌においてこの草案の解説をする際に詳述しよう。邦訳にあたり適切な助言を惜しまれなかつた須貝教授に厚く感謝の意を表するとともに、訳文については私にのみ責任があることを附言しておく。

なお、五三年の政府草案は、三月発行の一三五号を本号と同じく特集号として、その原文および訳文を収録する予定である。

一三四　国税通則法案に対して

（昭和三七年（一九六二年）二月　第一三四号）

国税通則法案が国会へ提出された。立法理由は、「現行税法の体系的な整備を図るための基礎として、各税法を通ずる基本的な法律関係及び共通的な事項を統一的に定め、納税者の理解を容易にするとともに、納税者の利益に着目しつつ、各種加算税制度、争訟制度等の改善合理化を図る必要がある。」というのである。この趣旨自体は結構であるが、果して納税者の理解を容易にすることにおいて成功しているであろうか。立案者の苦心のほどは充分理解することができる。「わきまえのある」とか、「偽り」という文言を使用したのは、納税者の理解を容易にしようとしたものであろう。しかし、「控除」「隠ぺい」「仮装」「予知」をそのままにしておいたのでは、つりあいがとれないではないか。カッコ書の多いことも、理解を容易ならしめようとするものであるが、物には程度があつて、カッコ書の中にカッコ書がでてきては、何度反読してみても、頭の中がこんがらがつて、かえつて逆効果を生ずることになる。

殊に耳ざわりになるのは、「当該」と「………べき」である。「納付すべき」「課されるべき」「受けるべき」「徴収されるべき」「参考となるべき」「告知があるべき」等はなんともならないものか。詐偽、または、さぎ、といえば、特に「偽り」などと書かなくても、義務教育を終つた者であれば理解できるであろう。しかし、「送達すべき場所において書類の送達を受けるべき者に出合わない場合」ということになると、字は読めてもその意味を容易に理解することはできないであろう。「当該」と「べき」は、せつかくの立案者の苦心を無にしてしまうものである。熟考を希望する。

これでは、所得税法や法人税法を国民の理解し易いものにするといわれても、大体その成果の程度がうかがえるのである。

果してこの通則法によりどれだけ各個別税法が整理され、簡素化されるかは、各税法改正案をみなければわからない。税法が更に一つ増加したことにならないことを要望するとともに、今直ちには至難ではあろうが、今回の通則法案が第一条に目的として掲げている「税務行政の公正な運営を図り、もつて国民の納税義務の適正かつ円滑な履行に資する」ためには、官庁のための税法ではなく、国民のための税法を制定しなければならないことを、当局がいつの日にか自覚するであろうことを期したい。

一三五　スイス連邦政府草案の邦訳にあたり

〔昭和三七年（一九六二年）三月　第一三五号〕

本誌一三三号に掲載したブルーメンシュタイン草案は、専門家委員会によつて熱心に討議された。この委員会は、連邦財務・関税省の任命になるものであり、連邦税務行政庁の代表者のほか、経済、法律学、租税裁判および州の税務行政庁の各領域から委員が選ばれた。その顔ぶれは、次のとおりである。

ボスハルト　チューリッヒ州上級抗告委員会会長（Dr. O. Bosshardt, Präsident der Oberrekurskommission des Kantons Zürich, Zürich）

フェリックス　スイス信用銀行頭取、連邦戦時利得税委員会委員（Dr. M. Felix, Direktor der Schweiz. Kreditanstalt, Mitglied der Eidg. Kriegsgewinnsteuerkommission, Zürich）

ゲーリング　連邦裁判所書記（Dr. W. Geering, Bundesgerichtsschreiber, Lausanne）

インボーデン　チューリッヒ大学教授（Prof. Dr. Max Imboden, Zürich/Basel）

パンショウ　連邦裁判官（Dr. A. Panchaud, Bundesrichter, Lausanne）

リゴレット　ザンクト・ガーレン州税務行政庁長官（Dr. W. Rigoleth. Direktor der Steuerverwaltung des Kantons St. Gallen, St. Gallen）

ツバーレン　ローザンヌ大学教授（Prof. Dr. Henri Zwahlen, Lausanne）

上記の委員のうち、ボスハルト、ゲーリング、インボーデンは、いずれも有名な税法学者である。この委員会は、二八回にわたる会議の結果、連邦税務行政庁の助力のもとに草案を作成したが、自らその意義について、次の如く述べている。

１　法の一般的諸原則が一つの法律に統轄され、個別租税法律が簡素化されることにより、租税秩序は、まとまつた、明白な、しかも予見可能なものになる。

２　幾多の相矛盾する個々の規定に代わつて統一的な一般的規定が登場し、個人ならびに税務官庁の権利義務が画然と限定されることによつて、法安定性に貢献する。

3　一般的な法原理の重要性が強化され、特に租税手続が完全化され、権利保護が改善されることによつて、草案は租税正義の要望にこたえることになる。

以上の如く、委員会は、予見可能性、法安定性及び租税正義を基幹として、ブルーメンシュタイン草案に基づき草案を作成したのであるが、その草案につき更に次の如く述べている。すなわち、委員会草案は、連邦の行政立法の全般の発展に対する指針となり、全法秩序を内容豊富のものとし、形式的にも改善したものであるばかりでなく、行政裁判および学問に対して価値多い刺戟を与えるものである、と自負したのである。

連邦税務行政庁は、この委員会草案に、州の希望や意見を織りこみ、更に体系的に発展せしめたものが、本準備草案であると述べている。私は、これを「政府草案」と呼ぶ。

この政府草案が五三年一〇月末発表されてから、すでに八年余を経たのであるが、未だに立法化されていないから、スイスにおける最新の資料がこの政府草案であるということができる。

政府草案をブルーメンシュタイン草案と比較すれば、かなりの相異があることに誰しも気付くであろう。いかにも学者が研究室において民主主義の情熱をもつて作成したものがブルーメンシュタイン草案であるのに対し、政府草案は確かに法案作成に熟練した官僚の草案である。読者の研究の便宜を考え、両草案の対照表を作成し、末尾に掲載した。

すでに国税通則法案は国会に提出された。恐らく従来の実績に徴すれば、無修正で通過することであろう。しかし、税制調査会も引き続き今後国税通則法を検討するであろう。また当学会も租税基本法試案の作成をその課題としている。その際、この政府草案はブルーメンシュタイン草案とともに貴重な資料となるであろう。

一三六　国税通則法の施行にあたり

〔昭和三七年(一九六二年)四月　第一三六号〕

租税基本法ではなく、文字どおり国税の通則の一部に関する法律が、国税通則法として今月から施行されることになつた。現行税法の整備を図ることが立法理由であつた筈であるが、これが完全には実現されていないため、結果的には、また新しく「国税通則法」という税法が増加したことになつた。従つてたとえば税理士試験でも今年から、この国税通則法が法人税法・所得税法・相続税法・国税徴収法の試験に際し加味されることになり、受験者にとつては負担が大になつた。同時に国税通則法に関する解説書が来月以後沢山出版され、よく売れることであろう。なんだか解説書出版のための立法であつたのかというような感がしないでもない。

ドイツの租税基本法やスイス連邦の草案と比較して、体系だけでも見劣りがする。国税徴収法や国税犯則取締法と並列した国税通則法の制定は、現行税法の整備であると到底考えることはできない。もちろん現行税法の整備へ一歩踏み出したことは確実である。しかし、どうしてかかる整備の準備段階において国税通則法を制定しなければならなかつたのか、頗る疑問である。新しく税制調査会が再発足して、税制、従つて租税立法を立案するとのことであるが、国税通則法の問題に関する限り、先般の答申の中留保した事項、わけても税法解釈の原則規定や租税回避の一般規定を考慮するにとどまつてはならない。それでは単なる国税通則法の一部改正に過ぎない。真に税法を整備しようというのであれば、国税通則法ではなく、租税基本法の制定へと進展しなければならない。然らざれば税法を整備するどころか、かえつて複雑ならしめるの結果になるのである。

当学会も今後研究を重ね、租税基本法要綱試案を作成するが、それは幾回となく述べたように、課税の領域において国民の財産権を保障するという税法の目的を実現するものでなければならない。スイス草案が明示する如く、もとより租税は租税法律の規定するどおりに厳正に徴収されなければならない。租税法律の規定を無視して恣意的に租税を減免し、その穴埋を反対に恣意的解釈による課税に求めてはならない。これが民主国家における国民の要請であり、租税基本法はこの要請を充足するものでなければならない。

一三七　国税通則法では納税者の負担を軽減したという附帯税が法人税等では負担の重加になつたことに対して

〔昭和三七年（一九六二年）五月　第一三七号〕

国税通則法の立案当局は、通則法制定の趣旨の一つとして「納税者の負担の軽減その他納税者の利益を図ることに着目しつつ、所要の改善を加え」たと述べている。しかも附帯税の改正について、「今回は、従来の利子税額と延滞加算税額とを統合して一本の延滞税とし、その負担割合は、督促状を発した日から一一日目を境として、従来はその前の期間については日歩三銭、その後の期間については日歩六銭の割合であつたものを今回はそれぞれ日歩二銭と日歩四銭に引き下げたのである。」と述べている。

なるほど、三銭が二銭、六銭が三銭に引き下げられたことは、納税者の負担の軽減ではある。しかし、従来の利子税額は、法人税については、法人税法九条二項により、法人の所得の計算上損金算入が認められていた。然るに今回の改正により損金算入の認められる利子税は、従来の利子税額の一部分に過ぎないのであり、利子税額の大半は損金算入を認められない延滞税になつているのである。従つて従来の利子税額について考えると、日歩三銭が今回一銭引き下げられはしたが、全額損金算入が認められなくなつたのである。その結果、なるほど一銭安くなつたが、反対に法人税は七厘六毛高くなつており、地方税である事業税、法人税割を考えると、決して納税者の負担は軽減されておらず、逆に負担が重加されたわけである。

然るに立案当局は、これをしも納税者の負担軽減であると説明している。まさか法人税・地方税については、納税者の負担重加になることを知らないというのではなかろう。だとするとどうして通則法では納税者の負担軽減にはなるが、法人税等に関する限りは、かえつて負担重加になると書かないのか。それがたとえ通則法制定の趣旨に反することになつても、これを明示しないことは、他にもかかる**からくり**があるのではないかと疑わざるを得なくなる。これでは通則法をそのまま鵜呑みにすることもできない。従つてわれわれは通則法の解説ではなく、批判をなさなければならないのである。それがまた「租税基本法」制定要綱への準備にもなるわけである。近く「**シュトイエル**」誌上で公表しよう。

一三八　誰にも理解できないような租税特別措置法が毎年国会で可決される

〔昭和三七年(一九六二年)六月　第一三八号〕

外国語というハンデイがあるにもかかわらず、どうしたことか、日本の税法よりも、外国の税法のほうが遙かに読み易く、理解し易い。日本の税法であるから、もちろん日本語で書かれているのであるが、それが外国語で書かれているものより遙かに難解なのである。しかもそれは大学を卒業したばかりの者を基準としているのではなく、私自身を基準にしているのであるから、恐らく立案者以外には各税法を理解し得る者は稀であろう。難解な税法の代表は、租税特別措置法である。国会議員の中でこの法律の一応の意味を理解し得る議員が果して何名あるであろうか。しかも毎年立法化されて行く。考えてみれば妙な話である。立案者以外には殆んど理解できないようなものが、正規の手続を経て法律になつてしまうのであるから、これでは税法規範が国民生活から遊離するのも当然のことである。

最近法人税法のノートを作るために租税特別措置法の六四条から六五条の二までを読まなければならないことになつた。例により深夜一行づつをゆつくり読みながら要領をメモして理解にこれつとめたが、漸く三日目にして一応の意味をつかむことができた。秋には学生に講義しなければならないが、果して学生が理解してくれるかどうか。租税特別措置法の条文はすべて同様である。

税制調査会や主税局税制課は、税法を国民にわかり易いものにするためであるといつて、国税通則法の制定にあたりさかんにＰＲした。しかし、一体税法のどこがわかり易くなつたのか。それよりも何のために誰にもわからないようなものを制定するのか。単なる行政内部の事項に関するものであるならばまだしも、すべて国民の権利義務に関する問題なのである。誰にも理解できないような税法が、民主主義的税法であるとは断じていうことができない。

大体税法の体系としても、租税特別措置法の如き特例法を設けるべきでないことは、一〇年以上にわたり主張してきたところであり、今日では誰しも認めているのにもかかわらず、現実には反対に毎年複雑難解になるばかりである。殊にその内容は、租税平等主義に反するものが多い。租税本来の使命は、諸種の政策により次第に歪曲されて行くのである。納税意欲を昂上せしめる上においても、速急に一大転換を敢行すべきである。

一三九　新発足の税制調査会に対しわかり易い税法の実現と財産税創設の要望

〔昭和三七年(一九六二年)七月　第一三九号〕

政府の長期安定税制確立のための諮問機関として、近く委員三〇名より成る税制調査会が新発足する。この調査会の検討課題として大蔵省の指摘している点は多岐にわたつているが、新聞の報ずるところでは、過去三年間旧調査会が目指してきた「納税者にわかり易い税法」の実現は、達成されないままに、検討課題からもその姿を消している。なにぶんにも新聞情報であるから、あるいは検討課題の片隅に書かれてあるのかも知れないが、少なくとも大項目ではなかろう。せつかく期待したことであるが、落胆せざるを得ない。恐らく今後も相当長期にわたり、わが税法は難解な法文であることにおいての世界選手権を保持するであろう。納税者はもとより、税務官吏にも、裁判官にも、国会議員にも、更にはわれわれ専門学徒にもわからないような税法が、果して租税法律主義にいう法律なのか、国民は愚弄されているのではないか。誰にもわからないものを税法規範としてつくり、そのもとに国家社会生活を営んで行かなければならないということは、実に馬鹿げた話である。新調査会は、真面目にこの問題を採りあげ、解決へ一歩前進すべきである。がんは立案当局の因襲にある。

検討事項の一つとして初めて財産税の創設が挙げられている。すなわち、「所得分布の変化に応じて、所得税の控除や累進税率のあり方を検討し、これにからんで一般的財産税も所得税の補完として考えられよう。」相続税とか、地方税の固定資産税とは異なり、一般的財産税は、諸外国のいずれにおいても実施されているにかかわらず、わが国においては依然実施されていないのである。かつて新円切替時に臨時的に実施され、更に富裕税が昭和二五年に創設されたが、僅か三年で廃止され、今日に及んでいる。なぜわが国だけが財産税を実施しないのか、いかなる正当な特殊事由が存在するのか、全く理解に苦しむ。財産税が実施されていないことは、その税額相当分だけ所得に対する税、もしくは間接税にその負担が転嫁されているわけである。利子所得に対する特別措置も講ぜられるとのことであるから、課税の面では、巨大な財産は優遇され、国家社会に日夜貢献することにより生ずる所得は冷遇されているわけである。この機会に財産税創設を是非とも検討してほしいものである。

一四〇　税務弁護士制度の創設の提唱

〔昭和三七年（一九六二年）八月　第一四〇号〕

諸外国に比しわが国においては、税務訴訟は極めて少なく、年間五〇〇件足らずである。西ドイツの人口に換算して比較すると、わが国は西ドイツの約二〇分の一に過ぎない。それだけわが国の税務行政が民主化の実を挙げているものとも考えられない。種々の理由があるであろうが、比較的有力な理由として考えられるものは、訴訟代理人になる弁護士が全般的にみて税法に比較的疏遠であり、反対に税法ではないが、税務会計に明るい税理士には訴訟代理権が与えられていないことである。従つて納税義務者としては税務訴訟を依頼する適当な人を見出し難く、必然的に訴を提起する意欲を失うということになるのであろう。この点西ドイツでは、税理士が財政裁判所および連邦財政裁判所における租税事件についての訴訟代理権を有しているだけに、納税義務者は行政審査だけでなく、司法審査を求めることが容易にできるのである。わが国は、西ドイツに劣らないほど、税務行政に対する司法審査制度が実定法上整備されており、国民の権利保護制度において欠けるところはないのである。然るに納税義務者はこの与えられた権利を行使することをためらわざるを得ないのが実情である。税理士にならば、平素記帳を初め税務申告その他税法上の義務履行について依頼しており、なじみも深いが、誰しも弁護士には平素からそう知り合いなじみを有するものではない。従つて税務訴訟をなすべきか否かについて相談をするにしても、まず適当な弁護士を選び出すこと自体が難しい。そこでむしろ税務署や国税局に顔のきく者を使つて頼みこんだほうが得策だという非法治国家的思想に落ちこんでしまうのである。これでは何時まで経つても課税の領域における国民の財産権は事実上保障されない。

税制調査会は、税理士制度の検討にあたり是非この問題をも研究解決すべきである。税法学会としても秋の大会のシンポジウムの課題としてとりあげ、できれば学会の意見を一一月中にまとめたい。今は単なる思いつきに過ぎないが、**税務弁護士制度**を創設したらどうであろうか、税理士のみに受験資格を与え、訴訟法、税法、民商法等税務訴訟に必要な科目のみについての試験をしたらよいのではないか。誰の既得権を侵害するものでもなく、また誰の業務に支障を来たすものでもない。今後研究をして、近い機会に私案を公表したい。

一四一　税務弁護士を税務訴訟代理士と改称し、租税裁判所創設の提唱

〔昭和三七年(一九六二年)九月　第一四一号〕

前号で税務弁護士制度を提唱したが、名称が熟さない。一応「**税務訴訟代理士**」制度と改称しておこう。

この制度に関連して、むしろその前提として必要なのは、**租税裁判所**の創設である。もちろんそ

れは第一審の司法裁判所であり、税務訴訟のみを管轄する租税に関する刑事事件を扱わない。租税裁判所の判決に対する控訴は、高等裁判所に対してなせばよく、必要あれば高等裁判所を東京、大阪、名古屋、広島、福岡、仙台、札幌ぐらいに設けてもよい。いずれにしても終審を最高裁判所にしておけば、憲法違反の問題も生じない。

租税裁判所の設置場所は、必ずしも地方裁判所と軌を一にする必要はなかろう。最初は国税局所在地に設置し、受理件数とにらみ合わせて増設して行けばよい。

租税裁判所を創設することにより、税法の専門的知識を備えた裁判官による裁判がなされることになる。現在の如くあらゆる法律についての知識を有していなければならない裁判官に対して、更に世界一を誇る難解な税法についての専門的知識をも求めること自体が無理である。しかし、法的な考え方には徹している裁判官に税法のみの研究を求めるならば、歳月を要せずして税法の専門的知識を有する裁判官になり得るであろう。しかもこれによつて一般裁判官の裁判に対する量的負担よりも、質的負担が軽減されることになるのである。

租税裁判所が創設されるならば、当然その事物管轄も明確に立法化されなければならない。事物管轄の決定は、難しい問題を含んではいるが、ある程度の便宜主義はやむを得ないであろう。租税裁判所の事物管轄は、税務訴訟代理士の訴訟代理権の範囲を決定することになる。すなわち、税務訴訟代理士は、租税裁判所における訴訟事件につき訴訟代理権を有し、租税裁判所の裁判に対する控訴、上告事件についても訴訟代理権を有するが、その他の事件については、たとえ税法に関連するものであつても訴訟代理権を有しないことにすればよい。従つて税務訴訟代理士の受験資格は、税理士である者に限り、試験科目は、憲法、民商法、民事訴訟法、税法学の四科目で充分であり、司法修習六箇月を経て登録し得ることにすればよかろう。

一四二　税務訴訟代理士の試験の方法・研修等の研究

〔昭和三七年（一九六二年）一〇月　第一四二号〕

本学会の第二三回大会の第二日目に行なわれたシンポジウムにおいて、試験の方法・研修等についてては将来の研究にまつこととして、税務訴訟代理士制度を創設することについて、大多数の賛成があつた。この種の問題は未だかつて検討されたことがなかつただけに極めてその意義は大きい。学界人はもとよりであるが、税理士を初め、職業会計人や法曹界を挙げてその実現に努むべきであろう。

税務計算に堪能な税務訴訟代理士が新しく出現すれば、納税義務者も審査決定に不服なときは、安易な気持で出訴に乗り出し得ることになるであろう。大企業にとつては何の変わりもないであろうが、中小企業にとつては、納得の行くまで権利主張を実際になし得ることになるということは、延いては納税意識の向上にも資するところが大であろう。同時に権利主張には、証拠資料が必要であることを訴訟において体得することになり、それはやがて記帳を初め証拠書類の保有を納税義務者が自主的に実行する因ともなるであろう。

濫訟が増大しはしないかとの懸念に対しては、敗訴すれば税額以外に訴訟費用を初め訴訟代理人に対する報酬をも負担しなければならないことは自明であるから、まづかかる弊害は生じないであろう。

弁護士の既得権が問題であるが、弁護士が税務訴訟代理権を行使し得なくなるのではないから、従前となんら変わりはない。また弁護士はその自由意思により「税務訴訟代理士」の名称を使用し得ることにしておけば、異論も生じないであろう。

むしろ問題は、真に税務訴訟代理人として良くその職責を全うし得る者のみにその資格が与えられなければならないことである。従つてシンポジウムにおいて保留された試験の方法および研修の方法こそ重要であろう。試験については、もとより司法試験に準じ法務省がこれを執行すべきであるが、特定の者に対する特別試験制度は絶対にこれを設けるべきではない。ただ、研修については、現在の司法修習制度に準ずべきではあろうが、税理士業に従事していることを充分考慮して実施可能なものにしなければならず、しかも一方において訴訟技術を習得することに欠けるところがあつてはならない。今後研究を要する問題である。

一四三　事業年度の中途で定款変更により事業年度を変更し、登記をした場合の新事業年度開始の日について

〔昭和三七年（一九六二年）一一月　第一四三号〕

ある法人が事業年度の中途において株主総会の定款変更の決議により事業年度を変更し、定款変更についいては直ちに登記をなした。そこでこの法人は、登記の日をもつて旧事業年度につき決算をなし、登記の翌日より新事業年度は開始するものとして、会社決算に基づき税務申告をしたところ、税務署は、旧事業年度を登記の日をもつて打ち切ることなく、本来の終了日をもつて決算をなし、その翌日より新事業年度を開始せしむべきであるとして、かかる決算に基づく申告書の再提出を要請した。しかし、この法人は、自己の解釈を正当であるとしてこれに応じなかつたところ、税務署から再三電話をもつて督促を受けた。そこでいかなる理由に基づき税務署の指示に従わねばならないのかと質問したところ、なんら税法解釈上の根拠を示すことなく、ただ単に従来からかかる取扱いをしているというだけの回答であつた。

この問題に関しては、法人税法はもとより政令、省令にも規定はなく、通達も出されていない。また国税庁担当官の解説書にも、商法の書物にもこの点について論述したものがない。然るに一体いかなる根拠をもつて従来かかる取扱いをしてきたというのか。この法人と全く同様の解釈をなし

ている国税局もある。私も、税法学上の解釈としてそれが正しいと考えている。果して中央官庁はかかる税務行政の実状を知つているのであろうか。

考えてみれば双方ともに時間と労力を浪費しただけで、租税収入の確保に資するわけでもなかつた。これは一例であるが、決してかかるケースは稀ではない。無益な争訟の発生を避け、数少ない税務官吏をもつて真の所得の把握に活用しなければ、租税法律主義が要請するとおりの租税収入を確保することはできないのである。推計課税や認定課税については、郡部においてとかくの噂を聞く。それでは記帳義務を税法上実定法化することもできないであろう。記帳せずに、推計や認定を受けたほうが得策であるというようなことでは、法治国とはいえない。

主権者である納税義務者としての国民のために、税務行政官庁幹部の部下に対する指揮指導の善処方を要望する次第である。

一四四　税法学は租税の法学的研究をなす学問である

〔昭和三七年（一九六二年）一二月　第一四四号〕

本誌も本号をもつて創刊以来満一二年を迎えた。租税の法学的研究を目指して「税法学」という誌名で、外国税法に可成り重点を置いて編集してきた。しかし、未だに税法学が租税の法学的研究であることは一般にあまり認識されず、むしろ税法学は税法の学問であるぐらいに考えられる嫌いがないでもない。税法学徒は、租税の財政学的、経済学的、会計学的ないし社会学的研究をなすものではなく、あくまで法学的研究をなすべきものである。税法学は、他の法学と同じく解釈法学と立法学とに大別することができる。換言すれば、税法解釈学と租税立法学とである。しかし、租税立法学は、税法解釈学を研究した上でなければ、これを樹立することはできない。現行税法の解釈もできないのに、立法論のできよう筈はない。従つて他の法学と同じく、特に誕生日なお浅き税法学においては、まず必要なのは税法解釈学の確立である。その意味において私は昨年「税法の解釈及び適用」を公刊して、税法の解釈理論および適用理論を検討したのであるが、今後本誌上において日本の現行租税法規に関する解釈論が活潑に展開されんことを希望してやまない。

本誌とは別に四月に租税関係の判例評釈および通達批判の専門誌として「シュトイエル」を創刊し、今月第九号を発刊したが、これは個々の判例・通達のみを対象とするものであるから、自らその使命を異にする。

租税立法論を決して軽視するわけではなく、これに関する論文も歓迎したい。しかし、あくまで租税立法論であつて、税制論、租税政策論でなく、ましてや税務会計論でなく、更には租税に関する経済学、社会学でないことを念頭に置かなければならない。とかく法学論とその他とは混同され易いが、矢張り立法論は法解釈論の上に立つてなされなければならない。

税法解釈論ならびに租税立法論にとつて必要なのは、外国の税法・判例・学説である。将来も英米独仏瑞国くらいについては、わが国に参考になるものを掲載したいと考えている。目下当学会で一〇周年記念事業の一環として行なつている外国税法用語の訳語統一は、外国税法の研究に必ずや貢献するであろう。かくして来年は本誌の内容を一層充実すべく専念しよう。

一四五　固定資産の耐用年数に関する省令別表の取扱通達について

〔昭和三八年（一九六三年）一月　第一四五号〕

年末から年始にかけ本誌の姉妹誌である「シュトイエル」一〇号の原稿として、「固定資産の耐用年数に関する省令別表の取扱について」という通達の批判を執筆した。大体想像はしていたことであるが、こうして通達を批判して初めて、租税法律主義や租税平等主義が眼前において踏みにじられていることを知つたのである。

省令の欠陥を省令改正手続によることなく、通達でもつて解決することは、形式的には違法でなかろう。けだし、通達には法的拘束力はなく、省令を改廃する形式的効力はないからである。従つて形式的には通達でもつて省令の欠陥を解決するということはあり得ない。しかし、実質的に考察するならば、かかる省令の規定と矛盾する如き、あるいは省令の欠缺を補充する如き通達をもつて税務行政の実務にたずさわることは、法規以外のものにより課税することになり、明らかに租税法律主義に反するのである。もちろんそれらのすべてが納税義務者にとつて不利なものばかりではなく、特定、または特定群の納税義務者にとつて有利な取扱いをなしている通達もある。しかし、それは租税平等主義に反するものである。しかも、この場合には特恵を受ける納税義務者は、自ら違法を主張する筈はなく、また第三者はその違法性を主張する法的手段を有しない。その結果、いかにそれが租税平等主義に反するといつても、税務行政庁を動かして自己に有利な取扱いをさせた者は、少なくとも法的には何の指摘も受けることなく、そのまま罷りとおつてしまうということになる。

通達には、また随分無用なものも多い。反対に必要な例示的説明のなされていないものも多く、また説明の積りで書かれている内容がかえつて難しく、更に説明を要するというようなナンセンスなものもある。果して国税庁長官は、自己名義の通達の内容を知つているのかと疑わざるを得ないものも多い。かかるものを指針として税務行政が行なわれているということは、実質的には起案者の個人的意見による税務行政が行なわれていることであり、民主国家として誠に由々しき問題である。こうした通達は、従来誰も批判する者がなく、新憲法下でも野放図に行政権力という温床で育つてきたのである。われわれは気長にこれを批判し、憲法の明定する租税法律主義および租税平等主義に反するものであることを指摘し、良識ある国民の反省を求めるほかはない。

一四六　職業登録税と登録手数料について

〔昭和三八年（一九六三年）二月　第一四六号〕

弁護士登録を日本弁護士連合会が行なうようになつたのは、昭和二四年の新弁護士法施行以来であるが、この時から登録申請者は国税たる登録税と連合会に対する登録料とを二重に負担することになつた。本文でも述べておいたが、税理士および弁理士の場合も同様である。一〇数年経過した今日漸くこれが問題になつている。

法務省、国税庁あるいは特許庁においてこれらの職業登録をしていた時代には、登録手数料という意味で登録税を認めることはできたが、官庁以外の機関が登録をなすようになつてからは、最早その存在理由はなくなつた。

官庁が登録をなしていた時代には、登録税のみを納付すればよかつたものが、官庁以外の機関が登録をなすようになるや、どうして登録税と登録料とを二重に負担しなければならないことになるのか。なるほど、登録税は国税であり、登録機関に対する登録料はもとより国税ではない。従つて国税を二重に負担するのではない。しかし、申請者にしてみれば、従来登録税だけで済んでいたものが、この登録税にかわる登録料以外に、依然として従前の登録税をも負担しなければならなくなつたのである。申請者の金銭的負担は、登録機関が変更したことにより倍加されたのであり、これを正当づける合理的な根拠はなんら見出し得ない。

元来、日本弁護士連合会が登録機関になつたときに、登録税は登録料にかわつたのであるから、その際弁護士登録税はこれを廃止すべきものであつた。然るにこれを存続せしめたところに立法上の過誤があるのである。この際潔くこれら弁護士、税理士および弁理士に対する職業登録税を一日も早く廃止すべきである。

然るにかえつて反対に、職業登録税の本質は登録手数料ではなく、登録によつて初めて弁護士、税理士または弁理士の業務を行使し得る利益を取得するのであるから、かかる利益を税源として登録税を課するのであると存続の理由づけをなさんとする試みがあるやに聞く。仮りにかかる利益を認めるにしても、国家の行政行為たる登記または登録により発生する場合でなければ、これを税源として認めることはできないのである。それは官庁以外の機関が登録機関である場合には、妥当しない。

一四七　税法をわかり易くするために

〔昭和三八年（一九六三年）三月　第一四七号〕

税制調査会では、いよいよ昭和三九年に所得税法および法人税法の全文を改正し、わかり易い税法を作ろうとしている旨の記事を読んだ。税法をわかり易い、読み易い、真に国民のための国民税法に改正すべきことは、本誌巻頭言においてもすでに古く一二年前の第六号以来とりあげてきたところであり、今漸くこれが実現への努力をなされようとしていることは、遅いにしても嬉しき限りである。

私どものように毎日これらの法令をみつめながら、税法学の研究や事件の鑑定をなし、更に大学院および学部において現に講義をしている者にとつては、税法の難解性を身をもつて痛感するのである。これもすでに一三八号の巻頭言において述べたところであるが、外国語というハンデイがあるにもかかわらず、外国税法のほうが読み易く、かつ理解し易いという皮肉な結果は、何によるものであるかを検討しておかなければならない。せめて外国税法と同じ程度に理解し易いものにすることが私の念願である。

今回は、所得税法および法人税法の全文改正であるが、同時に租税特別措置法の大手術もなされることであろうし、また是非われわれにだけでも数回読めば理解できるものにしてもらわなければならない。

税法をわかり易いものにする作業は、まず法文自体の検討から初められなければならない。思いついたことの二、三を挙げれば、

1　カッコ書をでき得る限り廃止すること。長文のカッコ書で、………を除く。とか、………を含む。とかいう表現は誠に煩わしく、理解どころか、読み難いものである。一度カッコ書をとつて書き直してみなければ読むことさえできない。

2　カッコ書で、以下………という。略称を用いる場合には、使用個所に必ず略称を規定してい

る条項を明示すること。

3　課税標準の計算規定は、文章で表現せずに算式を使用すること。

立法技術の考慮もさることながら、更に必要なことは、税法規範の内容自体の検討である。細大もらさず規定しようとする真意は理解できるが、それがかえつて結果的には失敗している。税法は非常に特殊なものであるから、難解なのはやむを得ないというような特権意識を払拭し、わかり易い文章で立案できない能力を反省すべきである。

一四八　税務行政処分の法的価値判断が税法学の使命である

〔昭和三八年（一九六三年）四月　第一四八号〕

税法学は、税法規範を対象とする法学ないし法律学である。然るに、とかく財政学ないし租税論、租税政策学、あるいはいわゆる税務会計学と混同され勝ちである。これらが税法をも研究対象にすることでは、税法学と変わりはないが、税法学が法学であるのに対して、これらはそれぞれ財政学、租税政策学、経済学、会計学である点で本質的に相異するのである。

税法学は法学であるから、税法規範に照らし、税務行政庁のなす税務行政行為ないし処分、および納税者のなす税法上の行為の法的価値判断を研究の対象とするものである。従つてこれらの行為が適法であるか、違法であるかの判断が税法学にとつては、必要なのであり、またそれをもつて尽きるのである。

税法学も法学であるから、税法解釈学と税法立法学とに分かれることも当然である。しかも税法立法学が、税法解釈法学を前提としなければならないことも、他の法学の場合となんら異ならない。またわが国の税法解釈法学を確立するためには、諸外国、わけても英・米・独・瑞国の税法、判例、学説を参考にしなければならないことも、他の法学の場合と全く同様である。このようにして税法解釈法学を研究して行く過程において断片的にしろ立法論は必ず出現して来る筈である。これらを税法制度的に整序し、新しい税法規範の創定を研究するところに、税法立法学は樹立されて行くのである。それは財政学的研究や、特に租税政策学的研究とは、研究の目的を異にし、また社会学的研究とも異なるものである。租税政策に対しては、われわれ税法学者はくちばしをいれるべきではなく、またその能力もない筈である。同様のことは、会計学に対してもいえるのである。税法学を研究する上において会計学的知識の必要であることは否定はしないが、会計学的研究は専門の会計学者のなすべきところであり、税法学者としては厳重にその批判を慎まなければならない。われわれに必要なことは法学たる税法学の確立であり、それが民主主義国家において要請されているのである。税務行政処分の法的価値判断、それは非民主主義国家においては、たとえ許されたにしても、極めてその範囲は制限されており、また名ばかりのものであつた。新憲法下のわが国においては、租税法律に従つた税務行政であるか否かを批判するところに税法学の使命があるのである。

一四九　日税連の税理士法改正要望書と監督権廃除について

〔昭和三八年(一九六三年)五月　第一四九号〕

日本税理士会連合会から、五月六日付で第一次の「税理士法改正要望書」が公表された。相次いで第二次、第三次の要望書が公表される由である。これらの要望書に対しては、本誌上に今後会員の意見が掲載されるであろう。また今秋一〇月一九日、二〇日の大会において、これに関するシンポジウムも行なわれる予定である。

要望書は、改正の趣旨として、「税理士制度の本質は、**税務行政の補助制度**ではなく、あくまでも**納税者の代理制度**として把握されるべきである。このため税理士制度を規制する職業立法たる税理士法は、納税者の収益擁護の見地から代理権限の明確化とその業務範囲の拡大を目標とし、その手段として税理士の資質の向上と自治の精神に基づく、自主的な運営を期待し、もつて公共性を標榜すべきである。」と述べている。

新憲法施行後一六年も経つた今日に及んで、税理士が税務行政庁の補助機関でないことを公文をもつて再確認せざるを得ないことは、誠になげかわしいことである。しかし、事実上のみならず、実定法上も、弁護士の場合とは異なり、大蔵大臣および国税庁長官に監督権を現に掌握されているのであるから、やむを得ないことである。よくも今日まで放任されてきたものである。今更の如く、民主日本において税務行政権力の強大なことを痛感するのである。監督権の廃除については、つとに私も繰りかえし提唱してきたところである。是非明春の税理士法改正にあたつては、最少限、監督権の廃除を実現させなければならない。これが実現して初めて自治権の確立も可能となるのである。国際交流も著しくなつた今日、依然非民主的な制度を残存せしめ、各国の物笑いにならぬようにしたいものである。

要望書も正当に述べる如く、税理士制度の本質を民主的に把握さえすればよいのである。何のためらいもなく当然のことであり、また頗る簡単なことである。然るに妙な錯覚を生ぜしめ、かえつて非民主的な把握を法的に正当づける根拠ともなる文言が、税理士法一条の「中正な立場において」である。全く無益有害な文言であり、抹消しなければならない。強いて税理士の立場を表現する要があるというのならば、「納税義務者の立場において」とでも規定するほかあるまい。

一五〇　更正理由の具体的な記載を要するとする第二小法廷の判決について

〔昭和三八年(一九六三年)六月　第一五〇号〕

去る五月三一日の最高裁第二小法廷の判決（本誌三一頁以下掲載）は、一〇数年にわたる更正理由の附記に関する規定の解釈問題に対し遂に正当な終止符を打つた。

更正理由の附記に関する規定が昭和二五年に創設されて以来、政府はこの規定をもつて効力規定ではなく、単なる訓示規定であると主張し続けてきたが、昭和三〇年一二月二八日の横浜地裁判決を初め各地高裁・地裁の判決によりその主張は斥けられた。そこで問題は第二段階に入り、附記すべき更正理由の程度いかんが争われたのである。この場合にも政府は自己に都合のよい抽象的な記載で足りると執ように主張し続けたが、昭和三三年五月二九日の広島地裁判決により更正理由を具体的に記載することが更正処分の有効要件であると判示されて以来、ほぼこの解釈が確立されていたのである。然るに東京高裁は、昭和三五年一〇月二七日の判決をもつて「売買差益率検討の結果記帳額低調につき、調査差益率により基本金額修正所得金額更正す」というような納税義務者の理解できない記載をもつて理由記載として充分であると判示したのである。大変なことになつたわけである。「更正の理由を附記することが望ましい」と勝手な解釈をなし、かかる解釈が許されないものとなるや、何でも理由欄に文字さえ書いておけばよいという税務行政の考えが一応公認されたのである。かかる考えが新憲法下許されないことは、今更くどくどしく述べるまでもない。しかし、遺憾ながら税務行政の現実はかかる国民を愚弄するような考えに立脚しているのである。しかもかかる考えの持主が「税務指導」をするというのである。政府・官僚は国民の上位にあり、国民を支配し、指導し、自己の欲するとおりに国民を引きずつて行くという考えが、何の反省もなく、国民主権の新憲法下においても常識化しているのである。どうして国民生活のお世話をするという考えに徹し切れないのか。個人の所有欲・支配欲がそれを拒むのであろうか。

幸いにして第二小法廷の判決により、この東京高裁判決はくつがえされ、更正の理由として、「帳簿書類の記載以上に信憑力のある資料を摘示して処分の具体的根拠を明らかにすることを必要とする」と判示されたのである。恐らくこの判決は最高裁民事判例集に収録され「判例」となるであろう。税務行政の民主化への勧告として、国民生活に直結した画期的判決であることを銘記しなければならない。

一五一　所得税法・法人税法全文改正草案の公表の要請

〔昭和三八年（一九六三年）七月　第一五一号〕

政府は、明春を期して所得税法および法人税法の全部改正をなそうとしている。改正の主要目的は、納税者たる国民に読み易い、理解し易い税法にしようというのであり、それは一〇数年来私の提唱してきたところである。目下税制調査会で検討中の由であるから、やがてこれに関する総理への答申がなされ、同時に公表されることであろう。

しかし、答申は、いわば改正要綱の一歩手前のものであり、それだけでは、所得税法や法人税法がどれだけ国民に読み易い、理解し易いものになつているかを検討することもできない。答申に基づく主税局の改正要綱にしても同様である。われわれが知りたいのは、そして批判したいのは、改正しようという法文そのものである。それは改正草案である。

国税通則法についても、草案があり、プリントされていたが、公表はされなかつた。到底われわれは入手することができず、仮りに入手しても批判することもできない。恐らく所得税法および法人税法については、主税局で改正草案が作成されることであろう。是非公表を要請するとともに、本学会に公式の送付を希望する。早速本誌に掲載し、臨時大会を開いてシンポジウムを行ない、充分検討し、要すれば学会意見書を公表したい。

所得税法・法人税法といえば、私法における民法・商法にも匹敵すべきものである。それは形式的には行政法規であるが、すべて私権である国民の財産権に関するものである。国民主権のもとにおいては、税法は政府、税務行政官庁のためのものではなく、国民自身のためのものである。それは、民・商法や刑法と変わりはない。してみればこれらと同様に、改正草案を公表し、国民の意見を聴かなければならない。所得税法や法人税法をわかり易いものにすると言明することは、容易である。しかし、わかり易い法文を作成することは、誠に至難な事業である。誰かが主になつてやらなければならないが、最初から原案に完ぺきを期待すること自体が誤りである。それは誰にも不可能なことである。原案は、主税局や法制局で練られて草案になるのであるが、これとても、国民の声を聴かなければ、かえつて条数多く、長文の法文になるであろう。国会への政府提出法案にする前に、草案を作成し、必ずこれを公表し、国民に批判をなす機会を与えなければ、非民主主義・権力主義のそしりを免れないであろう。

一五二　臨時税理士の許可に対して

〔昭和三八年(一九六三年)八月　第一五二号〕

「臨時税理士問題」がこのところ紙面を賑わし、論議されている。青申会、法人会、商工会、農協、漁協などの構成員中には、報酬や日当の関係で税理士を利用できないものが多々あることは事実である。そこで国税庁および関係団体は、その解決策として「臨時税理士」の許可を考えているというのである。

なるほど、税理士法は、「臨時の税務書類の作成等」という見出しのもとに、五〇条において左のように規定している。国税局長は、租税の申告時期において、またはその管轄区域内に災害があつた場合その他特別の必要がある場合においては、申告者等の便宜を図るため税理士以外の者に対し、その申請により、二月以内の期間を限り、かつ、税目を指定して、無報酬で課税標準・税額に関する申告書等、または租税の減免・徴収猶予に関する申請書の作成およびこれに関連する税務相談に応ずることを許可することができる。

そこで国税庁および関係団体は、この規定を根拠に臨時税理士を許可しようというのである。一旦これが許可されれば、恐らく許可は慣行になり、やがて事実上制度化されるであろう。そうなれば税理士制度は全く宙に浮いてしまうのである。税理士会がこれに対し強硬に反対するのは当然である。

ここで強調したいことは、国税庁および関係団体が税理士法五〇条の解釈を意識的に歪曲し違法な適用を敢行しようとしていることである。納税者が報酬および日当の関係で税理士を利用できないというようなことは、五〇条に規定する「災害があつた場合その他特別の必要がある場合」に該当しないことは明らかである。またそれが申告時期において申告者等の便宜を図るということに該当しないことも詭弁を弄しない限り自明なところである。五〇条が原則規定ではなく、文字どおり例外規定であり、税理士を利用することができないような非常事態が発生した場合にのみその適用が限定されることは、同条の立法目的のみならず、税理士法全体の構造から考察するも自明である。然るにあえて違法な適用をしようとすることは、監督官庁自らが税理士法を軽視ないし無視しようとするものである。しかも臨時税理士の許可処分自体が違法であつても、その取消しの判決を求め得ないだけに事態は悪質である。真に臨時税理士を必要とするならば、違法な行政措置によることなく、すべからく法定の「税理士補」または「簡易税理士」制度を国会において立法的に解決すべきであろう。もつとも私はかかる制度の必要性を認めないが。

一五三　反税運動抑圧のため税理士法五〇条の違法な適用敢行に対して

〔昭和三八年（一九六三年）九月　第一五三号〕

九月一八日付「税理士界」誌で、臨時税理士問題に関する国税庁長官談要旨の記事を読んだ。それによると、臨時税理士の範囲を拡大することは、青申会の強い所は民商が弱いという面から、反税運動を抑えるため、やむにやまれぬ措置である。最近、東京、関信、大阪、名古屋などで大分零細業者に対し反税を基調とする民主商工会の政治的誘惑が強くなつてきた。税理士から断わられて頼るところもない階層を、反税団体に走らせないよう青申会などを使つてくいとめたいわけである。是非とも税理士業界の協力を得たい、と長官は語つている。

誠に妙な話である。反税運動を抑圧するために、税理士法五〇条を違法にも発動しようというのである。この五〇条は、「申告時期において、申告者等の便宜を図るため」にのみ発動されるものである。この五〇条が、税理士法全体の構造より考察すれば、極めて特例的な規定であることは明白である。「申告時期において、申告者等の便宜を図るため」という意味が、文言どおりの意味ではなく、税理士の分布が大都市中心であるため、山村等で、容易に申告者が税理士に依頼することができないような場合を意味していることは、意識的に曲解でもしない限り、明白なところである。また、「その他特別の必要がある場合において、申告者の便宜を図るため」というのも、反税運動の抑圧に結びつけようにも、通常の方法では結びつくものではない。従つて、政府は、反税運動抑圧のために、五〇条の違法な適用を敢行しているということになる。反税運動の抑圧またはその絶滅を期することは、政府よりも、全国民が挙つて達成しなければならないことである。真に民商が反税運動をしているものならば、国民も政府も、今まで何をしていたのか、政治の貧困さにあきれるのである。しかし、かかる目的達成のためには、手段を選ばず、違法な手段を用いるのもやむを得ないということはできない。殊にかかる違法な手段を選んで、果してよく目的を達成し得るや疑問であるばかりでなく、かえつて全国税理士の反攻を受け、税務行政の円滑な運営に支障を来たさないとも限らない。せつかく、税理士会においては、全国納税者政治連盟を結成し、運動を開始せんとしている。政府としては、党派を超え、これと手を握り、反税運動に対処することが、最も賢明である。違法な手段を弄することを即時中止すべく、猛省を促す次第である。

一五四　よう怪的存在の租税特別措置法の全廃の提唱

〔昭和三八年(一九六三年)一〇月　第一五四号〕

この一〇年間に、わが国の税法構造は、驚くべく複雑怪奇なものとなつた。納税者たる国民はもとより、税務職員にさえも理解し難いものとなつたことは、当時と今日の所得税法、法人税法および租税特別措置法だけを比較してみても、明白である。口先きや、筆先きでは、税法の簡易平明化が、立案当局によつても、すでに一昨年以来、提唱されてはいるが、未だ実現されていない。税法の簡易平明化と銘打つて、強引に、昨春制定公布された「国税通則法」が、簡易平明化どころか、税法論理をも無視したよう怪的なものであることは、すでにわれわれが「コンメンタール国税通則法」において、詳細に指摘したところである。

税法の簡易平明化を阻んでいるものは、一つだけではない。しかし、そのうちの主要なものは、租税特別措置法の存在である。

周知の如く、租税特別措置法は、交際費等の課税の特例を除き、暫定的な税務計算上の優遇措置に関する規定の集合である。それだけに、特定の納税者からの存続のみならず、新優遇措置の要望は、年々おびただしい。この法律の規定は、年々増加し、一〇年前に比較して、その分量は、一〇倍以上に達している。毎年、当初の法文の倍増を、一〇年間続けているという馬鹿げた話である。この調子で続くならば、まさに税法秩序は、混とんたる無秩序の状態におちいるであろう。税務職員にも、納税者にもわからない租税法規が、現行法規として存在し、その怪物に駆使されるという由々しい事態が生じてくる。主権者たる国民が、よう怪におどかされて、なす術を知らず、うろうろするという、無秩序の世界である。今にして、一大決断のもと、大手術を断行しなければ、永久に救われないであろう。政府および税制調査会のみならず、民間の各種団体も、租税本来の目的にかつ目し、租税特別措置法の全廃に踏みきらなければならない。経済・産業・貿易・社会・厚生・福祉等の各般の政策を否定するのではない。これらの政策を、租税の領域において、遂行しようとすることを否定するのである。換言すれば、税務署に、その本来の業務のみを遂行せしめようというのである。各省が、自己の業務を、税務署から持ち帰つたとき、まず、第一の手術は終り、次の治療へと進めるのである。

一五五　税理士制度特別部会の審議結果の官僚臭

〔昭和三八年（一九六三年）一一月　第一五五号〕

税理士制度特別部会の審議結果というプリントを読んだ。これは、税制調査会へ報告され、やがて総理大臣に対する答申の骨子となるものである。会員からの要請もあるので、次号において、詳細な批判をしよう。ただ一言もつてすれば、極めて低調なものであり、官僚臭ふんぷんとし、全くの期待はずれというほかない。

税理士制度も、発足以来、すでに一二年、登録事務も国税庁から日本税理士会連合会に移譲されたことでもあるから、もうそろそろ、弁護士制度と同様に、監督官庁をもたない自主的・自律的な職業制度に転換すべきことが、審議されるものとばかり考えていた。それだけに、プリントを読んで、ガッカリした。

プリントでは、懲戒権を税理士会に持たせるべしとする意見に対し、「監督官庁をもたない弁護士制度の場合は別として、税理士制度全般が監督官庁の一元的な監督のもとに運営されているわけであるから、その監督の重要な一環としても、他の職業専門家に関する立法例と同様に、監督官庁がこれを行使することとするのが適当である。」と書かれている。また、「税理士の業務は、税務署における申告の援助等、純粋の法律事務というよりは、税務官公署との事務折衝を中心とした行政に関連する事務という色彩が強い。」と述べ、税理士制度の第一義的な意義は、「法令に規定された納税義務の適正な実現に資するという点に求めるべきものである」としている。納税義務の適正な実現は、国税庁長官の監督に服している税理士が、税務官公署との事務折衝を中心として達成する、という妙なことになる。しかし、それが現実である。しかも、プリントの随所に、「税務行政の円滑適正化」という文言が散見される。税理士をあくまで自らの監督下におき、税務行政の運営に利用しようというわけである。

これで、税理士制度における自主・自律性は、また暫らく見送りとなり、どうやら悲願になりそうである。しかし、それでは困る。監督されている者が、監督者の処分の違法性ないし不当性を、果して十分に主張し得るであろうか。それは、税務行政救済制度に暗影を与えるものである。税理士がその職責を全うし得るためには、一日も早く、国税庁長官の監督から離脱しなければならない。その暁にこそ、「租税に関する法令に規定されている納税義務の適正な実現」が可能となるであろう。税理士諸氏、ならびに有識者の猛省を促す次第である。

一五六　日税連・税理士会の国税庁長官の監督権よりの離脱

（昭和三八年（一九六三年）一二月　第一五六号）

税理士法改正問題も、税制調査会の税理士制度特別部会の報告案、日税連の税理士法改正要望書の公表で、大分にえつまり、これから全納連の活躍ということになるであろう。この問題は、単なる職業法としての税理士法改正の問題ではなく、税務行政のイデオロギーが、官僚独裁主義から、民主主義へ転換するか、否かの問題である。

税理士の使命を、納税者の税法上の権利擁護にありとするか、それとも、従来の如く、「中正な立場において」という文言によつて、あたかも第三者的立場に立たせるかの如く、実は税務官公署の補助者として、しばつておくかの問題である。具体的には、日税連および税理士会が、国税庁長官の監督権から離脱するか、否かである。そのためには、懲戒権行使が問題になつてくる。税務行政の民主化達成のためには、制度的に、何はさておき、懲戒権を日税連が行使することにならなければならない。懲戒権を国税庁長官に握られ、臨時税理士の許可権を国税局長に専行されているようでは、いつまで経つても、税理士は、税務官僚に対して、対等に物がいえない。それでは、納税者の税法上の権利を擁護するというようなことは、夢物語にすぎない。通達に法的拘束力がないことは、百も承知していながら、通達に追随せざるを得ない現状が、永続することになる。われわれが通達をいかに批判し、その違憲性・違法性を非難しても、なんの実効もないことは、税理士の通達行政に対する協力が然らしめているのである。

こうした点を考えてくると、税理士法改正問題は、二、〇〇〇億減税諸法案に決して劣らないほど、国民の福祉に影響するところは、大である。今にして、日税連の自主権・自治権を確立しなければ、日本税務行政の民主化は、永久に達成されないであろう。この好機を、日税連、税理士会、一、三〇〇人の税理士、そして全納連が、しっかりつかみ、所期の目的を全国民のために達成されんことを、切に要望する。

なお、税務訴訟代理の問題については、各般の準備をされ、実質的内容を充分整備されたうえで、再度、立法化に努められんことを望む。

一五七　日税連の税理士法改正に関する第三次要望書において懲戒処分権の日税連への移譲問題が姿を消したことに対して

〔昭和三九年（一九六四年）一月　第一五七号〕

日税連は、旧臘二七日に、税理士法改正についての「重要要望事項」と題する要望書を大蔵大臣に提出した。これは、第三次要望書であり、税制調査会の答申がなされてからのものである。その前文によれば、すでに主税局は、答申の線に沿い改正法立案を進めているので、法案になる以前に、特に重要視する二、三の項目についての要望であることは、明らかである。要望項目は、全部で五つ、すなわち、「税理士の資格と試験制度」「税務訴訟の代理」「税務書類を作成した場合の責任のあり方」「調査の事前通知等」および「臨時税務書類の作成等ができる者」である。従つて、第二次要望書においても、第九項目として要望されていた「税理士に対する懲戒処分について」は、どうしたことか、その姿を消してしまつているのである。何かの間違いではないかと、一瞬眼をこすつたほど、誠に不可解なことであり、納税者たる国民にしてみれば、日税連からも、見離された心地がするであろう。

この法改正において、納税者たる国民にとつて、最も重要なことは、税理士の使命ないし職責を、「納税者の税法上の権利を擁護し、もつて租税正義の実現をはかる」ことにある旨を明文化することと、かかる使命・職責を完全に遂行し得るがために、税理士・税理士会・日税連を、大蔵大臣ないし国税庁長官の監督から解放せしめることである。現行法のように、税理士に対する懲戒処分権を、国税庁長官が有し、大蔵大臣が日税連に対し監督権を行使しているようでは、監督を受けている者が、監督者のなした税務行政処分の違法性ないし不当性を主張しなければならないことになる。もとより、例外はあろうが、一般的にいつて、これでは、納税者のために、充分の権利擁護をなし得ないことは、理の当然なところである。通達の中には、違法なものも、不当なものもある。しかし、監督を受けている税理士が、誰しもよくその違法性・不当性を主張し得るであろうか。

日弁連と「税務訴訟代理」の問題について、折衝中との由であるが、税務行政官庁の監督から、まず離脱しなければ、到底、税務訴訟代理権を充分に行使することはできないであろう。願わくば、税務行政の民主化のために、税法上の権利擁護を依頼する納税者たる国民のために、日税連・税理士会を初め、全国の税理士諸氏が猛省されんことを切望してやまない。

一五八　日本税務官僚独裁路線の強固安泰と税理士の監督権離脱の悲願

〔昭和三九年（一九六四年）二月　第一五八号〕

税理士法改正の終着駅も、いよいよ決定したようであるが、私からいえば、それは、途中駅であつて、終着駅ではない。自民党財政部会、衆議院大蔵委員に対する業界要望事項は、六項目に絞られているが、そのいずれの項目にも、日税連、税理士会、税理士の自主性の確保、税務行政官庁の監督権よりの離脱は、その影さえ見ることができない。まさに、日本の税務官僚独裁路線は強固安泰である。それは、新憲法の民主主義理念ぐらいで、ぐらつくものではないことを、今更ながら、まざまざと見せつけられた。

納税者は、税法によつて納税義務を負担する反面、税法上の権利を有している。これらの権利擁護は、納税者が自らなすか、然らざれば、弁護士に依頼する以外に途はない。税務行政官庁の監督を受けている税理士には、もとより多数の例外はあろうが、制度的には、原則として、権利擁護を依頼することはできない。従つて、税理士の職責は、たとえ、「中正な立場」が削られたにしても、「納税者の税法上の権利を擁護する」ことではなく、答申が述べていたような、「税務会計専門家として見識ある判断を加え、法令に規定された納税義務の適正な実現に資する」ことにあるといわなければならない。

税務訴訟は、これを保留して、不服審査の段階までの租税事案について、納税者の税法上の権利擁護をこそ、税理士の職責として、税理士法上確認されることを要請し、その前提として監督権離脱をあくまで主張したのであつたが、遂に実現されなかつた。残念なことは、政府からはともかくとして、日税連からも、私の主張が見離されたことである。これで、税務行政の民主化は、当局の掛声ばかりで、再びその実現は、いつの日までか、不確定期限を待たなければならないことになつた。

もはや、監督権離脱の問題については、私は、今後再び論ずる要をみない。その実現を、本誌の二五〇号か、三〇〇号ぐらいの巻頭言では報ずることができるであろう。幸いにして、私は、オーストリア租税基本法のテキストを入手した。心の痛手をいやす意味においても、私は、当分の間、西ドイツ税法、スイス税法とともに、オーストリア税法を、心ゆくまで研究しよう。

一五九　卑屈になり切つている国民に対しまず税務官庁側から国民を信頼することの要請

〔昭和三九年（一九六四年）三月　第一五九号〕

オーストリア租税基本法の審議にあたり、財政・予算委員会のとつた基本的態度は、次の如きものであつた。租税手続の当事者間、すなわち、税務官庁と納税者との間には、信義誠実の上に樹立された相互の信頼関係が、不可欠のものである。税務官庁は、その職務遂行にあたり、納税者は、法律により課せられている義務を、でき得る限り履行しようと実際に努めている、と考えることができ、他方において納税者も、税務官庁は、その職務遂行にぜひとも必要な範囲においてのみ処分をなすにすぎない、ということの信頼ができる。委員会は、このように、両当事者が、互いに相手を信頼して行動することを期待して、法案の審議をしたというのである。

われわれ日本人から考えれば、まるでシュトラウスの軽快なウィンナ・ワルツに乗つての夢物語りのようである。しかも、それが現実なのである。

しかるに、わが国では、納税者は、税務職員の調査にあたり、まるで犯罪容疑者でもあるかの如く、おどおどした態度で臨む。低姿勢で、懇願にこれつとめ、更正金額の減額を達成せんとする者もある。有力ルートによるものもある。総じて、納税者は、卑屈であり、税務官庁に対する信頼感など、全くもつていない。

税務職員も、所得調査にあたつては、先入的に、大方の納税者は、所得を隠ぺいしているものと考え、まるで犯罪捜査でもしているような態度で臨む。納税者に対する信頼感など、毛頭なく、ごまかされはしないかという気持と、必ず摘発してやるというファイトで一杯である。

これでは、いかに税法を改正してみても、信頼関係の上に立つ税務行政の民主化など思いもよらぬことである。すべては、振り出しに戻つて、まず、かかる信頼関係を、実際につくるように努めなければならない。国民は、古くは封建時代から、近くは軍国時代から、官に対して、卑屈になり切つている。従つて、官側から、まず、譲歩して、公僕精神に徹し、国民を信頼するという態度で臨まねばならない。もとより一朝にして、なるものではないが、同じ地球上で、すでにその実現への努力がなされている国も存在することを、忘れてはならない。信頼関係に基礎をおかない社会は、闘争と無秩序の社会なのである。

一六〇 「租税負担の公平を図る」という殺し文句による幻惑

〔昭和三九年（一九六四年）四月 第一六〇号〕

税務行政が、租税立法および租税裁判をも、形式的にでなく、実質的に、自己の支配下におこうとするムードが、最近再びただよい初めている。これは、まさに税務行政独裁への路線である。この路線は、国民主権を明記した新憲法によつて、すでに一七年前に、廃線となるべき筈であつた。しかるに、いつまでたつても、旧憲法下の税務行政の域を一歩も出ないのは、どうしたことだろうか。国民の意思に反して、それどころか、国民である税務職員の大半の意思に反して、税務行政は独裁化しつつある。果して独裁化の旗を振る青年将校が存在するのだろうか。もしそのような存在があるのならば、必ずや納税者よりも、まず税務職員自身によつて弾がいされるであろう。

私は、具体的な人間ではなく、抽象的な妄想がその原因であると考える。それは、「租税の公平な負担」ということである。租税立法をなす場合に、「租税負担の公平を図る」ことは、もとより絶対的に必要である。税制調査会が、税制の審議にあたり、租税負担の公平を図ることを、そのモットーとするのも、至極当然なことである。

これに反して、国税庁長官のもとにおける税務行政は、すでに租税負担の公平を図つて制定された租税法律を解釈し、適用することが、その職務である。従つて、租税法律を文言どおりに解釈し、適用すれば、それがすなわち、租税負担の公平を期する結果になるのであつて、解釈・適用の段階において、あらためて、自ら租税負担の公平を図ることは、実質的に立法権を侵害するものである。しかるに、租税法律の解釈、殊に具体的事案にこれを適用するにあたつては、あたかも租税立法の場合と同じく、「租税負担の公平を図る」べきことが、なんの疑いもなく、一般に認められ、常識化されている。その結果、せつかくの租税法律が、「租税負担の公平を図る」という名目のもとに、ゆがめられて解釈され、適用されるのである。仮りに現行租税法律の規定の内容が、租税負担の公平に反するものであるとしても、これを解釈・適用の段階において、税務行政が、更には租税裁判も、これを手直しすることは許されない。それが法治主義の鉄則である。すべては立法を待たなければならない。しかるに、このわかりきつた鉄則が、「租税負担の公平を図る」という殺し文句によつて、幻惑されてしまうのである。その結果、税務行政は、租税負担の公平という掛声によつて、オールマイティとなるのである。心しなければならない。

一六一　日税連・全納政連が税理士の監督権離脱の要望書を提出したことについて

〔昭和三九年（一九六四年）五月　第一六一号〕

本誌一五八号の巻頭言において、税理士の監督権離脱に関する私の主張は、遂に日税連からも見離され、今後再びこの問題については、論ずる要をみない、と断言した。それは、わが国の税務官僚独裁体制が、国会における質問・きゆう明ぐらいで、ぐらつくものではないほど、堅固なものであり、新憲法の理念に逆行しながらも、ますます健在であり、一部の有力な国民も、間接にこれを支持している現状にかえりみ、しばし、時の経過を待とう、という考えであつた。

ところが、今月初め、四月二二日付の日税連・全納政連会長名による「税理士法改正に関する要望書」を入手した。同書によると、前文において、「納税者擁護の性格をもつ税理士制度の確立」を要望し、改正原案修正要望項目の8には、「納税者の立場を擁護すべき税理士が徴税官庁の監督下にあるのでは、納税者の権益を充分擁護できないから、税理士の自主性を確立するため次のとおり修正すること」として、私の主張してきた監督権離脱の問題を全面的にとりいれている。一度は見離されたが、再び脚光を浴びるようになつた。しかも、六月一〇日には、この要望貫徹のため、一二、〇〇〇人余の大運動が展開されるとのことである、納税者たる国民の権益擁護のため、ひいては、国家の健全な発展のため、要望の達成を祈つてやまない。

税理士の監督権離脱の問題は、むつかしいことではない。監督者のなした税務行政処分の不妥当性、更には違法性を、どうして監督を受けている者が、十全に主張することができようか。改正法案の立案者達は、一体これをどう考えているのか。異議申立や、審査請求を、でき得る限り、おさえようというのか。立案者達は、主人公である国民の権益のことを、真に考えているのか。一日も早く公僕精神に徹した誠実な税務職員になつてもらいたいものである。それが実現するまでは、税務行政の民主化など思いもよらぬことである。

税理士法改正が、これからどのような途をたどり、どこに落ちつくかは、国会、日税連、そして税務官僚の実力が、これを決定するであろう。久しぶりに、喜ばせてほしいものである。

一六二　継続審議になつた税理士法改正法案

〔昭和三九年（一九六四年）六月　第一六二号〕

六月一九日に衆議院で可決された税理士法改正法案は、参議院で、会期満了とともに、継続審議になつた。従つて、廃案になつたわけではない。しかし、参議院で可決されるまでには、まだ月日もあることであるから、今一度この改正法案が、真に国民に福祉と利益をもたらすものであるか、あるいは、逆に国民に不利益と不幸を招くものであるかを、充分に検討しておかなければならない。改正法案が、納税者たる国民の利益にいかなる影響を与えるかについては、どうしたことか、ほとんどの日刊紙・週刊紙によつても、とりあげられていない。恐らく、税理士法は職業法であり、その改正は、税理士の利害に影響するところはあつても、納税者たる国民には関係がないと考えているか、もしくは国民との関係の有無などを全く考えていないことによるものであろう。

どう考えても、おかしいことは、税理士は、税務官庁の依頼を受けてではなく、納税者の依頼により、税理士業務を遂行するものであるのに、どうして税務官庁の監督に服さしめられるのか。監督されている者が、監督者に対して思う存分のことをなし得ないことは、当然なことである。神ならぬ国税庁長官の発する通達のうちには、違法なものもある。しかし、税務官庁の監督を受けている税理士としては、いかに通達が違法であると考えても、その通達に従い税理士業務をなさなければならないであろう。ましてや、更正処分に対する異議申立や、審査請求などにいたつては、考えるだけでもナンセンスである。それとも、税理士は、納税者たる国民の税法上の権利を擁護することを、その使命としているものではなく、あくまで、税務官庁に協力して、徴税の実を挙げることをもつて、その使命であると考えることが、正しいのであろうか。税理士は、税務官庁の民間補助機関なのか。これを肯定すれば、国民の福祉・利益とは無関係に、改正法案は、うなづける。もつとも、そうなれば、納税者は、税法上の問題を、あげて弁護士に依頼するのほかなくなる。国税労組も、改正法案に賛成しているが、果してそれでよいのか。税理士が、税法によつて単に税務計算をするだけではなく、税法上の権利義務の問題にまで進展しなければ、会計学から税法学へと進まなければ、いつまでたつても、この問題は、時期尚早として、解決されないであろう。租税は、すでに法治国家的に、権利義務で厳格に規制され、形成されていることを、素直に承認しなければならないではないか。

一六三　税務行政の独裁化、法令軽視・通達偏重に協力する納税者および職業会計人

〔昭和三九年（一九六四年）七月　第一六三号〕

本誌の姉妹誌である「シュトイエル」誌において、間接税や、資産税関係の通達を批判してみると、通達行政の実体が、よくわかる。通達に法的拘束力のないことは、今更述べるまでもないことであるが、しばしば、当局筋によつて、通達には事実上の拘束力があることが強調されている。納税義務者は、もとより、税務会計職業人を初め、会計学者にも、通達に法的拘束力がないことなど、全く眼中になく、通達こそ最も重要な法規でもあるかの如く考えられ、これに従つて税務会計は行なわれている。租税法律主義とか、通達の非法源性は、ここでは通用しない。法律、施行規則、施行細則も、通達も、なんら変わりがない。法的拘束力の有無よりも、明文の有無のほうが重要である。従つて、ここでは、租税の法治国的形成、すなわち、租税法律関係などは、全く抹殺どころか、無関係なことであり、まるで法の支配しない社会生活ででもあるようである。これが現実である。

しかし、この現実と憲法の明定する租税法律主義とのかい離は、そのままで今後も続けられてよいものか。税務職員はもとより、納税者も、職業会計人も、これに対して無言であり、あまり利害関係を感じていないようである。その結果、租税に関する法規は、単なる書かれた文化財になり、通達こそ生きた現行の租税に関する実質上の法となつてしまう。われわれが、いかに税法学上の見地から、かかる通達行政を批判しても、火の粉がふりかかつてこない人達は、耳をかそうともしない。その間に、通達行政の実績ができ上がつてしまう。時たま、花火のように、判決で通達行政が非難されても、その場限りのものになつてしまう。誠に皮肉な話であるが、納税者である国民が、税務行政の独裁化、法令軽視・通達偏重の思想に協力し、拍車をかける結果となつている。しかも、声を大にして民主主義を唱え、時には叫ぶ連中も、租税の領域については、まるで魔術にでもかかつた如く、自分達のしていることが、どんな結果になるのかに気がつかないのである。

われわれは、気長に通達の批判を続け、民主主義とまで行かなくても、租税法律主義を守り、税務行政の独裁化を静観しよう。

一六四　租税法律主義を実質的に否定した相続税財産評価基本通達

〔昭和三九年（一九六四年）八月　第一六四号〕

四月二五日付で、「相続税財産評価に関する基本通達」および「昭和三九年分相続税財産評価基準」という国税庁長官通達が、各国税局長宛発遣され、前者は六月四日付、後者は五月一四日付の国税速報で公表されている。単なる行政取扱通達であり、納税者を法的に拘束し得るものではない、といつてしまえばそうに違いなく、それまでである。しかし、これからは、この基本通達に従つて相続税財産の評価が行なわれ、その評価方法が特に不合理なものでない限り、納税者は、あえて財産の評価が通達によつていることを問題としない。また、税理士を初め職業会計人も、こぞつてこの通達に準拠し、事実上あたかも法律と同じ効力を有することとなるところに大きな問題がひそんでいる。

立法機関である国会の審議可決した法律である「相続税法」には、第三章「財産の評価」と題して、二二条から二六条の二まで六箇条の財産評価に関する規定がある。しかし、それは、ドイツの評価法（八九箇条）と比較すれば、誠にお粗末なものである。しかるに、この基本通達は、二一〇項にわたる内容実に豊富なものであり、ドイツの評価法および施行規則と比較しても、優るとも、決して劣るものではない。従つて、実質的には、わが国にも、評価法が存在するわけなのであるが、どうしたことか、それは、法律ではなく、国税庁長官の国税局長に対する通達の形式をとっているのである。相続税法の六箇条の規定のどこにも、政令や、省令に委任する旨の明文はなく、ましてや、詳細は通達をもつてこれを定めるなどの文言はない。

課税にあたり財産をどのように評価するかは、国民の権利義務に重大な影響を与えるものであり、必ず法律をもつて規定しなければならない。憲法の明定する租税法律主義が、それを厳に要請していることは、何人にも疑いのないところである。しかるに、新憲法実施後一七年余を経た今日、未だ国会においても、その実現を政府に要請する者さえいない。これでは、いつまでたつても、わが国の租税は、法治国的に形成されない。換言すれば、租税は、いつでも法の世界から脱出して、法の支配を受けない恣意的な行政の対象となり得るのである。それは、まさに未開発国的政治現象である。

一六五　草案を公表しない所得税法・法人税法全文改正作業

〔昭和三九年（一九六四年）九月　第一六五号〕

所得税法および法人税法の全文改正の作業が主税局で進捗し、すでに第三次草案まででき上がつているとかのことである。民間の経済団体でも、特定のものには、この草案が内示され、法案成立への協力が求められているとかの噂である。しかし、当学会には、草案や要綱はもとより、税制調査会の「所得税法及び法人税法の整備に関する答申」さえ送付されていないことは事実である。

おそらく、われわれの要請にもかかわらず、草案は公表されないであろう。せつかく税法を整備し、平明化を図るというのであれば、衆知を集め、充分の批判も仰ぎ、立案作業はなされるべきものである。これを数人の考えでまとめ上げることは、いかに立案専門家をもつてしても、形式的には可能であるが、実質的には不可能なのである。もとよりかくしてでき上がつた政府法案が、そのまま法律となるのではなく、立法府である国会において審議されるのであるから、よいようなものの、もし国会において骨格さえ修正しようということになつたならば、どうする積りなのか。

税法は、もはや、かつての非民主主義国家時代におけるような単なる行政法規ではない。税法は、税務官庁のための租税に関する取締法規ではない。それは、民法や商法と同じく、国民のための法規であり、国民の経済生活には、欠くことのできない法規なのである。従つてこれに対する国民の関心度は、民法・商法にまさるとも劣らない。かかる税法を平明化して、納税者たる国民にわかり易くすることは、もとより絶対的に必要なことであるが、その達成は、いかに叡知の持主であつても、少人数では不可能である。ことに税務行政官吏は、職掌柄、当然自己の職分を前提として立案するのであるから、ましてやといわなければならない。

法案が国会へ提出されたならば、われわれも法案を読む機会を得るであろう。やむを得ない、それまで待とう。その上で、われわれは、存分に法案を批判しよう。早急に各地で批判研究会を開き、要すれば臨時総会を招集して、当学会の意見書公表をもなしたいと考えている。それは、ひとえに、民主主義に徹した真に国民のための所得税法・法人税法を恒久法としてもちたいからである。

一六六　日本税法学会創立満一三周年を迎えて

〔昭和三九年（一九六四年）一〇月　第一六六号〕

日本税法学会も創立満一三年を迎えた。回顧すれば、誠に遅々たる歩みではあったが、ともかく無から有を生ぜしめてきたことは、ひとえに三〇〇人余の会員のご協力の賜である。本誌も一六六号であり、とかく風評があっても、バックナンバーの市価は、定価を遙かに上廻っている。編集ならびに内容ともに、もとより現況に甘んずるものではないが、それにしても、定価以上で売られていることは、それだけの需要があるものと考えてよかろう。もちろん、反省を重ね、内容充実をはかると同時に、税法学の発展に、単なる言葉の上でなく、いささかでも実際に寄与することにつとめなければならないが、そのためには、その税法学が、憲法の理念を最高理念とする民主主義税法学であることを、再認識しておかなければならない。租税法律主義を実質的に否認せんとするような理論に対しては、たとえそれが意識的なものではないにしても、寛大であってはならない。国庫主義・非民主主義理論に対しては、立場を異にするのであるから、いつまでもこれを相手にしていることは、立場そのものの説明にとどまる。ここらでそろそろ、われわれは、個別的な具体的な問題の研究に進み、もつて税法学の体系・構造の洗練化のための準備に着手しなければならない。もちろん、外国税法学から転用したあらかたの税法学体系は、われわれの脳裡に用意されてはいる。しかし、それがわが国の実定租税法規にそのまま適合するものではない。

他の法学に比し、税法学の未熟性が指摘されている。しかし、長年月の研究歴史を有する他の法学と比較すること自体が誤りである。極めて少数の者により、一〇年や一五年研究して、新しい税法学体系など完成するものではない。これから更に数一〇年を要することは確実である。われわれは、その場かぎりの功をあせるものではない。しつかりと大地に腰を落ちつけて、風評などにこだわらず、こつこつと研究に精進し、着実に歩一歩と、税法学の確立につとめればよい。

当学会の組織・運営についても、反省すべき点があろう。しかし、それこそ、形式主義でなく、実質主義で考うべきであり、徒らに、文字の上で整備するだけでは、なんの実益もない。可能なことを、黙々と実行して行くことが、最も重要なのではなかろうか。

一六七　税制調査会の租税特別措置整理減縮論

〔昭和三九年（一九六四年）一一月　第一六七号〕

税制調査会の一一月一三日付答申案を、税務通信の特報により読んだ。その内容は、「今後におけるわが国の社会、経済の進展に即応する基本的な租税制度のあり方について」という表題からもうかがえる如く、ほとんど財政政策、租税政策に関するものであつて、直接われわれ税法学専攻者の研究対象になるものではない。しかし、この答申の「第七　租税特別措置のあり方」については、租税平等主義のみならず、税法の簡易化とも密接な関係を有しており、税法学上も立法論的に検討を要する問題である。

答申は、基本的な考え方として、「租税特別措置は、一定の政策目的を達成するための手段として租税のインセンティブ効果を活用しようとするものであつて、経済政策の一環としての意義をもつものであるが、その反面、負担公平原則や租税の中立性を阻害し、総合累進構造を弱め、納税道義に悪影響を及ぼすなど、多くの短所がある点にかえりみ、当調査会が従来から答申してきた整理減縮の方向を引き続き推進すべきものと考える。」と述べている。私のように全廃論を唱えず、整理減縮論を基本的考え方としているのは、種々の意見の総合的結論としては、やむをえないであろう。

答申は、ついで「上記のような短所があるにもかかわらず、租税特別措置が認められるのは、まず、税制以外の措置で有効な手段がないかどうかを検討し、他に適当な方法が見出し得ない場合に限られるべきである。」と、できうる限り特別措置の限定を唱え、かりに例外的に認める場合でも、(イ) 政策目的自体の合理性の判定、(ロ) 政策手段としての有効性の判定、(ハ) 附随して生ずる弊害と特別措置の効果との比較衡量、などのテストを厳格に経たうえでなければならないと考えている。

かかる考え自体は、最も実現可能なものとして認められなければならない。しかし、現在、附則を除いて、租税特別措置法は一四九条、同法施行令は一二九条、同法施行規則は七三条という膨大なものである。しかも、その一条が、いずれも長文かつ、難文である。税法を難解なものにし、税法研究者をさえすて鉢的な気分にさしているのも、この租税特別措置法である。全廃に越したことはないが、一歩譲つて整理減縮するにしても、論文に終らず、一度でも実績をあげてみることが必要である。しかし、おそらく明春になれば、甘い夢を見ていたことになるであろう。

一六八　所得税法・法人税法の全文改正にあたり税法解釈の原則規定等を設けんとする立案当局の意図に対して

〔昭和三九年（一九六四年）一二月　第一六八号〕

所得税法・法人税法の全文改正にあたり、それぞれ総則を設け、税法解釈の原則、事実認定の原則、更には、租税回避に関する一般規定を設けんとする意図が、立案当局にある由を風の便りに聞いた。全くの虚報であることを望む者は、私一人ではあるまい。

三年前、国税通則法の制定に際し、当学会を初め各界の反対により、かかる規定を同法中に実定法化することはできなかつた。今度は、それを個別法において実現せしめようというのである。もし真にかかる規定を実定法化する必要があるのならば、国税通則法の改正手続をとるべきである。個別税法から共通の通則的規定を集めて、通則法を制定しておきながら、今度は、通則的規定を個別税法に設け、やがてまたこれを通則法に編入しようという算段である。誠に立法をろう断するものといわなければならない。

それよりも重要なことは、この三年間に、いわゆる実質課税の原則について、どれだけの研究がなされたかである。実質課税の原則というのは、元来、税法解釈および事実認定に関する原則ではない。それは租税法を制定する際における立法上の原則である。それは、「租税負担の公平を図る」

ということと同じく、あくまで立法上の問題である。従つて制定された税法の規定は、実質課税または表見課税のいずれかの原則によるものであり、また租税負担の公平も図られている筈のものである。ただそれだけのことであつて、制定された規定を実質課税の原則によつて解釈するということは、全くその意味をなさない。おそらくそれは実質主義ないしはいわゆる経済的観察法ということであろう。あえて文言の使用法を争うものではないが、この場合にも、安定性を要望する。それはともかくとして、実質主義とか、経済的観察法が、その発祥地西ドイツにおいて、すでにこの一〇年間、学説のみならず、判例によつても鋭く批判され、殆んどその形骸を残すのみとなつている現状を果して知悉したうえのことであろうか。世はまさに「税法の民事法よりの独立化」から、「税法の民事法への接近化」へ転換しつつあるのである。それはほかならぬ、法規範たる税法の世界においても、法明瞭性と法安定性が、その解釈および適用の上において至上のものとして要請されるからである。立案当局の良識ある活動を望む。

一六九　税理士を納税者の税法上の権利擁護者とすることが税理士法改正論議の根本問題である

〔昭和四〇年（一九六五年）一月　第一六九号〕

税理士法改正の論議は、いささか根本問題から外れかけているような気がしないでもない。根本問題を充分論議し、これを確認さえしておけば、個々の改正問題は、論理の飛躍を認めないかぎり、極めてスムースに話がつく筈である。もし話がつかないときは、必ずもう一度根本問題に立ち戻つて、再出発を繰りかえせばよかろう。

根本問題とは、もちろん税理士の使命・職責をどのように把握すべきか、ということである。それは、現在まで多数の税理士がどのように存在してきているかという Sein の問題ではなく、今後どのように存在すべきものであるかという Sollen の問題である。

政府の考え方は、改正法案の随所に現われている如く、税理士を、税務会計専門家として、税務官公署の協力・援助機関であるかの如く所寓し、もつて税務行政の円滑化に寄与せしめんとするにある。法的拘束力のない通達を続発し、この通達により税務行政を独裁的に運営し、事実上の拘束力、延いては税務慣行、更には慣習法の成立をも謳歌せんがために、税理士を税務官公署の機関化しようというものである。

法治国においては、わけても税務行政は、いかなる場合にも、法律の支配を受けるものでなければならない。また、国民には、違法な税務行政処分に対する救済が法律により与えられ、同時にこの救済を充分実現できる途がひらかれていなければならない。この納税者の税法上の権利を代弁・擁護する者が、国民に用意されていなければ、未だ完全な行政救済制度であるということはできない。ここに納税者の税法上の権利擁護者として、当然に税理士の登場が国民によつて要請されてくるのである。税理士は、常に税務官庁側に立つ者ではなく、納税者側に立つ者でなければならない。何もかもさらけ出して頼りにしている税理士が、実は税務官庁の補助機関同然というようなことでは、国民は一体どうすればよいのか。国民の渇望する者、それは、税務官庁の一切の監督から解放された自主独立の税理士なのである。新憲法施行後一〇数年を経た今日、こんなことを問題にしなければならないこと自体が、誠に不可解なのである。しかし、それが現実であるだけに、この際、充分この問題を究明し、しかる上で、個別の問題に進展すべきことを望むのである。

一七〇　正しい青色申告に多大な非生産的時間の空費をした体験

〔昭和四〇年（一九六五年）二月　第一七〇号〕

大学教授であり、会社顧問であるが、私も幸いにして一介の出版業者として青色申告納税義務者である。大学では、すでに一五年間、毎週八時間の税法学の講義と演習を担当している。演習では法学としての税法学のみならず、税務会計にも触れなければならない。そういう私に、偶然にも、税務会計の実践の機会が恵まれた。それは、三晃社という商号で昭和二三年に出版業を開業して以来一六年の久しきにわたつて、私の片腕として、経理を担当していてくれた教え子が、突然一昨年の暮に退職したからである。昨年三月の確定申告は、もちろん同君にしてもらつたが、本年三月の確定申告は、自分でしなければならないことになつた。事務所の娘さん達に各種伝票の起票、何千枚という売上カードの記入、法定諸帳簿への記帳はしてもらうのであるが、これを毎日指導しなければならないことになつた。ともかく、毎日相当時間をこれに費して一年は終り、いよいよ決算を迎えた。正月の休暇明けの六日から早速これにとりかかつた。まず、たな卸であり、講義では毎年いとも簡単に述べていることが、さて実践になると、いかにむつかしいものであるかを、身をもつて体験した。活字の計算、追録の除去頁の計算、完全な台本部数の計算等……、何回途中で投げ出そうと考えたかわからない。実際やつてみて、ほとんどかかる計算が不可能に近いことがわかつた。それでも約一ヶ月を犠牲にして、近似数を算出した。

次は、一年間の伝票および帳簿の検査である。長年、連日朝まで、原書を読み、論文を執筆してきたのが、ほとんど伝票・帳簿の検査に、まさに徒費された。最後に、税務署から送付された青色申告決算書および確定申告書への記入の準備である。後者は、比較的簡単なものであるが、前者は、極めて詳細なものであり、控用に記入を終るまで、一五日間を要した。

一五年間、所得税法や法人税法の講義をしてきたが、青色申告がいかにむつかしいものであり、非生産的な時間の空費を余儀なくするものであるかを初めて知つた。全国の青色申告納税義務者の申告に要する延時間数を考えたら、おそろしいことになると同時に、こういうことに短い人生の貴重なるべき時間が費されることの合理性の有無をまじめに検討したくなる。税務当局だけでなく、全国民、わけても税務会計の学識経験者も、一度身をもつて体験され、早急にこの問題を検討されんことを望む。

一七一　公表をせず、国民の声を聴かずに無修正で可決された所得税法・法人税法の全文改正法案

〔昭和四〇年（一九六五年）三月　第一七一号〕

所得税法および法人税法の全文改正法案は、無修正で本日可決された。一昨秋来、草案の公表を要請してきたのであるが、僅かに要綱を日刊紙等で読んだだけで、法案自体さえ、当学会へは送付されなかつた。しかるに、税務関係図書の出版社は、いち早く両法案集を発売した。面白い現象である。

納税者たる国民が両法案に多大な関心を有しており、需要があればこそ、各出版社は、色々の手づるで法案を入手し、競つてこれを出版したのである。それほど、国民は、両法案に関心を有していたのである。これは当然のことであつて、国民の権利義務に関係することは、決して民事法や刑法にまさるとも、劣らないからである。いかに犯罪がふえても、刑法の適用を受ける国民の％は、税法の適用を受ける国民の％に比すれば、微々たるものである。かかる刑法でさえ、改正は頗る慎重であつて、予備草案を公表し、学界を初め国民の批判をまつたうえで、全文改正しようとしている。しかるに、国民の日常生活にとつて最も経済的に利害関係のある税法、しかも特に重要な所得税および法人税に関する法案に限つて、どうして学界人および一般国民は、眼かくしをされなければならないのか。国民が充分納得するような合理的な税法でなければ、租税収入は、民主的な税務

行政をもつてしては、到底確保できない。必然的に独裁的な税務行政に偏せざるをえないのである。どうして民主的な税務行政で、租税収入を充分確保しうるような、合理的な、国民の納得する税法を制定しようとしないのか。

国民にわかり易い税法をわれわれは要求してきた。それは、国民の協力がなければ、実現できるものではない。立案者が、あるいは国会の大蔵委員が、わかり易いと考えても、国民にわかり易くなつたか否かは疑問である。どうして国民の批判を、国民の声を聴くことを避けようとするのか。一体、国民の批判を受けることにどんなさしさわりがあるのか。全く不可解なことである。

ともかく、われわれの知らない間に、所与のものとして、新しい所得税法および法人税法は公布施行されてしまつた。したがつて、われわれの研究は、これら新法の解釈論、ならびに批判の結果による立法論に向けられることになつた。税務当局の解説を熟読したうえで、われわれ学界人のコンメンタールを執筆しよう。その際、まさかとは思うが、税務当局の取扱いと異なるわれわれの解釈論に対して、脱税指導というような暴力的言論で脅迫されないようにしたいものである。

一七二　立法趣旨の簡易・平明・合理化が実現されていない新法人税法

〔昭和四〇年（一九六五年）四月　第一七二号〕

新法人税法施行後、すでに一箇月になる。新施行令を掲載した三月三一日附官報は、一八日頃発行されたが、新施行細則を掲載した同日附官報は、未だに発行されていない。省令は、主として手続・書式に関するものであるとのことであるから、とりあえず、施行令を参照しながら、新法人税法の検討を、雑誌「シュトイエル」で初めた。新法制定の理由は、納税者に理解し易いように、税法を簡素・平明・合理化し、体系を整備するということである。早速、この制定理由を検討の基準にして、逐条的な研究にとりかかつた。ところが、わずか一〇条までを検討してみて、一箇条も、フリー・パスになるものはない。平明化しよう、合理化しようとしたことは認められるが、むしろ体系整備に重点がおかれ、平明化・合理化は後退している。総則、内国法人の納税義務、外国法人の納税義務、と編別にしたために、旧法では、単に「法人」としていたものを、各条において「内国法人」と書かなければならないことになつた。このような立法例は、どこの国にもない。これが所得税法になると、居住者、非永住者、非居住者と使いわけされて、複雑なことである。法人税法は、内国法人についてのみ適用し、外国法人については、外国法人税法という特別法を制定さえすれば、こんなことにはならなかつたのである。「各事業年度の所得については、各事業年度の所得に対する法人税を課する。」というたぐいが、頗る多い。もとより精確な表現ではあるが、これでもつて簡易・平明化し、納税者にわかり易くしたと言明されたのでは、全く国民は愚弄されていることになる。国会にしても、数日の審議では、とても逐条検討はできないであろう。どうして草案を公表し、せめて学界人の批判でも受けたうえで、法案を作らなかつたのか。どうしてこんな制定趣旨に反するような法案を提出し、急いで国会を通過させなければならなかつたのか。全文改正は、しばしばできるものでないのに。

民主主義とは、量で解決することであるというのであれば、すべての法律は国会で可決されたものであるから、ことごとく民主主義法律ということになる。われわれは、税法の立法形式ではなく、制定された税法の内容が、実質的に民主主義に相応するものとまではいわなくても、民主主義に反しないものであるかを検討しなければならない。同時に、簡易・平明化という制定趣旨が、制定された法令において実現されていないにしても、現行法になつたのであるから、その解釈論の展開に移らなければならない。

一七三　官庁税務会計による「無償による資産の譲渡に係る収益の額」

〔昭和四〇年（一九六五年）五月　第一七三号〕

税の世界に妖怪があらわれた。官庁税務会計がそれである。所得をねつ造するために、虚偽の金額を、貸方項目に計上しようというのである。新法人税法二二条二項が規定する益金の額に算入すべき「無償による資産の譲渡に係る収益の額」がそれである。これが、贈与者たる譲渡人について生ずる収益の額、というのであるから、唖然とするほかはない。

どうしてこのような驚くべきことを規定したかといえば、それにはわけがある。新法三七条五項は、新しく、寄附金の額は、帳簿価格ではなく、贈与の時の時価であると規定したから、これと辻つまを合せるためには、帳簿価格と時価との差額を、文句なしに貸方に計上しなければならなくなったのである。この貸方に計上する金額が、「無償による資産の譲渡に係る収益の額」というのである。それは、真実存在しないねつ造された虚偽の金額である。しかし、このように収益の額をねつ造しなければ、三七条五項を活用して課税はできないのである。

法人は、贈与資産の帳価を時価まで評価増をし、評価益を計上することはできないから、帳価を寄附金の額としなければならない。しかるに、寄附金の額は、法人計算の帳価ではなく、時価であると規定したから、貸借の金額が合致しないことになる。そこで、やむなく、無償譲渡であるにもかかわらず、あたかも時価での有償譲渡がなされたと同じように考え、帳価と時価との差額を処分益として計上せしめようというのである。しいて理屈をつけ、この規定を弁護するならば、これは評価益である。しかし、評価益の額は、益金の額に算入しないことになつたから、課税できない。そこで課税目的を達するために、実質的には評価益ともいうべきものを、形式的に処分益であるとねつ造したのである。ここでは、実質課税の原則の影さえ見えない。誠にあきれ果てたことである。

よくも、国会の大蔵委員会の審議において、こういう重大問題についての質疑もなしに、法案が可決されたものである。誠に、納税者たる国民にとつては迷惑千万なことであり、またこういう法律をもつことは、諸外国に対しても、法律文化の程度を疑われ、はずかしき限りである。もつとも、何も存在していないのにかかわらず、収益の額があると規定してみたところで、その内容は全く無意味であるから、法規範として実効性を有しないのである。しかし、実効性がないといつても、これにより活潑に更正処分がなされるであろう。司法審査をまつほかはない。

そもそもの誤りは、贈与者に対して、有償譲渡の場合と同じく、帳価と時価との差額につき課税しようとすることである。受贈者は、時価で受贈益を計上するから、受贈者側で時価との差額につき課税されるにもかかわらず、二重に贈与者側でも課税しようとするから、非合理的なことになつたのである。税率を引下げ公約の減税を果したといいながら、一面では、こういう非合理的な課税をするのである。税法学者、会計学者のみならず、税理士ならびに会社の税務担当者も、相ともに、この際、新法を充分再検討し、妖怪を追放しようではないか。

一七四　隠れた法的表現形式をとる新法人税法二二条四項と隠れた利益処分

〔昭和四〇年（一九六五年）六月　第一七四号〕

新法人税法を逐条的に検討していると、また、大変な規定にぶつかつた。それは、各事業年度の所得の金額の計算の通則に関する二二条の四項である。法文は、「前二項に規定する資本等取引とは、法人の資本等の金額の増加又は減少を生ずる取引及び法人が行なう利益又は剰余金の分配をいう。」というのである。一見、なんの変哲もない条文であり、「資本等取引」に対する定義規定であるといえば、一応それで済んでしまいそうな規定である。表現形式だけを見ておれば、まさにそのとおりである。しかし、この規定の税務行政上の運用を考えると、黙つていることはできない。

周知の如く、二二条二項は、益金の額に算入すべき金額を、二二条三項は、損金の額に算入すべき金額を規定している。しかも、二項は、資本等取引に係るものの除外を明示している。三項は、三号を除き、一号および二号では、資本等取引に係るものの除外を明示はしていない。しかし、立案当局の説明では資本等取引に係るものは、損金の額に算入しないというのである。

そこで問題は、四項が、資本等取引として規定する「法人が行なう利益の分配」についてである。「利益の配当」ではなく、「利益の分配」という用意周到な表現がなされている。利益の配当といえば、特定社員に対する利益の分配を含まないことになるから、一切を含ましめ得るように、特に「利益の分配」という用語を用いているのである。そこで立案当局は、この利益の分配を資本等取引に含ましめたのは、これを損金の額に算入しないということを明らかにする意味である、と説明している。しかも、「利益の分配」とは、利益処分という形式とは関係なく、実質的な意味における利益の分配である、というのである。

これで立案当局の意図は、判然としてきた。いわゆる「隠れた利益処分」に対する課税の法的根拠を、この四項におこうというわけである。誠に「隠れた法的表現形式」である。資本等取引の定義という表現形式を用い、実質は、隠れた利益処分に対する課税をねらつているのであるから、誠に底意地の悪い立法である。今後、法人の所得調査の段階では、税務官庁にとつて、実に重宝な規定であるといわなければならない。特定社員に対し時価よりも高額な代金、地代、賃料、利息を支払つたような場合には、いずれもこの規定のお見舞を受けることになるであろう。しかも、適用を受けるのは、同族会社に限定されていない。ぜひとも、新法において、隠れた利益処分に関する規定が必要であるのならば、これに該当する場合を列挙し、損金不算入の規定を設けるべきであつた。

もつとも、これに対しては、一体、四項の規定から、どうして「法人が行なう利益の分配」に係る金額は、損金の額に算入しないといえるのか、三項二号に該当するような地代、賃料または利息を該当しないと否認する実定法上の根拠はどこにあるのか、二号の「費用の額」とは市価をいうとの明文がどこかにあるのか、ともいいいたくなる。いずれにしても、フェア・プレーによる立法とはいえない。税法の簡易平明化とは、こんなことであつたのか。

一七五　異議申立事案が多いのに税務訴訟が僅少な実情

〔昭和四〇年（一九六五年）七月　第一七五号〕

国税庁が、昭和三九年度の直税関係および徴収関係訴訟の処理状況を発表したという記事を某誌でみた。それによると、

直税関係	
1964. 4. 1 係属件数	439
新規受理件数	281
終結件数	152
1965. 3. 31 係属件数	568
徴収関係	
1964. 4. 1 係属件数	319

新規受理件数	235
終結件数	256
1965. 5. 31 係属件数	298

これ以外に間接税関係もあるが、その件数は微少であろう。したがつて、直税関係と徴収関係を合計しても、年間新規受理件数は、五一六件にすぎない。しかも、これは、第一審から第三審まで、すなわち、地裁、高裁、最高裁のそれぞれの新規受理件数を合計したものである。終結件数合計は、四〇八件にすぎない。

これを西ドイツの租税事件の上告審である連邦租税裁判所（B・F・H）の一九六四年の実績と対比してみよう。これは、連邦租税公報三部一五巻五号掲載の報告によるものである。

1．1964 1. 1. の係属件数		3 926
2．新規受理件数		1 991
3．合　計		5 917
4．終結件数		
a）判決、決定によるもの	1 691	
b）取下によるもの	204	1 895
5．1964. 12. 31の係属件数		4 022

4．a）の内訳

a）上告却下（行政庁が上告人の件数＝2）…………128＝ 7.6％
b）上告棄却（行政庁が上告人の件数＝138）…………848＝ 50.1％
c）破棄差戻…………428＝ 25.3％
d）破棄自判…………287＝ 17.0％
1 691＝100.0％

これは、上告審だけの集計であるが、これに控訴審である租税裁判所の件数を合計するならば、新規受理件数は、六、〇〇〇件を遥かに上廻ることになるであろう。仮りに六、〇〇〇件としても、わが国の一二倍である。しかも西ドイツの人口は、わが国の概ね六割にすぎないから、これで換算すれば、実に二〇倍ということになる。しかも、興味のあることは、終結件数のうち、納税者側の勝訴と考えられるものは、行政庁上告人の棄却一三八件、これに破棄差戻四二八件、破棄自判二八七件を加算すると、八五三件ということになり、それは、終結件数一、六九一件のうち、却下件数一二八件を減算した一、五六三件に対して、五四・六％という比率になる。もっとも、破棄差戻、破棄自判のうちには、稀に税務行政庁の勝訴のものもあるが、それを過大に見積っても、適法な上告件数の過半数、少なくとも半数は、納税者勝訴ということができる。わが国の直税関係の訴訟のうち、国側の勝訴率八一％と対比すると、なぜこうも違うのかと、その原因を求めるのに苦しむ。

訴訟件数は二〇倍、納税者勝訴五〇％以上、こうした実績が税務行政の違法性をチェックできるのではないか。わが国において税務訴訟の件数が少ないのは、西ドイツよりも、違法な税務行政処分が少ないということによるのではない。違法なものがあっても、その多くは不服申立の段階で処理されてしまうからであろう。現に昭和三九年度における異議申立事案は、前年度よりの繰越件数を加えると三六、五八三件、審査請求事案は一五、三五六件である。こうした点を考えると、少なくともわが国では、租税に関する不服申立制度について、一段と研究を加え、改善することが、国情に合致しているのではないかと考えられる。

一七六　税務行政の民主化を阻む租税収入予算未達に対する国税庁への責任転嫁

〔昭和四〇年（一九六五年）八月　第一七六号〕

税制調査会が新メンバーで登場した。減税規模、税体系のあり方、所得税のあり方、企業課税のあり方、間接税・特別措置・地方税のあり方、が今後の審議の重点とのことである。大学院における財政学ゼミナールのテーマのようであり、晩秋頃には模範論文が提出されることであろう。ところが、どんな立派な論文が出されても、それ自身としての価値はあろうが、現実の税務行政、納税者の生活には、何の影響も、変化も与えてくれない。こういう模範論文が、税法立案の基礎にはなるのであろうが、さて国会で審議可決され、公布施行されている税法を読むと、どれ一つとして出来のよいものはない。これでは、課税庁・徴税庁である国税庁としても、困ることであろう。殊に他省の事務まで分掌を余儀なくさせる租税特別措置法に至っては、国税庁にとって迷惑至極である。といって、これらの是正を税制調査会に求めても、それは政府の諮問機関にすぎないのであるから、無理な話である。結局、書くだけは書いて、百年河清を待つにひとしくとも、政府の良識を頼みとするほかあるまい。

われわれは、古くから通達行政を指摘してきた。しかし、考えてみれば、国税庁としてはやむをえないのであろう。何もそれは、今に及んで通達行政を是認しようというのではない。

元来、国税庁は、税法の規定のみに従って課税・徴税をなすべき職責を負うものであって、立法趣旨とか、課税の公平とかの名のもとに、税法の定めていないような取扱いを、たとい納税者の利益においてもなすべきものではない。殊に法律の規定に反するような取扱通達を定める如きはもってのほかであり、かかる通達に従ってなされた税務行政が違法であることは、法治国であるかぎり、今更述べるまでもない。また、課税要件事実に適合するように、事実認定の名のもとに、独断的に事実を創定し、課税上の弊害を生ぜしめないためという常とう語により、その正当性を主張するが如きも、民主国家においては、承認することができない。しかるに、今日、是正されつつはあるが、依然かかる税務行政が現存するのは、何に由来するのか。それは、課税・徴税についての職責を有する国税庁が、租税収入予算の達成について責任を負わされていることによるものである。いかに民主的に税務行政を運営し、違法な税務行政処分が激減しても、租税収入予算が未達であれば、国税庁長官として失格である。従つて長官として何よりもまず必要なことは、租税収入予算達成への工作である。この工作の第一が、国税局・税務署への税種ごとの収入予算の割当になることは当然であり、これに対しては納税者も異論を唱えることはできないであろう。工作の第二は、課税の簡便化と効率化とである。これが通達となるのである。それはまず、申告納税に際して実効を奏する。次に、所得調査の段階での修正申告納税に、最後に、更正・決定処分において、租税収入予算達成のために、いかんなくその実力を発揮するのである。しかし、租税収入予算の達成という目的は、税務行政処分の違法性を阻却するものではない。民主国家においても、租税に関しては、国民と政府との宿命的な対立は、永続するのであろうか。

一七七　税制調査会の役員賞与損金算入の要望に関連して

〔昭和四〇年（一九六五年）九月　第一七七号〕

税制調査会において、役員賞与の損金算入についての要望があつた由の新聞記事を読んだ。役員賞与の損金不算入は、長年にわたつて通達による取扱いとして、法の明文がないのにかかわらず、公然と行なわれてきた。これが、「活きた法」「妥当している法」「行なわれている法」として、成文の実定税法に優先することが認められるようでは、到底民主主義国家ということはできない。租税法律主義は民主主義原理に欠くことのできないものであり、それは単に租税を法律で規定することの要請にとどまらず、租税行政がこのつくられた租税法律どおりに運営されることの要請を含むものである。通達で定めていた事項、あるいは政令・省令の実定規定を法律で規定しただけでは、租税法律主義が実現したということはできない。単に立法しただけでなく、立法された内容どおりに、租税行政が運営されなければならない。税法の解釈という名目で、税法の定めている課税要件を、納税者の利益のために、もしくは不利益のために、拡張したり、縮小したりすることが許されないことこそ、租税法律主義の要請であることは、今更述べるまでもない。民事法等で認められているような法欠缺の場合の法解釈による補充、類推解釈、更には慣行・慣習法の法源性の承認、これらは租税の領域では絶対に許されない。そこに他の法域に対する税法の特殊性がある。この特殊性は、租税法律主義の当然の帰結である。誠に税法は、民事法などとは異なつて、弾力性のない・融通のきかない・頑固な・保守的な・味もそつけもない・四角四面の窮屈なものである。租税法律主義は、税法がそのようなものであることを要請しているのである。この要請が達成されてこそ、初めて、税法の目的とする課税の領域における国民の財産権の保障が実現されるのである。課税要件事実の対象である経済的事象は、税法の立案当局が予測しえないようなものへと発展してゆくことも決して稀ではない。しかし、新しい経済的事象を課税の対象にするがためには、新しい税法の規定を必要とするのであつて、これを租税行政権力によつて、一時的にせよ解決するのは、独裁主義の黙認ということになる。

役員賞与の損金不算入は、漸く昭和三四年に政令をもつて成文化され、今春法人税法の全文改正により、初めて立法化された。したがつて今日は、役員賞与の損金不算入について、解釈論上疑義はない。これに対し、再び役員賞与の損金算入論が立法論として提唱されてきたことを、どう考えるのか。明治以来、昭和三四年まで、長年にわたり、成文法ではなく、行政通達によつて課税されてきたものが、漸く文字どおり立法化されたその年に、正反対の立法論が抬頭してきたわけである。これでは、通達時代を「活きた税法」「行なわれている税法」として、やがてそれは熟して成文実定法規化されたというところまでは、一応、民事法の領域のものとしてならわからないでもないが、それでは一体、その実定法規を否定する正反対の立法化論の抬頭をどう説明したらよいのか。民事法などにおける法の生成と、税法のそれとでは、根本的に異なるのではないか。いずれにしても、課税当局の通達による行政が、「活きた税法」「行なわれている税法」をつくり出すと考えることは、民主主義原理に反するものといわなければならない。

一七八　税法の表現の平明化に関する一試案

〔昭和四〇年（一九六五年）一〇月　第一七八号〕

税法を納税者にわかり易いものにすべきであると、すでに一五年前から提唱してきた。しかるに、この提唱に逆行して、税法は急激に複雑怪奇な様相を呈し、日本文字で書かれているにもかかわらず、われわれ専門家が読んでも理解しがたいものになつた。ドイツ語で書かれたドイツ税法のほうが、遙かに理解し易い、ということは、笑いごとではない。同じような文化水準のもとで、どうして日本人だけが、難解な税法のもとで生活をしなければならないのか。科学の発展により、一五年前と比較しても、随分便利な生活ができるようになつたが、それに反比例して、税法はますます手のつけようもない複雑な構造、難解な法文になつて行くのである。

そこで、税法の表現の平明化に関し、今まで公表しなかつたことで、提案したいことがある。それは、ドイツ、スイス、オーストリアの税法を読んでいて、ふと気がつき、早速そのように日本税法を書きなおしてみたところが、効果満点であつたので、あえて提案するのである。

日本の税法では「第〇〇条第〇項の規定により」というように、条項数が各条において多く用いられている。表現の平明化ということで、この条項数に続いて、カッコ書きで、その条項の見出しがつけられている。カッコ書きをとると、条項数、すなわち、数字の連続になる。だから、読むことはできても、理解しがたいのである。これが外国税法をみると、逆にカッコ書きが条項数になつているから、カッコ書きをとつても、読んで一応理解できるのである。もちろん、日本の場合、カッコ書きの見出しをそのままカッコ書きから出し、条項数をカッコ書きに入れたのでは、意味の通じない場合も多かろう。したがつて、文章はもちろん直さなければならない。法人税法八条につき、簡単な例示をしておくから、参考にされたい。

（退職年金業務を行なう内国法人の退職年金積立金の課税）

第八条　第八四条第一項（退職年金積立金の額の計算）に規定する退職年金業務を行なう内国法人に対しては、第五条（内国法人の課税所得の範囲）の規定により課する法人税のほか、各事業年度の退職年金積立金について、退職年金積立金に対する法人税を課する。

この規定内容を変えずに、次のように書き直してみる。

（退職年金業務を行なう内国法人の退職年金積立金の課税）

第八条　退職年金業務を行なう内国法人（第八四条第一項）に対しては、各事業年度の所得に対する法人税および清算所得に対する法人税（第五条）のほか、各事業年度の退職年金積立金について、退職年金積立金に対する法人税を課する。

このようにして、全文を書き直したら、現行法よりも遙かに読み易くなる。実験してみられるとよくわかる。

すでに提案したことであるが、一顧だにされなかつたので、もう一度ついでに提案しておく。それは、他の法律を引用する場合に、カッコ書きをもつて、法律公布の年および番号を挿入していることである。条文を読む場合、目ざわりになる。各条におけるカッコ書きを削つてしまつて、引用する他の法律の公布番号を、五〇音順で別表に列挙すれば、どれだけ読み易くなるか、これも実験してみるとよい。

とにかく、表現を平明化し、読み易く、理解し易くすることは、わけても日本税法においては必要なことであるから、全国民のために、お互いに考えようではないか。

一七九　膨大な措置法関係告示の複雑怪奇な一部改正に対し全文改正の提唱

〔昭和四〇年（一九六五年）一一月　第一七九号〕

租税特別措置法に、合理化機械等の特別償却として、一一条に所得税法の特例、四三条に法人税法の特例がそれぞれ定められている。これらの特例の適用を受ける機械その他の設備、および期間については、それぞれ同法施行令六条および二七条の四が規定し、更にこれらの規定に基づいて大蔵省告示が詳細に指定している。その代表的なものは、「重要産業用合理化機械等の指定告示」（昭和三六年大蔵省告示一八六号）および「中小企業用合理化機械等の指定告示」（昭和三九年大蔵省告示三一七号）である。いずれも数十頁の膨大な告示である。恒例ではあるが、最近これらの告示が改正された。

告示の改正を掲載している一一月五日と一一月一七日の官報をみてみると、いずれも一〇頁余のものであるが、一部改正になつている。そこで各自、所蔵の租税法規集を台本にして、官報を読みながら一度そのとおり改正してみるとよい。おそらく通常の神経の持主であれば、一〇分足らずで投げ出してしまうであろう。私は、その点、異常であり、自ら確認しないと気がすまない性質である。それに「税務法規総覧」を編集する必要にも迫られていたので、早速やつてみた。糊と鋏と、最大の注意力を傾けて、実に五〇時間の作業であつた。日本の税法ほど、心身を疲労さすものはない。これが私の体験による実感である。さて、でき上つたものは全文をペンで書き直したものではないから、活字にしなければそのままでは読んでもわからない。一体、納税者や税務署はどうしているのだろうか。結局、官報に告示されたそのままではどうにもならず、改正後の告示全文が活字になるのを待つほかあるまい。しかもこうしたことは、大蔵大臣や国会の大蔵委員、あるいは税制調査会委員は、ご存じあるまい。五分間でよいから、私のした作業をやつてみるとよい。そんなこまかいことは、属僚どものすることで、われわれは税制の大綱を審議すればよいなどとはいわさない。こういうこまかいことから、大綱はくずれ、抜け殻になつてしまうのである。

全文改正さえすれば、官報をみただけですぐわかるものを、どうして一部改正という面倒なことをするのか、起案担当者も、自己の意思ではなく、上司の命によるのであるが、大変な作業を仰せつかつたものである。官報に掲載されているような一部改正をやつてのけることは、尋常人ではおぼつかない。しかも、人一倍苦労して、その果てが、納税者に迷惑をかけることになるのであるから、まさに悲劇である。同じ地球上に人間として社会生活を営みながら、どうして日本人だけがこういうつまらんことに長くもない人生の貴重な時間を空費しなければならないのか。こうしなければ、租税収入を確保できないなど真赤な嘘である。これは決して小さな問題ではない。ここから、わが国の租税立法構造ならびに租税立法表現形式を再検討しなければならない。公約の税法の平明化など、所得税法や法人税法を逐条研究すればするほど、実現されていないことがわかる。税法の平明化は、特定のわが国では、世界と比較したとき、人間なみの生活ができるようになるという意味で、生活の合理化であり、文化の向上でもある。お互いに、真剣に取り組んで、一日も早く税法の未開発国から脱出しようではないか。

一八〇 創刊以来満一五年を迎え民主主義税法学の整備へ推進

〔昭和四〇年（一九六五年）一二月 第一八〇号〕

本誌も創刊以来、本号をもつて満一五年を迎えた。税法学という用語自体が、一五年前本誌によつて初めて使用されたのである。それは、日本税法学会が創立される以前のことであつた。実にわが国の税法学は、本誌とともに発展してきたといつても過言ではない。当時を回顧すれば、感無量である。租税を法学的に研究するといつても、行政法各論の一つに過ぎないではないかと、軽くあしらわれた時代である。

ところが、租税に関する事件が司法裁判所へ提起されるに及んで、全く新しい問題が登場してきた。それは、行政法理論や簿記会計論では解決できないものであり、また税務計算だけでは、裁判ができないのである。殊に、租税に関する行政事件になると、ほとんど税務行政処分の取消変更、もしくは無効確認を求めるものであるから、裁判所は、その行政処分が違法であるか、違法であるとしても、単に取消しうるに過ぎないのか、当然無効なのかの法的価値判断をしなければならないのである。しかも、それが税務行政処分の内容である課税標準や税額の問題になつてくると、計算以前に、いわゆる実体税法の諸規定の解釈・適用の問題が先行するのである。しかし、それらの規定の解釈は、未だかつてなされたことがないものばかりである。税務官庁は、自ら発遣した通達に基づき税務行政処分をなしたのであるから、その通達による解釈・取扱自体を法的に検討しなければならないのである。一体、それをどのようにしてなすのか。ここに税法の法学的研究の誕生が、裁判の実際上の要請として必要になつたのである。すなわち、税法学は、その出生の時、すでに税務行政に対する批判検討という歴史的使命の達成を約束されたのである。したがつて、税法学は、通達の法的根拠を探索し、その正当性を弁護することを使命とするものではなく、ましてや通達の無批判的な紹介や解説の如きは、税法学のたずさわるべきことではない。同時に、税法学は、通達の正しい妥当な解釈・取扱いに対しても、納税者の利益擁護のみを目的として、非合理的な排撃をするものであつてはならない。したがつて、税法学は、税法の解釈および適用に対する客観的に正当な原理をそなえなければならない。客観的に正当といつても、それはその国の憲法により歴史的制約を受ける。すなわち、その時代の憲法に適合した税法の解釈・適用の原理こそが、客観的に正当なものである。非民主主義憲法のもとでは、非民主主義税法学理論こそ正統であり、逆に民主主義憲法のもとでは、民主主義税法学こそ正統税法学なのである。民主主義税法学は、租税法律主義と法平等性の原理を最高至上のものとして、その上に樹立されなければならない。これらの原理原則の事実上の否定は、いかなる場合においても、例外なくこれを認めることはできない。租税法律主義、それは、租税に関する法律関係を立法化さえすれば、その使命を果したのではなく、租税に関する法律関係がこの制定された法律および委任命令のみにより規律されるときに、初めてその使命を果たすのである。

一五年間、われわれはひたすらこの道を歩んできた。いよいよこの一五年を転機として、歩んできた道を整備し、誰もが通行するように一大工作を加えなければならない。その意味で、明春一月号より新しい衣裳で内容を一新し、再出発を期するのである。

一八一　西ドイツ財政裁判所法の施行とわが国民の税法に対する法規範意識の欠如

〔昭和四一年（一九六六年）一月　第一八一号〕

西ドイツの財政裁判所法が、法案提出後、一〇年という長い歳月の間、学界の充分の批判と、連邦議会の審議を経て漸く成立し、この一月一日より施行された。この法律によつて、行政から完全に分離・独立した裁判権が、税務行政処分をチェックし、課税の領域における国民の権利保護の使命を遂行しようというのである。もちろん、これまでも権利保護がなされなかつたわけではない。すでに連邦財政裁判所は、行政から分離・独立した裁判権を、一九五〇年秋以来行使しており、また、一九五七年の財政裁判所措置法により、財政裁判所が、同じく行政から分離・独立した裁判権を行使してきたのである。しかし、裁判手続については、租税基本法の定めるところであり、極めて不備なものであつた。それにしても、一九五八年以降の裁判例は、それ以前と比較して、格段の相異がある。公益優先の名のもとに、違法な税務行政処分をできうる限り適法な処分として認めようとする努力は、全くその影をひそめた。すなわち、租税の領域においても、初めて真の法治国家に転換したのである。それが更に、新しい財政裁判所法により確立されたわけである。

わが国は、すでに二〇年前、新憲法によつて、行政から分離・独立した裁判権によつて、税務行政処分をチェックする国家機構に転換していたのである。すなわち、行政に隷属する行政裁判所は廃止され、税務行政処分に対する訴求は、司法裁判所に対してなすことになつたのである。しかし、それは何の準備もなく、一朝にして行なわれた転換であつたために、直ちに活用することはできなかつた。二〇年を経た今日、転換直後のようなことはないにしても、未だ充分、納税者の権利保護がなされていると断言することはできない。保護されるべき法的装置は整備されているのであるが、それが活用されていないのである。その原因は、一体どこにあるのか。

それは税法は、法規範でありながら、一般には、税金の計算方法を書いたむつかしい手引書ぐらいに考えられ、法規範として意識されていないことによる。まず、大学法学部の実情をみると、諸外国とは異なり、税法の講座を設けるもの少なく、設けても税法概論程度のものである。税法の領域は、民事法の領域よりも遙かに大であるにもかかわらず、伝統的な六法に比すれば、一特別法の評価を受けているに過ぎない。これは、司法試験の試験科目でないことにもよる。裁判官の多くは、大学時代に講義がなかつたこともあろうが、税法を頭から税務会計そのものであるかの如き錯覚を起こし、近寄りがたきものとされている。職業会計人や税務職員は、税法を法規範であるなどとは考えず、税務計算のルールを定めたものであり、通達と同じに考えるものが多く、通達尊重の温床となつている。

このように、日常の経済生活において最も重要な税法に対する法規範意識が欠けているから租税に対する国民の関心は、もつぱら税額の多寡であつて、税務行政処分の適法・違法などは全く問題とならないのである。これでは、いかに権利保護制度が確立されていても、活用されないわけである。現実は、国民主権とか、民主主義を単なるお題目にし、権力主義、非民主主義に無意識的に屈従しているのにひとしいが、それでよいのか。それは、やがて全国民が不幸な日を迎える自己責任原因となるのである。われわれは国民の真の幸福のためにも、当・不当ではなく、適法・違法の価値判断をする税法学の研究、ならびにその普及に専念し、税法上の権利保護制度の活用に万全を期さなければならない。

一八二　租税法律主義と租税立法における法概念明確化の要請

〔昭和四一年(一九六六年)二月　第一八二号〕

恒例の税法改正のシーズンが、またやつてきた。型どおりの質問と答弁、政府原案の無修正可決、与党の議席数をもつてすれば、これは当然なことである。しかし、無修正可決とはなつても、審議のいかんによつては、国民にとつて有益なのである。例年のことながら、税法の審議については、重大なことが等閑に附されている。それは、税法の法文自体についての審議である。

いかに優れた税制であつても、その法文化が拙劣であれば、要綱さえも表現することはできない。租税は立法事項であり、国民の納税義務はすべて法律の定めるところによる。法治国であれば、これは当然なことである。租税法律主義は、単に租税を立法化さえすれば、それで一切の使命を果したというものではなく、まず立法化することによつて、その使命の遂行が始まるのである。立法化された租税の法律に従つてのみ、税務行政は運営され、国民はこの租税の法律の定めるところに従つてのみ納税義務を負担するに過ぎない。換言すれば、納税義務の限界が法律をもつて明確に定められ、この限界を厳守して課税されなければならないのであつて、税務行政庁の恣意により、この限界を左右することは許されない。税法においては、民事法におけるが如く、当事者間の特約が優先的に適用されたり、慣行や条理の登場する余地はない。従つて、租税法律の解釈は、厳格な文言解釈によらなければならないのであり、拡張・縮小・補充・類推解釈、更に法の精神や目的による解釈は許されない。そこに他の法域とは異なる特色があり、またこの特色が法治国の本質的特性を形成しているのである。それは、福祉国家、民主主義国家のもとでも同様であり、ただ、行政の司法・立法に対する優位性が認められる独裁制のもとにおいてのみ例外となるに過ぎない。従つて、通達や税務行政庁の認定による課税は、実定法上の根拠がない限り、いかに合理的であつても、独裁化を意味し、憲法違反の税務行政になる。

元来、法文は、それ自体目的を有するものではなく、法的意味を表現するための手段に過ぎない。しかし、法文形式以外の表現手段は存しないのであるから、この法文が極めて決定的な意義を有してくる。われわれは、人間でない立法者の内心を問題にするのではなく、外部から認識することのできる文言によつてのみ立法者の客観的意思、すなわち法的意味を認識するのである。法文にない文言を附加したり、法文の文言を削つたり、更には全く新しい法文を設けて、法的意味を認識するようなことは、いずれも租税法律主義の否定である。従つて、手段たる法文が決定的な役割を演ずるのであつて、通達に代役を演ぜしめたり、税務会計論に助演させることは許されない。

このようにみてくると、税法においては、法文・文言・概念が、極めて重要であることがわかる。税法概念は、常に安定を要する。恣意的概念は徹底して排除されなければならない。恣意的概念の使用は、納税義務の限界を不明確ならしめる。正しい意味での概念法学に凝り固まるところに、正しい税法解釈が存するのである。従つて、租税の立法にあたつては、不明確な概念の使用は厳禁されなければならない。それにもかかわらず、不明確な概念が用いられたときは、法的意味を表現しない・実効性のない規定になるのである。

果たして政府提出の税法改正法案は、その法文が法的意味を表現するのに充分なものであるか否かについて、衆参両院の大蔵委員会に対し、逐条審議を強く要請する。それが、租税法律主義を尊重する実践行動でもある。その要請は、国民の権利である。税制そのものについての質問を決して排撃するのではないが、それにも増して必要なことは、法文自体についての審議なのである。果たして納得の行く解釈が、政府委員によつて示されるものか、とにかく委員会において、各条の法的意味の説明を求めることである。それが、国会議員としての国民に対する責任なのである。

一八三　ほ脱税額・不当軽減税額に対する責任が他の納税者へ転嫁されるという錯覚と税法軽視の思想

〔昭和四一年（一九六六年）三月　第一八三号〕

毎年のことではあるが、今年も各税法が改正された。改正法案を見ているに過ぎないから、四月中旬過ぎになつて官報を見れば、おそらく施行令や施行規則の改正が夥しいことであろう。昨年春、所得税法と法人税法が簡易平明化と銘打つて全文改正されたばかりである。早速、シュトイエル誌上で法人税法の逐条研究を初めたのであるが、未だその半分も終らないうちにまた改正である。もちろん必要な改正ではあろうが、そういう必要性が、この一年間に突然発生したものばかりであるとも考えられない。税率・税額や控除額の改正はやむをえないとしても、それ以外の改正がどうして必要になつてくるのか。国会における法案審議もさることながら、法案の立案自体がずさんなのではないか。東京中心でもよいから、各界の意見を聴いて、恒久的な税法が制定できないものか。腰を落ちつけ、歳月をかけ、超党派的な機関を設けて、調査審議できないものか。毎年税法の改正を繰りかえすことは、決して国民にとつても福祉増進のゆえんではない。眼に見えない間接的な費用まで考慮するならば、毎年の税法改正のために莫大な浪費がなされていることになる。誠につまらないことであり、人類文化の向上に寄与するわけでもない。これから一〇年後には、一応理想的な恒久的税法の出現を期待したい。それまでは、やむをえないから、むしろ一〇年後のための準備として、従来にも増して、毎年大改正をしてみるのもかえつて効果的であろう。

ここで考えなければならないことは、いかに立派な税法ができても、納税者に先んじて、現在のように政府自体が、その税法を軽視するようなことでは、何のために税法を改正するのか、理解し得ないということである。すでに納税者の間には、最も納税者にとつて重要なものは、税法ではなく、通達であるという考えがしみこんでいる。租税法律主義が何であろうと、自分の納付する税額さえ安ければよいというのが本心なのであるから、やむをえまい。これが、税法軽視の思想に拍車をかけているのである。

今一つ重要なことがある。それは、租税回避に課税することの正当性の論拠として、回避者が不当に租税負担を軽減した場合には、その軽減額は他の納税者に転嫁されるという主張である。租税収入予算額は、毎年決定されるわけであるから、脱税者や回避者が免がれた税額や、軽減された税額は、当然その他の納税者がこれを負担しなければ、国家財政は収支均衡がとれないことになり、一応もつともな主張のようである。しかし、この主張は、課税は税法に従つてなされるものではなく、行政府の意向によりいかようにも課税できるということを前提としているものである。

しかし、納税者が税法に従つてのみ納税義務を負担していることは、憲法三〇条の明定するところであるから、いかに脱税が行なわれようとも、租税回避がひんぱんにならうとも、それらのことは、他の納税者の納税義務に、直接的にはもちろんのこと、間接的にも、影響を与えるものではない。税務署の手心によつて課税されるのではなく、税法に従つてのみ課税されるのであるから、税法そのものが改正されない限り、脱税や租税回避は、一般の納税者には全く何の関係もないことである。また、脱税者や租税回避者が激増したからといつて、税法を改正して増税するという話もあまり聞いたことがない。よく考えれば誰にもわかり切つたことについて、どうして錯覚を起こすのか、不思議でならない。おそらく、これは税法軽視の思想のいたずらであろう。最近、租税倫理ということがいわれるが、税法軽視のもとで倫理を談ずることは、滑稽ではないか。まず、もつて、税法尊重、すなわち、租税法律主義の徹底化に姿勢を矯正することが先決問題である。

一八四　租税法規の立案に関する因襲の打破

〔昭和四一年(一九六六年)四月　第一八四号〕

漸く改正税法を掲載した官報も出揃つた。官報を読んだだけでは、皆目わからないので、租税特別措置法・同法施行令・同法施行規則を自分の手で、官報の一行ずつを見ながら、改正後の条文を作つてみた。じつくり仕事のできる深夜は、時間が惜しいから、雑用に追われる昼間だけではあるが、完成に一〇日間、延実働時間七〇時間余を費した。もつたいない話である。あとに残るのは、疲労と不快感と、租税法律主義とは誠にこんな無用な公的作業を強制するものなのかという懐疑感だけである。しかも、本年は例年に比して、特に優れて、税制改革がなされたわけではない。また、税法の中で、わけても妖怪的存在である租税特別措置法は、廃止が実現されないまでも、最大限においてこれを整備し、簡素化することは、国民の要請であるばかりでなく、政府もしばしば国会において答弁してきたところである。しかるに毎年のことながら、四月になつて官報をみてみると、年を経るに従い、かかる要請に逆行して、ますます複雑怪奇化しているのである。これは、租税特別措置法に限つたわけではなく、程度の差こそあれ、他の国税に関する法規についても、同様である。地方税関係法規は、条数は多いが、当初は非常にわかり易かつたのであるが、その後、国税法規の影響を受けてか、近年かなり複雑化してきた。

このような傾向は、昨春、所得税法および法人税法の全文改正にあたり、政府が率先して言明した「税法の簡易平明化」には、全く逆行するものである。すでにしばしば批判してきた如く、所得税法および法人税法の全文改正それ自体が、簡易平明化をモットーとしながら、実現はされなかった。もつとも巷間雑誌・新聞の大半は、簡易平明化が達成されたといずれも、立法業績を賞讃しているのであるから、世評ほど当てにならないものはない。一箇条づつ読んでみての賞讃ではなく、政府自身の簡易平明化という言明をそのまま鵜呑みにしたものである。税法の簡易平明化は、全文改正の必要性を強調し、これを実現するがためのPRに過ぎなかつたわけである。

つとに私は、しばしば指摘しているところであるが、租税法規が現実にはますます複雑難解なものとなる一方、これらの法規を空文視したような国税庁長官通達が、数多く発遣されている。その多くは、納税者の便宜、徴税の簡素化を考慮したものではあるが、一体こうした行政現象をどう考えるかである。これらの通達の中には、立法論的にみて、妥当なものが多い。しかし、現行法の解釈・適用上は、許されないものである。いわば、国税庁は、国民に率先して、税法に違反しているわけである。たとえ税法違反であつても、それが国民生活に対して利益を与えるものであるならば、適法ではなくても、許されるということになれば、法の支配それ自体が全く意味をなさないことになる。特に「租税法律主義」を根幹とする税法において、税法それ自体の規定よりも、国民生活の利益考慮、いわゆる公共の福祉を優先せしめることは、租税法律主義を否定するものであり、法治国家においては許されないのである。しかもなお、立法論として内容妥当な通達が、続々と発遣されるのは、行政法規をも含めての立法内容に検討すべきものが頗る多いことを意味している。

しかるに、その租税法規は、全く国民から遊離した雲をつかむようなものであり、これを理解しようと努めること自体、雲の上から嘲笑されているような気がする存在である。これも国民の税金によつて作られているのであるが、何人によつても批判されようとしない。どうして日本人だけが、ますます複雑怪奇化する税法に悩まされなければならないのか。租税法規の立案に関する因襲を打破することこそ、真に公共の福祉にこたえるゆえんではないか。政府、国会、税制調査会および民間関係会議の猛省と奮起を望む次第である。

一八五　法人税法の明文に反する納税者に有利な通達に対して

〔昭和四一年（一九六六年）五月　第一八五号〕

昨春、法人税法の画期的な全文改正が行なわれ、八月に整備通達が、一一月末に新通達が発遣された。目下、この新通達を新法とともに、シュトイエル誌上で逐条研究中であるが、この新通達には、次のような傾向が顕著に現われている。結論的にいえば、税務行政による立法権の侵害であり、租税法律主義の軽視、更には否定である。

いかに長年月をかけ慎重に立案をし、草案を公表して、各界の批判を仰ぎ、充分推こうを加えたうえ国会へ政府法案として提出し、国会もまた、逐条審議を重ね、修正すべきは修正し、法律が制定された場合においても、完全無欠な法律などありえよう筈がない。ましてや、少数の者で短日月間に立案し、草案の公表もせず、衆議院も僅か三日の審議で制定された改正法人税法が、当初から立法論的に多くの疑問点を包蔵し、その解釈・適用上も不備欠陥に満ちたものであることは、あまりにも当然のことである。

しかるに新通達は、これらの不備・欠陥、更には立法論的問題を、すべて通達で解決しているのである。新法の明文上は、明らかに圧縮額の損金算入が認められていないのにもかかわらず、通達をもつて損金算入を認めている場合が多い。その内容は、特定の納税者にとつては有利であり、立法論として、あるいは合理的・妥当であるかも知れない。しかし、現行法である新法の明文上は、かかる損金算入を認めることはできない。通達の立案当局の解説は、現実の問題として法律改正を待つているわけにはいかないから、通達でもつて途を拓こうというのである。しかし、いかに急を要する場合であつても、法律の改正を待たずに、現行法に反して途を拓く権限は、立法権者でない国税庁長官には与えられていない。それは、次期国会において法律が改正されるまでの間という暫定的な取扱いであつても、同じである。この新通達が発遣されたのは、昨年一一月三〇日であるが、その立案過程において、新法の不備欠陥につき立法手続を主税局に要請し得たことは明白である。しかるに今春の法人税法改正をみると、これらについては改正法案すらも提出されなかつた。それは、国税庁において法人税法の不備欠陥であると考えたことが、主税局においては然らずということになつたと見るほかあるまい。それとも、改正法案の立案当局である主税局も、自ら立案した法人税法に反する通達を認めようというのであろうか。

元来、政府は、国民に卒先して法律に従わなければならない。税務行政が租税法規に従って運営されなければならないことについては、今更強調するまでもない。しかるに、現実には、国税庁長官通達によって租税法規は無視されているのである。納税者の利益にさえなるならば租税法規に反する税務行政は認められるとでも確信しているのか。in dubio contra fiscum（疑わしきは課税しない）は、租税の領域において一切を納税者の有利に取り扱おうという原理でないことは、今更述べるまでもない。

裁判官と同様に、税務行政官も、租税法規の拘束を受けるのであって、立法目的・立法趣旨というような名目のもとに、自ら合理的・妥当な規範を創造し、これに従って税務行政を運営することは、福祉国家においても、かたく禁ぜられているのである。租税法規に従った税務行政のみが合法的であり、たとえ不合理・不妥当な結果を招来しても、それは、裁判官・税務行政官に全く責任のないことである。かかる場合あえて合理的・妥当な結果を導き出そうと努めれば、立法権の侵害になることをよくわきまえなければならない。

一八六　変わり果てた姿の地方税法と条数整理の提唱

〔昭和四一年（一九六六年）六月　第一八六号〕

新規な立法構造を有する新しい税法の出現として、地方税法をともかく賞讃してから、早や満一六年になつた。一六年といえば、一昔前である。しかし、法律年令としては、明治、大正に出生した法律に比較すれば、決して年長者とはいえない。この地方税法の昨今の姿を見るならば、誰しもその変わり果てた姿に涙をさそわないものはなかろう。同時にその直接の管理責任者である政府および国会に対して、責任を追及せざるを得なくなる。

まず地方税法の現在の姿をみよう。全体で何か条から成るか、一条づつ計算して行けばもちろんわかるが、末尾の第七四七条をみて、七四七か条からなつているというわけには行かない。第七二条の七六のような子条数はもちろんのこと、第七〇〇条の二一の二というようないわゆる孫条数まであるのであるから、全く見当がつかない。この調子で行けば、数年ならずして曽孫の条数も産まれてくるであろう。これでは、納税者ばかりでなく、地方税務職員にとつても、不便であることはもちろん、執務能率を低下させるものである。

事業税は七二条、不動産取得税は七三条、道府県たばこ消費税は七四条をそれぞれ親条数にしているかと思つたら、次の娯楽施設利用税は七五条から一一二条というのであるから、各税種ごとに条数をわかり易くしているのでもない。これらの税種だけを、たまたまそのように統一できたというに過ぎない。法律に条数を付するのは、引用、検索等に便利なためである。昔のお定書のように、一、一、というのでは不便であるから、特殊な場合を除き、最近は告示にも条数がつけられるようになつたのである。条数をつけるのが、便利以外の何ものでもないのならば、子や孫の条数をつけることがどれだけ不便であるかは、考えてみるまでもない。第七二条の三三の二とか、第七〇〇条の二一の二とか、発音するにも舌をかむ。聞いても、おぼえていない。書くのにも、手間がかかる。記憶するなど最初からあきらめたほうがよい。便利なためにつけた条数が、こうなつては不便である。全文改正が今直ちにできないのならば、条数整理だけでもしたらよいのではないか。

次ぎに、各条の項数が他の法律に比して極めて多い。一覧しただけでも、一九項というようなものもある。附則に至つては、八五項までできた。もつとも附則の項は、条と考えてもよいが、各条の項数が増加することは、条文の理解を困難にさすものである。

附則をみると、殆んどが特例である。地方税特別措置法が附則であるといつても過言ではなく、附則本来の使命を超えているものといわなければならない。元来、附則は、法律の施行日や経過規定を定めることをその使命としているのであるが、期限付き、あるいは「当分の間」ということで特例が設けられ、その期限も、毎年の改正で延長されて行つたのでは、戸まどいせざるを得ない。

この一六年間に、地方税法自体の改正一九回、他の法律の附則による地方税法の改正二三〇回というのでは、やむをえまいが、誰の法律でもなく、納税者たる国民の法律なのであるから、われわれ国民が読み易く、理解できるように配慮されることを要請するのは、当然である。

地方税についての税制審議も結構である。しかし、どんなに立派な税制が企画されても、それが国民に理解できるように表現されなければ、実効性ある地方税法にはならない。とかく、法の形式・表現は、世間では軽視されがちであるが、法安定性のうえからも、民主化のうえからも、更には国民の福祉、国家の発展のうえからも、法の形式・表現は絶対的に尊重されなければならない。

所得税法・法人税法も、とにかく全文改正されたのであるから、地方税法にしても、全文改正は不可能ではない。殊に条数整理だけならば、他の法律との関連もあるであろうが、極めて容易な作業である。次の国会に条数整理と、附則を本来の経過規定にとどめ、特例を全廃する地方税法改正法案の提出を要請する。

一八七　旧法人税法施行規則一〇条の三第六項四号は租税法律主義に反し適用できないと判示した大阪地裁の歴史的判決

〔昭和四一年(一九六六年)七月　第一八七号〕

判決特報に掲載したごとく、大阪地裁第七民事部が、敬服に価いする画期的な租税判決をした。

旧法人税法施行規則一〇条の三第六項四号は、同族会社の役員で、同族会社判定の基礎になっている株主および同族関係者を、使用人兼務役員から除外していた。その結果、これに該当する株主および同族関係者に支給される賞与のうち、使用人賞与分相当額も損金算入を否認され、課税対象になつていた。判決は、使用人分賞与は、元来損金性のものであり、課税の対象にはならないのであるから、特にこれを課税の対象にしようとするならば、もちろん法律をもつて規定しなければならない。旧法人税法九条七項は、所得の計算に関し必要な事項は命令をもつてこれを定む、と命令に委任はしているが、規則というような法律でない命令をもつてしては、かかる租税を新たに課する規定を設けることはできない。従つて旧法人税法施行規則一〇条の三第六項四号の規定は、憲法の定める租税法律主義に反するものであつて、適用することができない、と判示したのである。単なる学説ではなく、税務行政に対する司法審査として、一刀両断の判決であるだけに、健全な民主国家確立のうえから慶賀にたえない。

われわれは、一〇数年来、所得の計算に関して包括的に命令に委任する法律の規定を、租税法律主義に反するものであると主張し、納税義務者（租税主体）、課税要件事実（租税客体）、課税標準、税率、課税標準の申告、税額の納付、更正・決定処分、行政救済および罰則は、必ず法律をもつて規定しなければならないと説いてきた。従つてこれらに関し、法律で定めていない事項を、新たに命令で定めることは、憲法の明定する租税法律主義に反するものであり、かかる命令の規定は、実効性を有しないのである。これは何も目新しい学説ではなく、当然の古臭い学説である。スイスにおいては、すでに第二次世界大戦中より、西ドイツにおいても、一九五〇年来、税法学者が一致して主張してきたところである。しかるに、わが国の税務行政の実情は、民主国家としてあまりにも当然なこの租税法律主義が軽視され、更には実質的には否定されているのである。法律で規定されていない課税に関する事項が、命令はおろか、通達をもつて定められ、通達には法的拘束力はないが、事実上の拘束力があるということで、納税義務者たる国民に迫り、国民またやむなく、法律よりも通達を重視するというのが実情である。しかも、かかる通達や命令をもつて、法律の定めていない課税に関する事項を新たに定めることは、経済の発展に即応して課税の公平をはかるうえにおいて客観的に必要であるというのである。端的にいえば、法律で定めていては課税の公平を期し得ないから、通達や命令をもつて課税の公平を期すように定めるというのである。法律は何を定めるのかというと、大綱を定めておくというのであるから、全く立法府たる国家は愚弄されているわけである。どうして国民生活にとつて最も重要な税法について、国会自体が、国会議員各位が、租税法律主義を重視して政府を追究し、その使命を遂行しないのか。課税の公平は、法律をもつて定めることであり、法律の定めているところに従つて税務行政を運営すれば、課税は必然的に公平化されるのである。経済事情の変転に、税法の規定が即応しなくなつたときでも、命令や通達をもつて、新たに課税の規定を設けることは、明らかに立法権の侵害である。国会はどうしてこの越権行為に対して、国民のために、積極的な防衛策を講じないのか。

このような実情のもとにおいて、命令たる施行規則の規定は効力がなく、適用できないとして、租税法律主義を重視した今回の判決は、全く税務行政に対する司法審査の使命を達成したものであり、税法学上永久に忘れることのできない歴史的な判決となるであろう。国民と遊離した国家ではなく、国民主権の国家の確立を真に志向するならば、ここらで政府はその姿勢をきよう正すべきである。

一八八　自ら招いた税務行政事務の繁雑化を簡素化せんとする政府に対して

〔昭和四一年(一九六六年)八月　第一八八号〕

久し振りに機会を得て、所得税法および法人税法の二二年制定以来、今日までの沿革を概観した。この一九年の間に、量はもとより質的に、すなわち立法構造、ならびに個々の規定の内容の複雑化には、ただ驚嘆するのほかはない。租税法規の発展といつてしまえば、それまでである。それは、経済の飛躍的発展に伴う必然的所産であると説明されれば、一応いかにももつともなことのようである。この一九年間の経済の発展、それは事実であるから、もちろん否定できない。しかし、租税法規の複雑化は、経済の発展のみの必然的所産ではない。それは租税回避に対する防止ないし取締の強化と、これに呼応して課税の公平化の名目のもとに強行される税務会計に対する官僚統制が然らしめていると考えなければならない。いかなる民間団体も学識経験者も、今日の如き複雑かつ難解な税法を要請はしなかつたであろう。一市民たる納税者はもとよりのことである。官僚統制とはいうものの、もちろんそれは、国民に対する支配欲が然らしめているものとは考えたくない。おそらくは、租税回避の徹底的排除という純真な正義感が、課税の公平化というお題目を唱えて、遂に納税取締法規をつくらしめたのであろう。その結果は、単にその内容が複雑とか、難解とかいうだけではなく、税務行政事務の運営にも支障を生じ、納税者の納税義務に随伴する各種の義務の遂行は、時間的にも、労力的にも、国民にとつて堪えられない負担となつたのである。もし立案当局が、法律案・政令案のみならず、通達案まで公表し、国民の批判をまつて、修正のみならず、原案撤回をもしていたならば、このような状態にはならなかつたであろう。税務官僚の課税の公平化への正義感は結構であるが、納税取締という考えに基づく秘密主義がわざわいしているのである。

元来、国民主権の国家における税法は、国民のための税法でなければならない。いかなる規制がなされるかは、国民として当然これを知るべき権利を有している筈である。しかるに殆んどそれは公開されないがために、官僚の支配欲が然らしめているのではないかとの錯覚を起こすのである。もちろん、一部の限られた国民が、要綱や政令案を入手して、優越感をいだくこと、秘密が優越感に直結することも、あずかつて力があろう。

かくして遂に収拾すべからざる状態になつた。その結果が、政府の提唱する税務行政事務の簡素化である。果たして、税制調査会はいかなる答申をするか、頗る疑問である。おそらくこれは要旨だけでも、日刊紙に公表されるであろうから、その上で批判したい。徹底した簡素化は、望むべくもないが、どうして昨年の所得税法・法人税法の全文改正の際に、この問題が検討されなかつたのか、理解に苦しむところである。それは、長年にわたる当学会の主張でもあつた。一体、ある税法は誰のためにつくられ、誰にわかり易くなつたのか。

商法、企業会計、税務会計、税法と、誠にむつかしいことである。所得計算の細目は、継続性を要件として企業に一任できないものか。すべてを規格化しようとするから、複雑難解になり、かえつて行政事務は繁雑化するのである。すべては自ら招いた結果である。指示どおりやらそうとするから、むつかしいことになるのである。国民も、企業も万様であり、仲々指示どおりすべてのものが行なうとは限らないから、規定は複雑になる。

一方において、諸事情により、規格を外さなければならないところから、例外が多くなる。一切は規格統一化しようとするところにある。それが独裁制の悪いところである。すべては万様である事実、これを前提として公平に課税することを考究すべきである。万様といつても、経済生活は一定の慣行に従つて営まれている。これを無視しないことから、税法は再出発すべきである。

一八九　税制簡素化の志向に逆行する税法の複雑怪奇化と租税を法律のみで完結的に規定することの提唱

〔昭和四一年（一九六六年）九月　第一八九号〕

税制調査会は、このほど、税制簡素化の中間報告を発表した。一覧しただけではあるが、その多くは、われわれがつとに主張してきたところであり、ただその実現を待つのみである。ただ、税法の平明化については、昨春の所得税法および法人税法の全文改正が同じく簡易平明化というお題目唱えに終つた実績があるだけに、作品を見るまでは信用できない。これに関連して一つ気になることがある。「税法、通達の構成の平明化」という項で、「いわゆるぬけ穴防止のため設けられ通常一般にはさして必要のないと思われるこまかい規定は、**ぬけ穴防止のための適切な基本規定の設定**で代置することを検討する必要がある。」と述べられている。どうやらこれは、かつて国税通則法制定に際し、見送りとなつた「租税回避」に関する一般的な規定を設けようという趣旨のようである。もしそうであるならば、いかなる規定が設けられるかについて、われわれは重大関心をもつ。中間報告は、この規定を単なる一行政規定ぐらいに考えているようであるが、実はそれは裁判規範になるものである。余程慎重に立案し、法学界、法曹界の批判も経た上でなければ、かえつて煩わしい問題を起こすことになるであろう。

中間報告は、手続の簡素化だけでなく、国税・地方税を通じ、実体規定にまで関連して、かなり大幅な簡素化の必要性を提唱している。しかし、かえつて複雑になるものも見受けられる。引き続き簡素化を審議するということであるから、その成果を期待したい。

問題は、簡素化の実現である。それは、当然に税法の改正ということになる。それも大半の税法について、法律・政令・省令の大改正になることは必定である。また、来春になると、子条数や孫条数がうようようとうまれてくるのかと思えば、ぞつとする。これでは、税制が簡素化されても、税法は簡素化されるどころか、かえつてますます複雑化するのである。いかに内容が良くても、その表現形式・表現方式がまずければ、内容自体を知ることさえできない。したがつて、税制の簡素化と同時平行的に、ぜひとも税法構造の簡素化、法文の平明化が審議されなければならない。誰しも税法は複雑難解であると放言しても、さて法文や用語の問題になると、全く枝葉末節のことぐらいに軽視して、これを検討する者がない。私は、これこそ税法学における解釈法学に対する立法学の一つの重要課題であると考えるから、今後も検討を続ける。その一環として、本文でも触れたことを述べておこう。

それは、形式的意味の法律による税法構造の確立である。今日の税法は、すべての税種にわたり、法律、政令および省令をもつて規定されている。しかも、法律を読んだだけでは、課税標準の計算もできない仕組みになつている。短気な者が読むならば、各条に「政令の定めるところにより」という文言が続出して、大六法全書だけではわからないから、腹を立てて投げ出してしまうという始末である。しかも、憲法三〇条には、「国民は、法律の定めるところにより、納税の義務を負う。」と明定されている。ところが、法律の定めるところだけでは、どれだけ納税するのかさえわからない。むつかしくいえば、今日の税法構造は、租税法律主義に反しているのである。そこで、でき得る限り、政令や省令の規定を法律に統合し、理想としては、法律一本で完結的に規定することを提唱するのである。法律の条数も、法文の分量も膨大になると心配する要はない。現在の法律・政令・省令の合計よりは激減すること必定である。しかも、法文の簡素平明化を併せ行なうならば、少なくとも法学界・法曹界に親しまれる税法になるであろう。法律さえ見れば、すべてがわかる。どうしてこれが今まで問題にもならなかったのか。政令や省令で規定しなければならない必要性など毛頭ないのに、どうして必要があると税務当局は主張するのか。税制調査会の検討を切望する。

一九〇 「税法と企業会計との調整に関する意見書」中の法人の課税標準の総則的規定を設けるべきであるとの意見に対して

〔昭和四一年（一九六六年）一〇月　第一九〇号〕

本号に収録したように、企業会計審議会特別部会は、今月一五日に、「税法と企業会計との調整に関する意見書」を公表した。税法学を専攻する者としても、立法論として耳を傾けねばなるまい。

この意見書に現われた企業会計それ自体の問題には、一応税法学徒としては、触れる要もなく、触れる資格もないであろう。検討すべきは、企業会計側から税法に対して要請している問題である。

もっとも重要な問題は、法人税法の課税標準の総則的規定として、「納税者の各事業年度の課税所得は、納税者が継続的に健全な会計慣行によつて企業利益を算出している場合には、当該企業利益に基づいて計算するものとする。納税者が健全な会計慣行によつて企業利益を算出していない場合または会計方法を継続的に適用していない場合には、課税所得は税務官庁の判断に基づき妥当な方法によりこれを計算するものとする。」旨の規定を設けることが適当である、と述べていることである。意見書は、注1(1)で、アメリカ内国歳入法四四六条の規定を引用しているから、この規定を参考にしたもののようである。意見書自体が随所において繰り返し述べているように、税法が企業の自主的経理を尊重すべきことの表現であり、その強調である。誠に至当な意見であり、論評するにも及ばないが、どうして昨春法人税法が全文改正される際に、それに先だつて、強調されなかつたのか。もし当時かかる意見が強調されていたならば、おそらく法人税法二二条以下の条文は、その内容を一変していたであろう。当時は、企業会計が未だかかる主張を提唱するほどには健全な発展をとげていなかつたとは考えられない。法規範ではないにしても、企業会計規範とはいい得る企業会計原則も確立されていたことであるから、充分今回のような主張はできた筈である。もちろん今からでも遅くはないが、どうして今日まで遅延したのかがわからない。今一つ、委員・幹事の中には、全文改正に、直接または間接に関与している者も存することである。あの時はあの時、今は今。それも戦時中と終戦後二〇年を経た今日というように、長い時の経過がある場合ならばともかく、二年も経たないことであるから、どういう事情によるものか、なんとしても納得できない。

今一つ問題になることは、後段の主張である。健全な会計慣行によつて企業利益を算出していない場合、または会計方法を継続的に適用していない場合については、逆に全面的に後退し、税法にではなく、税務官庁に一任せんとすることである。「課税所得は税務官庁の判断に基づき妥当な方法によりこれを計算するものとする。」というのであるから、課税所得の計算方法が、「妥当な方法」によるということはわかるが、「税務官庁の判断に基づき」は、どこにかかるのか。妥当な計算方法であるか否かは、税務官庁の判断に基づくのか。もしそうであるならば、「税務官庁の判断に基づく妥当な方法」という文章でなければならない。「基づく」ではなく、「基づき」であるから、「計算する」にかかると考えるのが常識である。そうすると、課税所得は、妥当な方法で計算するのであるが、同時に税務官庁の判断に基づき計算するということになる。どちらの意味なのかわからないが、いずれにしても、課税所得の計算が、税務官庁の判断に基づいてなされたり、税務官庁が妥当と判断する方法によりなされることが法文化されたのでは、権力主義を法的に承認することになるのであり、まさに民主主義の後退であるといわなければならない。これでは、現行法よりも時代に逆行するものである。もとより立法化されないであろうが、今頃どうして所得の計算を法律をもつて税務官庁に委任しようとするのか。改めて私見を述べるが、この後段の意見は、文章の誤りであると考えたい。

一九一　満一五周年記念大会を終り、税法解釈技術論の必要性痛感と税理士の税務官庁の監督よりの解放達成への推進

〔昭和四一年（一九六六年）一一月　第一九一号〕

昭和二六年一一月五日、京都大学構内において、本学会の創立総会ならびに第一回大会が開かれてから、満一五年目を迎えた。これを記念して、去る五日、六日、宝池の国際会議場で記念大会・祝賀会を盛大に挙行した。一五年前には、各大学の公法・私法の専攻を問わず、税法に関心を有する学者、一部の法曹家、職業会計人に発起人をお願いして発足し、会員も一二〇名余であつたのが、今日は約四倍の四七〇名余に達した。創立当時は、職業会計人は少数であつたが、現在は、公認会計士・税理士のみで四五％を占めるに至り、これが他の法学会に比較しての本学会の特色にもなつた。もつとも、税理士全部の人数からみれば、一・五％にも達しない。しかし、これらの職業会計人は、単に書物を通してではなく、毎日税務にたずさわつている人達である。もちろん、その多くは会計に関する仕事ではあろうが、税法上具体的な問題を始終もつている人達である。われわれ税法を専攻する者と違つて、毎日納税者に接し、税務調査にも立ち会う人達である。これらの人達が求めるものは、税法学体系ではなく、税法の実践理論である。税法のこまかい解釈技術の問題であり、法理論の運び方の問題である。これらの人達は、真剣に納税者の税法上の権利擁護のため

に、税務行政と取り組んでいるのである。学会としては、これを無視することはできない。大学における講義のための研究ではなく、また著述のための研究でもない。もちろん、税法学体系の確立や、基礎原理の研究を否定するのではないが、それらを内蔵しておいたうえでの、具体的な税法解釈論が要請されているのである。学会としては、この要請にこたえることも、その使命の一つである。換言すれば、これらの人達を失望させないことが必要であることを痛感するのである。その意味において、通達の批判や、法令、判例の検討、参考になる外国の税法の紹介は、今後ますます活潑になさなければならない。

今一つ、職業会計人が会員の多数を占めていることに関連して考えるべき問題がある。それは、税理士制度の根本的改革の検討である。政府も、日税連も、税理士法改正の問題は検討しているが、恐らくは、税務行政官庁の監督から完全に解放された税理士を念頭においているものとは考えられない。私は、税理士法が制定された直後から、国税庁の監督を受けない税理士を念頭に画き、実現されないままに、本学会と同じく、一五年を経過した。税理士は、納税者のためには、時には税務行政処分の違法を追及しなければならない。しかし、それは、監督を受けている者が、監督者のなした行為を非難することになる。それが果たして十全に可能であろうか。行為の是正方をお願いとすることはあり得ても、黒白を争うことは、実際上考えられない。形式上は、黒白を争うていても、実際上はお願いに過ぎない。これでは納税者の味方になつてくれる者はないということになる。いかに税制が調査審議され、今日とは一変してわかり易い税法になつたとしても、納税者には、税法上与えられた権利を自ら行使する時間がない。勢い税理士に税務代理を依頼しなければならないが、その税理士が税務署の監督を受けているのであるから、権利擁護とはいつても、そこには限度があり、権利は完全には行使されずに、終るのである。ここに諸外国に比して、わが国の非民主的な特徴がある。この重大な欠陥を根本的に是正しなければ、税法の改正も、納税者にとつては実益を伴わないものとなる。私は、一〇年後の実現を期して、税理士法改正試案の作成に着手したいと考えている。単に税理士会および税理士の税務行政官庁の監督からの解放を抽象的に提唱してみても、実現へは一歩も近づかないことはわかりきつたことである。学会の会員の意見をよく聴きながら、腰を落ちつけて、まず要綱を明秋の大会に間に合うよう練つてみたい。会員のご協力を切に希望する。

一九二　租税負担の公平を考慮する税法の解釈は、恣意的意味の創作である

〔昭和四一年（一九六六年）一二月　第一九二号〕

今年も黒い霧におおわれて暮れ行かんとしているが、ただ黒い霧が顕現化しただけであり、昨年も、一昨年も、黒い霧が充満していたことには変わりはない。行政権力が一部の国民によつて独占されている限りにおいては、永久に晴天にはなるまい。租税回避どころではない。大口脱税に

ヴェールがきせられているのであり、しかもその摘発の回避が心理的に強制されているのであるから、困つたことである。調査能力に限度があるというようなことは、もつともらしい弁解にもなるまい。年内からすでに発表されている国税庁長官の年頭の辞を読めば、少なくとも文言の上では、やる気充分であると考えられるから、来るべき年の英断に期待してやまない。

これを機会に、書きたいことがある。それは、近時往々識者によつて、税法の解釈は、租税負担の公平をはかるようになされなければならないと述べられていることである。「租税負担の公平」という抽象的な文言を持ち出して、税法の解釈をどうしようというのか。再三述べた如く、税法は、租税負担の公平、ひいては国民の福祉を考慮して制定されている筈である。もし租税負担の公平に反するような税法の規定があれば、立法手続を経て改正されるであろう。かかる改正が実現するまでは、租税負担の公平を害するような税法の規定も、実定法規として現行するわけである。識者は、かかる場合に、租税負担の公平を害しているような税法の規定を、租税負担の公平になるように解釈しようというのか。仮りに配当所得や退職所得の分離課税が、租税負担の公平を害するものであると考えられるようになつた場合に、これらの規定が改正される以前において、これらの規定を租税負担の公平をはかるように解釈して否定することができるか。おそらくそれは肯定されまい。換言すれば、租税負担の公平を害しているような税法の規定を、租税負担の公平に沿うようには解釈できまい。だとすると、租税負担の公平をはかるように解釈するということは、どういうことなのか。

最初に述べたように、元来税法は租税負担の公平をはかつて制定されているのである。かかる税法を解釈するにあつて、今一度租税負担の公平の考慮がどうして必要なのか。また、解釈にあたつて租税負担の公平を考慮することが可能であろうか。一体、税法の解釈ということをどのように理解しているのか。税法の解釈とは、文字・文言・文章によつて表現されている税法的な意味を認識することであつて、創造することではない。解釈をする者が、法文を一つの資料ないしは手がかりとして、税法的な意味を創作することが、税法の解釈ではない。もし意味の創造・創作が法解釈であるならば、かかる創造・創作にあたつて、租税負担の公平をはかるということも、意義を有してくるであろう。しかし、法的意味は新しく作出されるのではなく、すでに法文によつて表現されているのである。その法文によつて表現されている法的意味を認識し、理解することが、法の解釈なのであるから、租税負担の公平など更めて考える余地がない。もちろん、解釈した結果、認識された法的意味について、租税負担の公平の見地から検討することは可能であり、必要であろうが、それは立法論につながるものであつて、もとより法の解釈ではない。

問題は、このようにわかり切つた税法の解釈について、租税負担の公平の考慮をなぜ持ち出そうとするのか。それは、税法の解釈に名を借りて、恣意的な法的意味を創作しようとするものにほかならない。かかる有害無用な作業を一日も早く断念し、無我至純な気持ちで、法文をにらみ、表現されているところの法的意味を素直に受けいれ、何事をもこれに附加しないことこそ、税務行政が租税負担の公平化に寄与することになるのである。

一九三　再び所得税法・法人税法の大改正を前にして

〔昭和四二年（一九六七年）一月　第一九三号〕

税率や控除額だけではなく、所得の計算そのものに関する相当広範囲にわたる改正が、所得税法・法人税法について、また行なわれようとしている。四〇年の春に、僅か三日間という超スピードの大蔵委員会の審議で、全文改正法案が可決されてから、まだ二年も経つていない。過去は過去であるかも知れない。しかし、当時われわれは、国民にわかり易い税法を要請したのであり、そのためには草案を公表して、国民の批判を充分受け、大蔵委員も十分法案を逐条的に検討すべきことを求めたのである。全文改正の立法趣旨は、簡易平明化とはなつていた。しかし、それが達成されていないことは、公布直後にすでに批判したところであり、今また簡素化という立法趣旨で大改正をしようとしていることによつて、如実にこれを立証している。今度こそは、改正要綱ではなく、草案を公表しなければならない。内容だけの検討であるならば、改正要綱でも大体見当はつくであろうが、わかり易い法律であるかどうかということになると、法文自体を検討する必要があるから、草案を見なければならない。どうして草案の公表ができないのか。省令である規則でさえ、草案類似のものを労働省は公表してきている。法務省関係の法案などは、かなり長い年月をかけて、各界の批判を受け、それに基づいて草案を修正して作成されるものである。しかるに、どうして税法だけが、精々改正要綱の公表程度で、草案は絶対にこれを公表しないのか。選挙ともなれば、与野党を問わず、政策の一つに必ず減税を掲げながら、さて国会が開会されると、その減税に関する税法に対する審議は、予算に伴う法案ということで簡単に片づけられてしまうのである。審議が迅速に行なわれることを決して非難するのではない。形式的な審議を追及するのである。国民の誰にも読みにくい税法がそのまま可決されることは、実質的に審議をしたといい得るかというのである。野党から読み易い、わかり易い法文に修正すべき旨の意見も提出されたことがない。それとも、国会は改正法案における改正要綱だけを政府の簡単な説明を聞いて審議すればよいのか。国会は、大綱だけを審議し、法文は大蔵省主税局に一任するとでもいうのであろうか。少なくとも結果的には、税法の立案ではなく、立法機関は、政府（大蔵省主税局）であるかの如き観を呈している。その責任は、審議権行使の怠まんとして、挙げて国会がこれを負わなければならない。

当局のいう如く、経済の動きは活潑である。また税務計算が専門的・技術的であることも事実である。しかし、こうしたことが、直ちに税法を読みにくい・わかりにくい法文にしているものとは考えられない。今度は、思い切つて簡素化しようというのである。簡素化は、簡明化へ通ずるが、半面または逆に複雑化ともなり、ますます理解を困難ならしめないとも限らない。日本文で書かれている日本税法よりも、ドイツ語で書かれている西ドイツ、オーストリア、スイス税法のほうがわかり易いというようなことは、笑いごとではない。草案を公表して国民の批判を受けるならば、解決されることである。同じ文化国家である外国で実現されていることが、わが国だけは実行できないという特殊事情があるとは考えられない。

元来、一昨年春の全文改正の際に、かかる配慮をなすべきであつた。しかるに、是が非でも国会を通過させようとして、強引に押切つてしまつたのである。それをまた大改正しようというのである。法において最も必要な法安定性・予測可能性などは、全く軽視されているといわなければならない。これでは、租税負担の公平とか、国民の福祉とかは、スローガンにもならず、全く宙に浮いた文字に過ぎない。立案の業績にとらわれず、真に国民の福祉を考え、国民にわかり易い税法典の編さんに、特別の機関を設けて、着手すべきことを要望する。

一九四　漸く登録税法・印紙税法の全文改正法案の提出予定を知つて

〔昭和四二年（一九六七年）二月　第一九四号〕

一年は誠に早いもので、またも恒例の税法改正のシーズンが近づいた。新聞の報ずるところでは、三月下旬に、政府は税法改正法律案を新国会に提出するとのことである。本年も、例年に劣らない程の分量になりそうである。特筆すべきは、明治二九年三月二三日法律二七号の登録税法と、明治三二年三月一〇日法律五四号の印紙税法が、そろつて全文改正されることである。明治二九年といえば前世紀末一八九六年であり、実に七〇年余も昔のことである。もちろん、今日までには数百回の改正が行なわれた。しかし、全部改正ではないから、片仮名、濁音なし、旧仮名づかい、文語体の誠に古色蒼然たる法律である。それが、平仮名、現代仮名づかい、口語体の法律になり、表現形式だけでも現代税法なみになるのであるから、喜ばしいことではある。しかし、政府も、よくもまあ、新憲法施行後二〇年間、一部改正で過ごしてきたものである。登録税法は四九か条、印紙税法に至つては僅か二〇か条である。所得税法や法人税法のような膨大な法律とは、全くわけが違う。全部改正しようと思えば、いつでも容易にできる筈のものである。しかるに何度も述べた如く、膨大な所得税法および法人税法の全部改正は、緊急の必要もないのに、一昨年ろくに審議を尽さずに、強引に可決成立せしめられたのである。全部改正を早くすべきものが、新憲法施行後二〇年間も顧られず、大した必要性もない大改正が優先して行なわれているのである。一体、税法改正の基準は、どこにあるのか。政府の財政政策とどんな関連性があるのか。一昨年の所得・法人の両税法の全文改正にしても、その当時の政府の財政政策、更には租税政策からの必然的所産であるとは、どう理屈をこねてみても、肯定することはできない。そうすると、一体いかなる機関が、どういう理由で改正しようという発議をするのかが問題となつてくる。租税立法の立案当局は、大蔵省主税局であるから、ここで改正しようという話がまずまとまることはわかる。わからないのは、どれを先きに改正するかという改正の順序と、どんな範囲ないし内容の改正をするのかが、何を基準として決定されるかということである。今一つは、それから先きのことで、省議・閣議でそれがどのように取り扱われ、最後に国会ではどのように審議されるかである。改正の内容については、手直しも行なわれるであろうが、改正の順序に至つては、殆んど検討も加えられないのが実情ではなかろうか。登録税法や印紙税法の全文改正が、今まで放置されていた事実、何度もいう所得・法人両税法の強引な全文改正、これだけをもつてしても、そのように考えざるを得ないのである。そのことは、税法を改正すること自体が、直接にも、間接にも、国民とは関係がないことを示すものである。誠に税法は、一方的に政府によつて創られるというのが現状である。国民のための税法、新憲法の理念に即した税法など、望む者の頭が狂つているとみられる現状である。それにしても気になるのは、一体誰が、いかなる目的で税法改正にイニシアチーフを握るのかである。もう一度、主権在民と静かに発音して反省してみる必要があるのではないか。

古い税法といえば、未だに取り残されているものに「国税犯則取締法」がある。明治三三年制定というのであるから、税法としては、今日クラシックの最右翼である。これも、僅か二四か条の法律である。今年も全文改正は見送りどころか、問題にもされていない。一体どうする積りなのか。脱税犯についての手続規定を整備する必要は大いにあるのであるが、どうしてこれに手をつけようとしないのか。租税刑事手続の整備は、所管が違うというのであれば、一刻も早く所管省と協議して善処すべきである。もしかかる特別の手続法を必要としないというのであれば、廃止すべきである。種々の論議紛争を生む法律だけに、明年こそは、これが解決を望む次第である。

一九五　新設されんとする法人税法二二条四項の「一般に公正妥当と認められる会計処理の基準」と同法一三二条の同族会社の計算否認の規定

〔昭和四二年(一九六七年)三月　第一九五号〕

新議員による国会へ改正税法案が続々と提出されている。大蔵委員会において、いかなる審議が行なわれるかを、選挙民たるわれわれ国民は、監視する義務と権利がある。

所得税法の改正もさることながら、法人税法については、極めて重要な改正案が提出されている。「各事業年度の所得の金額の計算」と題する二二条に、四項が新しく設けられ、従前の四項は、五項に繰下げられるのが、その代表である。新設の四項は、次のような法文である。

4　第二項に規定する当該事業年度の収益の額及び前項各号に掲げる額は、一般に公正妥当と認められる会計処理の基準に従つて計算されるものとする。

前項各号に掲げる額とは、原価の額、費用の額、および損失の額であり、いずれも損金の額に算入すべき金額である。収益の額は、二項に明示されている如く、益金の額に算入すべき金額である。二項にも、三項にも、「別段の定めがあるものを除き」と規定しているから、例外的な場合は別として、原則的には、「第二項に規定する当該事業年度の収益の額及び前項各号に掲げる額」とは、「当該事業年度の益金の額および損金の額」ということである。しかも、一項には、「内国法人の各事業年度の所得の金額は、当該事業年度の益金の額から当該事業年度の損金の額を控除した金額とする。」と定められているから、原則的には、「内国法人の各事業年度の所得の金額」と同じことになる。従つて、これを新設しようとする四項に代入すると、「内国法人の各事業年度の所得の金額は、一般に公正妥当と認められる会計処理の基準に従つて計算されるものとする。」ということになる。もつと平易にいえば、法人の所得金額の計算は、会計処理の基準に従う、ということである。会計学者でないわれわれには、「会計処理の基準」を語る資格はないが、それがわからないと、所得の金額が計算できないことになる。会計処理の基準とは、権威ある会計学辞典によれば、会計基準のことであり、「見識ある会計専門家の計慮に基づいて選ばれた公正妥当な会計実践の方法あるいは原則を指し、通常制度としての会計原則と同義に解せられる。」とある。従つて会計処理の基準は、公正妥当なものであり、公正妥当と認められないものは、会計処理の基準ではないのである。四項が「一般に公正妥当と認められる」という文言を附しているのは、何か含みがあるのか。税務行政庁が所得の計算方法の基準とするものだけが、ここにいう「一般に公正妥当と認められる会計処理の基準」を意味するものでないことは明らかである。「無償による資産の譲渡に係る収益の額」は、この「一般に公正妥当と認められる会計処理の基準」に従うと、解決されるのか。企業会計原則にもなんら定められていないが、どう考えたらよいのか。そろそろ三七条に特別規定として移すべきではないか。

更に、このようないわば所得計算の基本規定をつくつても、一三二条の同族会社の行為・計算否認の規定を改正しようとしないことは、どういうことか。法人の計算が一般に公正妥当と認められる会計処理の基準に従つてなされている場合にも、なおかつ、「これを容認した場合には法人税の負担を不当に減少させる結果となると認められるもの」が存在するとでも考えるのか。一三二条の規定中「行為又は計算」を「行為」と改め、「計算」の文言を削除しようとしない理由はどこにあるのか。同族会社は、いかに一般に公正妥当と認められる会計処理の基準に従つて所得計算をしていても、「法人税の負担を不当に減少させる結果となると認められる」というかどで、その所得計算が否認されるとすれば、今度は逆に、更正にあたり税務署長がなす計算は、必然的に「一般に公正妥当と認められる会計処理の基準」に従わないことになるのである。それでもよいのか。どう説明する積りか。全く考えるだけでも馬鹿馬鹿しいことである。大蔵委員会において審議を尽し、一三二条改正の修正案提出を期待する。

一九六　税法の立案当局の逐条説明書を国会大蔵委員に配布することの要望

〔昭和四二年（一九六七年）四月　第一九六号〕

第二次地方選挙も漸く終つたから、国会も少しは本来の姿に戻り、法案審議に着手することであろう。政党の体質改善や党人事の刷新も各政党にとつては必要であろうが、かかる活動のためにわれわれの税金から多額の歳費が国会議員に支払われているのではない。一日も早く、政党人としてでなく、国会議員としての活動を国民が待望していることを忘れないでほしい。

すでに盛り沢山な改正税法案が国会へ提出されている。とにかく一読するだけでも相当な時間がかかる。それを審議するのであるから、ある程度は内容を知らなければならない。とても数回読んだぐらいでは、われわれ学会の仲間でもわからない。もちろん政府委員の提案説明はあるが、極めて簡単なものである。おそらくは、各法案の末尾に掲げられている「理由」程度のものであろう。改正法案は、いずれも分量の多い難解なものであるのに反し、提案理由は、誠に簡潔なものである。ほんの一言にすぎない。妙な慣例ができたものである。

前号で問題にした法人税法の一部改正法案の提案理由は、次のように書かれている。

「今次税制改正の一環として、課税所得の計算に関する基本的な考え方を明確にする規定を設けるほか、課税所得の計算の方法、申告の手続等についてその簡素化を図るとともに、清算所得に対する課税を合理化しその税率を引き下げる等所要の規定の整備を行なう必要がある。これが、この法律案を提出する理由である。」

全く簡単なものである。「課税所得の計算に関する基本的な考え方を明確にする規定を設ける」というのが、例の新設される二二条四項の規定である。当該事業年度の収益の額および原価の額、費用の額、損失の額は、「一般に公正妥当と認められる会計処理の基準に従つて計算されるものとする。」というのである。これでもつて、課税所得の計算に関する**基本的な考え方を明確**にした、といわれても、かかる文言によつて表現しようとしている基本的な考え方自体が皆目わからない。税に関する諸雑誌には、当局との座談会記事も掲載されているので読んではいるが、禅問答の域を脱しない。法人税法の一部改正法律案要綱には、「課税所得に関する会計慣行の尊重等所要の規定の整備合理化を図る」とあるから、どうやら会計慣行の尊重を意図しているようではあるが、「一般に公正妥当と認められる会計処理の基準に従つて計算」という法文は、まるで霞を吸うような心地がするだけで、立案の意図と結びつかない。与野党を問わず、大いに大蔵委員の質問によつて、少しでも明確にしてもらわなければならない。現に識者の間においても、この法文の理解の仕方は多様である。将来それを通達によつて統一する、また統一してもらおうというような考え方こそ、官民ともに反省しなければならないのではないか。誰のための税法か、ほかならぬ国民のための税法ではないか。せめて基本的な考え方だけでも、常識的に考えて異論のないような文言で表現しておかなければならない。そのためには、参考資料として、立案当局の逐条説明を、八ポイント活字でもよいから、印刷して法案と一緒に委員に配布し、法案の審議に積極的に協力することがぜひとも望ましい。

租税特別措置法の一部改正法案における各条文の如きは、よほど詳しい説明でもついていない限り、誰にだつて理解できるものではない。内容もわからないものが、わからないまま審議・可決となるのであるから、これでは名ばかりの法案審議という形式的手続をふんでいるにすぎない。そんな実を伴わない、形だけをととのえることのために、われわれは国会をもつているのであろうか。

この国では、民主主義は、最初から小児まひにかかつているのではないかとさえ考えざるを得なくなる。

一九七　無修正可決されてしまつた法人税法二二条四項の解釈をどうするのか

〔昭和四二年（一九六七年）五月　第一九七号〕

日刊紙も、週刊紙も、政治資金規制法案の問題に集中している間に、沢山の税法改正法案は、殆んど無修正で可決されてしまつた。大蔵委員会の審議に、充分の日数がかけられたようでもなく、また審議の内容も、重要な条文について検討された形跡がない。一九五号の巻頭言において指摘しておいた法人税法二二条の新設の四項の審議についても、少なくとも日刊紙は、何事も報じていない。いずれ後日、委員会速記録を見ればわかることであるが、果たして実質的に国会は審議権を行使したといえるであろうか。

「一般に公正妥当と認められる会計処理の基準」という文言について、政府委員はどのように説明し、これに対して、いかなる質問答弁がなされたのか。とにかく可決されてしまつたのであるから、大蔵委員の過半数は、この文言を納得したことになる。従つてこの立法に対する責任は、立案当局である大蔵省主税局の手を離れ、国会、特に大蔵委員会へ移つたのである。誠につかみどころのない条文ができたものである。一体いかなる必要があってこういう条文を作ったのであるか。今後、税務行政は、法人の所得調査の段階において、この条文をどのように運用するのであろうか。さて、われわれ税法学者としては、すでに現行実定法になつてしまつたのであるから、これからこの条文の解釈論に着手しなければならない。解釈論を展開する場合に必要なことは、立案当局の意図や、国税庁長官通達をもつてあたかも立法目的であるというような錯覚を起こさないことである。

法人税法二二条四項を解釈するには、もちろんその法文の文言解釈から出発しなければならない。文言解釈であるから、それらの文言がいかなる法的意味を有するかを認識することである。この認識作業をなす際には、二二条の他の項、および法人税法の他の条項との関連、更には法人税法全体の法構造のもとにおける地位等をも考慮しなければならないことはもちろんである。ところがすでに指摘しておいた如く、法人税法一三二条という条文がある。例の同族会社の行為または計算の否認に関する規定である。この規定のうち、計算否認に関する部分の規定との関連が問題になつてくる。すなわち、その部分だけを抽出すれば、

「税務署長は、次に掲げる法人に係る法人税につき更正又は決定をする場合において、その法人の計算で、これを容認した場合には法人税の負担を不当に減少させる結果となると認められるものがあるときは、その計算にかかわらず、税務署長の認めるところにより、その法人に係る法人税の課税標準若しくは欠損金額又は法人税の額を計算することができる。」と定められている。

そこで、公正妥当な会計処理の基準に従つて所得計算がなされていない場合には、常に通則法二四条により、納税申告書に記載された課税標準等または税額等の計算が国税に関する法律の規定（法人税法二二条四項）に従つていないことを理由に更正されるのである。従つてこの場合には、法人税法一三二条の否認権が発動される余地はない。そこでこの一三二条の計算否認がなされる場合は、逆に、常に、公正妥当な会計処理の基準に従つて計算されている場合に限るということになる。公正妥当な会計処理の基準に従つて計算していても否認されるのである。どんな場合がこれに該当するのか、机上で考えてみなければならないが、この場合、**税務署長が更正処分をするには、不公正不妥当な会計処理の基準に従つて所得計算をしなければならないことになる。**そんなことが認められるかといつても、規定の上からは、そういう矛盾した結論になる。これをいかに調整するか、とんでもないクイズが、法人の所得計算という根本問題について出されたものである。果たして詭弁を弄しても調整ができるものかどうか、まずこれから解決してかからなければ、法二二条四項の解釈論は前進しないのである。今後、二度とこのような立法をしないことを、主税局ではなく、国会の大蔵委員会に、一選挙民としてお願いしておく。

一九八　比較的できのよい印紙税法と対照的な法人税法二二条四項に関する当局の不可解な統一解説

〔昭和四二年（一九六七年）六月　第一九八号〕

明治三二年、前世紀末の一八九九年に公布された印紙税法が、全文改正され、七月一日より施行されることになつた。六八年振りであり、新憲法施行後二〇年を経過した。漸くこれで印紙税法も、カタ仮名、文語体、濁点のないものもいりまじつた見苦しい姿を、現代法的なスタイルに変相したのである。これで、前世紀の遺物は、国税犯則取締法だけになつた。いずれそのうちには、この法律も全文改正されることであろうから、楽しみにしておこう。

印紙税法の全文改正を要請してから一〇数年にもなるが、調査・研究に充分の歳月をかけ、準備のうえ立案されたものと考えておこう。

新印紙税法は二七か条、施行令二八か条、施行規則五か条、全部を合計しても六〇か条、もつとも別表が三つあるが、いずれにしてもその立法規模は極めて小さいものである。所得税法や法人税法、殊に租税特別措置法と比較すれば、全く雲泥の差がある。それだけに充分整備された税法である筈である。

施行令、施行規則が同日公布されたばかりでなく、暫定通達がその翌日の六月二日付間消一—六一をもつて発遣されたことは、誠に手廻しのよいことである。所得税や法人税とは趣きを異にしてはいるが、それにしても、物品税の改正通達でも、数か月後に発遣されるのが従来の例である。所得税や法人税の如きは、例年一一月以降であり、租税特別措置法の通達も決して早くは発遣されない。通達ばかりでなく、事業会社にとつて必要な措置法関係告示の如きも、公示の遅いことに変わりはない。その点、たとえ暫定通達にせよ、法律公布の翌日発遣されたことは、準備が充分であつたことを物語るものである。しかも、その分量も決して少なくはない。様式を除外しても、国税速報で六三頁、条関係は附則関係も入れて一七五項、別表関係は二三六項、合計して四一一項というのであるから、かなり膨大なものである。

これを見れば、改正法と同時に施行令や施行規則の改正のみならず、関係通達を用意することも決して不可能ではない。もつともそのためには、税率や控除額の改正はともかく、それ以外の改正を例年行なうことを見合せるべきであろう。またもし必要であるならば、せめて一一月頃までに大綱を決定し、立案しなければならない。一月になつてからの立案では間に合う筈がないし、また出来の悪いのも当然である。

通達はもとより発遣されていないが、例の法人税法二二条四項について、ボツボツ立案当局の解説が諸雑誌に掲載されだした。おそらく解説が統一されているのであろうか、どれを読んでも同じである。ところが、「一般に公正妥当と認められる会計処理の基準」とは、「客観的な規範性をもつ公正妥当と認められる会計処理の基準という意味であり、明文の基準あることを予定しているわけではない。」「もちろん、税法でいつている基準は、企業会計原則のことではない。」「この規定は、具体的には企業が会計処理において用いている基準ないし慣例のうち、一般に公正妥当と認められないもののみを税法で認めないこととし、原則としては企業の会計処理を認めるという基本方針を示したものである。従つて、特殊な会計処理について、それが一般に公正妥当な会計処理の基準にのつとつているかどうかは、今後、種々の事例についての判断（裁判所の判例を含む。）の積み重ねによつて明確にされていくものと考える。」というのが、大体一致した解説である。果たして法文とこの解説とは一致するものかどうか。解説のような意味は、目下のところつかみどころのない「一般に公正妥当と認められる会計処理の基準」というような文言からは出てこない。特に明確性を必要とする税法において、どうしてこういう不明確な文言をあえて用いるのか。何かが隠されているのではないか、まさに印紙税法とは対照的である。

一九九　税務官庁の監督からの離脱問題を研究課題にしない日税連の税理士制度調査会

〔昭和四二年（一九六七年）七月　第一九九号〕

本年は、税理士法施行一六周年、税理士制度の前身である税務代理士制度が戦時中に創られてから二五周年を迎えるということで、日税連においても、昨年来会長諮問機関として各界権威を構成員とする税理士制度調査会が設けられ、現在および将来の制度改善の方向づけを客観的見地に立つて検討中とのことである。真に社会の要請にこたえ得る税理士制度の確立を目指してのかかる活動に対しては、国民としてその労苦に対し感謝こそすれ、何の反対すべきものもない。

税務監査制度の確立、租税審判所設置案、税務訴訟代理権の付与、税務指導体制の確立等の問題に対しては、その内容を見なければ、今直ちに無条件で賛成することはできない。いずれも早急に実現せしめようというのではなく、今後の研究課題というのであるから。それらの具体的構想が公表されたうえで批判をしよう。

しかし、怪奇にたえないことは、税理士制度の改善合理化に対して、絶対的に必要な根本問題の検討ならびにその実現への活動が忘れられているか、もしくは意識的に排除されていることである。

税務行政庁の監督から離脱することが、税理士制度に関する一切の問題の基礎になることについては、本誌で幾度となく述べたところであり、また日税連の「税理士界」にも書いたのである。この問題については、各税理士会の研修会においても、随分古くから話しをしてきた。少なくともその場では、賛成されても、反対を受けたことがない。税務行政庁の監督を受けながら、自主的活動が可能でないことは、今更説明するまでもない。時代の要請、社会の要請が、税理士に対する税務行政庁の監督権の存続にあるなどとは到底考えることはできない。一般国民は、税理士が現に税務行政庁の監督を受けていることをほとんど知らないであろう。これを熟知している税理士は、たとえかつて税務行政にたずさわつたものでさえ、この監督の永続を希望するものは皆無であろう。しかるにどうしてこの監督権離脱の問題がまず第一にとりあげられないのか。税理士法が施行されて一六年にもなるというのであれば、何はさておき、まず監督権離脱に自ら振い立つて猪突邁進しないのか、実際歯がゆい思いがする。自ら立たなければ、政府が一方的に監督権離脱を立案してくれるというようなことは考えられない。また、現に監督を受けていることさえ知らない一般国民から、立法化の要望など出てくるとも考えられない。すべては、税理士会、日税連が自主的に活動することにかかつており、それがなければこの監督の紐を断ち切ることはできない。しかるにどうしてこの根本問題に食いつかないのか。現に監督を受けているからできないのか。もしそれが真状であるならば、専業税理士は、監督を宿命とあきらめなければならないのか。そういう宿命を背負つている者が、果たして納税者の税務訴訟代理を完遂することができるか。何をするにも監督が邪魔になる筈である。それとも私が知らないだけで、実際上監督には何の痛ようも感じないというのか。もしその程度の監督であるならば、なお更のこと、制度としての監督をどうして払拭し得ないのか。

昭和四七年には、制度三〇周年を記念して、国際税務会計職業人団体の国際交流をめざす国際会議を開く計画の由である。税務代理士制度から起算してではなく、税理士制度ができてから計算した方がよいと思うが、われながらおせつかいなことであり、どうでもよい。国際会議を開かれることは、誠に羨しき限りであり、その成果を祈りたいが、列席のわが国税理士諸公にだけ監督付きということは、いかにもその光景を偲ぶに堪えない。せめて国際会議中だけでも、監督権離脱を定めた税理士特別措置法の立法化を期待し得ないものであろうか。

最後に、監督権離脱は、税理士の利益擁護のためにではなく、課税の領域において国民の財産権の保障を目的とする税法が国民に与えている権利の擁護のためのものであることを附言しておく。

二〇〇　二〇〇号記念号の刊行にあたり国会大蔵委員会に税法案の逐条審議の断行を要請する

〔昭和四二年（一九六七年）八月　第二〇〇号〕

ついこの間一〇〇号記念号を刊行したのに、また二〇〇号記念号の刊行とは、いつそんな歳月が経過したのか、と眼をこすりたくなる。この調子で行けば、五〇〇号記念号も束の間である。

一〇〇号記念号の巻頭言では、「二〇〇号記念号には、この租税委員会の活動に対する賛辞をもつて巻頭言としたいものである。」と述べた。日税連筋の租税審判所設置案がこれに類似したものであるか否かは不詳であるが、租税委員会案は、実現は愚か、この八年有余話題にもならなかつた。

今度は、三〇〇号記念号で、実現の兆し漸く現われると書き得るようなことを述べよう。

一体、民主主義とは形式的手続のみを尊重し、実質というものを等閑に付してもよいものなのか。国会が立法機関であるということは、政府提出法案を多数決で可決するという手続自体に意味があるのか。

問題を税法に限定しよう。この数年は、政府の諮問機関である税制調査会が税法改正に関する答申を総理に対してなし、この答申を参考にして主税局が税法改正要綱を作成し、それが与党の承認を受ければ、改正法案を主税局において立案し、これが政府法案になるのである。法案の提出を受けた国会はこれを大蔵委員会の審査に付託する。委員会においては、政府委員によつて法案の趣旨説明がなされる。衆知の如く、これは極めて簡単なものであり、逐条的になされるものではない。これに対して与野党議員の質疑がなされる。もとよりこれも逐条的になされるものではなく、関連質問といえばいえないこともないが、税務行政に対して、あるいは税制に対してなされており、問題の法案の審査とはいえない程度のものである。いかに有能な大蔵委員をもつてしても、膨大かつ頗る難解な税法案を短期間に理解することは到底不可能である。しかし、委員会にはわれわれの税金によつて調査室が設けられている。議員自ら法案を読まなくても、調査員が税法案の提案理由、問題点、利害得失その他必要と認められる事項の調査・参考資料の作成をすることになつている。もしそれが逐条的になされているのであれば当然逐条的な質疑がなされる筈である。どんな調査参考資料が作成されるのか知らないが、われわれ専門学者が読んでも仲々理解し難い法案について精々一か月ぐらいの間に逐条的な報告書が作成できるものでないことは明らかである。してみれば、大蔵委員会では、税法案の逐条審査はなされていないということになる。そういう税法案が多数決で委員会から本会議に移りここでまた多数決で可決されてしまうのである。不思議にこういう場合には、牛歩戦術とか乱闘とかいうような子供に見せたくないテレビのシーンは一度も見られない。

このように見てくると、国会が立法機関ではなく、税法案を立案する主税局こそ、実質的に立法権を掌握しているものと考えざるを得ない。税法案のどこに民意が反映しているといい得るか。第一線の税務職員にもわからないような税法が、誠にいまわしき牛歩戦術や乱闘をも辞さない国会をどうしてフリー・パスするのであろうか。税法案の審査、税法の立法とは、主税局の立案した税法案を多数決で可決すること以外の何ものでもない。われわれが正直に投票し正直に納税したのは、国会で単なる多数決という手続だけをしてもらうためのものであつたのであるか。

すでに国民主権を明定し、民主主義を理念とする新憲法が施行されてから満二〇年になる。民主主義が借物であつたとしても、もうそろそろ消化し、わが物にしてよい筈である。一回や二回で成功しなくてもよい。野党の大蔵委員が逐条審査に毎回乗り出すならば、やがては立案自体も慎重になるであろう。昭和三七年通則法制定以来の「簡易平明化」というスローガンは、単に法案の国会フリー・パスの戦術に過ぎなかつたのか。どうして、憲法の精神に反するようなことをあえてするのか。無償で資産を譲渡したら、時価と帳簿価額との差額が、譲受人ではなく、譲渡人に収益を生ぜしめるというような公正妥当な会計処理の基準にも反することを認めた明文は、逐条審査をしておれば、修正された筈である。三〇〇号記念号では、真に国民にわかり易い税法への立案の意欲が具現化し、与野党そろつて税法案の逐条審査をすることが常識化していると書きたいものである。

○本書は、昭和四十二年十月に三晃社より刊行されたものを復刊しました。
○本文中、適切でないと思われる表現がありますが、当時の背景などに配慮し、そのままとしました。なお、明らかに誤植と思われる部分については、編集部において補訂しています。

【著者略歴】

中川一郎（なかがわ　いちろう）

明治四二年（一九〇九）　岐阜県に生まれる
大正一四年（一九二五）　旧京都第一中学校四学年修了
昭和　三年（一九二八）　旧第三高等学校文科乙類（独法）卒業
昭和　六年（一九三一）　旧東北帝国大学法文学部法律学科（独法）卒業後、同学部副手
昭和　七年（一九三二）　旧京都帝国大学法学部大学院に入学
昭和一二年（一九三七）　旧名古屋高等商業学校教授
昭和二五年（一九五〇）　名城大学法商学部教授
昭和二六年（一九五一）　月刊誌『税法学』を創刊、日本税法学会を設立
昭和三七年（一九六二）　法学博士（京都大学）
昭和四二年（一九六七）　福岡大学法学部教授
昭和四四年（一九六九）　日本税法学会専務理事（代表者）に就任
昭和四七年（一九七二）　福岡大学を退職、弁護士登録
平成　七年（一九九五）　逝去

税法学巻頭言集《ぜいほうがくかんとうげんしゅう》

平成25年８月20日　発行

著　者　中川《なかがわ》一郎《いちろう》

発行者　小泉　定裕

発行所　株式会社 清 文 社

〒101-0047　東京都千代田区内神田1-6-6（MIF ビル）
電話03(6273)7946　Fax 03(3518)0299
〒530-0041　大阪市北区天神橋２丁目北2-6（大和南森町ビル）
電話06(6135)4050　Fax 06(6135)4059

清文社ホームページ　http://www.skattsei.co.jp/

印刷・製本　亜細亜印刷㈱
ISBN978-4-433-41053-7